La luz que se apaga

La luz que se apaga

Cómo Occidente ganó
la Guerra Fría pero perdió la paz

IVAN KRASTEV y STEPHEN HOLMES

Traducción de Jesús Negro García
y Sara de Albornoz Domínguez

Papel certificado por el Forest Stewardship Council®

MIXTO
Papel procedente de
fuentes responsables
FSC® C117695

Penguin
Random House
Grupo Editorial

Título original: *The Light that Failed: A Reckoning*

Primera edición: noviembre de 2019
Segunda reimpresión: marzo de 2022

© 2019, Ivan Krastev y Stephen Holmes
© 2019, Penguin Random House Grupo Editorial, S. A. U.
Travessera de Gràcia, 47-49. 08021 Barcelona
© 2019, Jesús Negro García y Sara de Albornoz Domínguez, por la traducción

Printed in Spain – Impreso en España

ISBN: 978-84-17636-68-5
Depósito legal: B-17.685-2019

Compuesto en M. I. Maquetación, S. L.
Impreso en Black Print CPI Ibérica
Sant Andreu de la Barca (Barcelona)

C 63668 A

Índice

El malestar en la imitación

Si cada ser humano nace original, ¿por qué tantos
de nosotros morimos como copias?

EDWARD YOUNG

El futuro se presentaba mejor ayer. Estábamos convencidos de que el
año 1989 dividía «el pasado y el futuro de manera tan clara como
el muro de Berlín había dividido el bloque del Este del bloque Occidental».[1] Nos costaba «imaginar un mundo radicalmente mejor
que el nuestro, o un futuro que no sea en esencia democrático y capitalista».[2] Hoy ya no pensamos así. A la mayoría nos cuesta imaginar un futuro, incluso en Occidente, que siga siendo democrático y liberal con firmeza.

Al terminar la Guerra Fría, una gran esperanza en la democracia capitalista de signo liberal se extendió por todo el orbe.[3] El escenario geopolítico parecía dispuesto para que todo tuviera lugar
de un modo no muy distinto a como ocurre en *Pigmalión*, de George Bernard Shaw, una obra de teatro optimista y didáctica en la
que un profesor de fonética consigue, en un breve periodo de tiempo, enseñar a una florista humilde a expresarse como la misma reina
y a sentirse como pez en el agua en compañía de gente culta.

Tras haber celebrado de forma prematura la integración del Este en Occidente, los observadores interesados han llegado a comprender que el espectáculo que tomaba forma ante ellos no se ha desarrollado según lo previsto.[4] Es como si, en lugar de una representación de *Pigmalión*, el mundo hubiera acabado por convertirse en una adaptación teatral de *Frankenstein* de Mary Shelley, una novela pesimista y didáctica sobre un hombre que decide jugar a ser Dios y crear, mediante la unión de las distintas partes del cuerpo obtenidas de cadáveres humanos, una criatura humanoide. El resultado será un monstruo defectuoso que se siente condenado a la soledad, a la invisibilidad y al rechazo, y que, al padecer de envidia por la inalcanzable felicidad de su creador, desata la violencia contra los amigos y familiares de aquel, reduciendo su mundo a cenizas y dejando nada más que remordimiento y angustia como legado de un experimento desafortunado, con el que el ser humano trataba de duplicarse a sí mismo.

La historia que se va a tratar de contar en este libro es la de cómo el liberalismo ha terminado siendo víctima del éxito proclamado en la Guerra Fría. En la superficie, la falla se manifiesta en una serie de acontecimientos políticos profundamente desestabilizadores: los ataques contra el World Trade Center de Nueva York el 11-S, la segunda guerra de Irak, la crisis financiera de 2008, la anexión de Crimea por parte de Rusia y la intervención de esta última en el este de Ucrania, la impotencia de Occidente ante el descenso de Siria hacia una pesadilla humanitaria, la crisis migratoria de 2015 en Europa, el referéndum del Brexit y la elección de Donald Trump. El resplandor del que gozó la democracia liberal después de la Guerra Fría también se ha visto ensombrecido por el milagro económico chino, orquestado por unos líderes políticos que no muestran ningún complejo por no ser ni liberales ni demócratas. Los intentos de salvar el buen nombre de la democracia liberal mediante una comparación positiva con las autocracias no occidentales han quedado socavados por la violación irresponsable de las normas liberales, en la forma de torturas a prisioneros y de un evidente mal funcionamiento de las instituciones democráticas dentro del propio Occidente. Resulta revelador que el modo en que las democracias se atrofian y sucumben se haya convertido en uno de los temas que más preocupa a los académicos liberales en la actualidad.[5]

El ideal de la «sociedad abierta», también, ha perdido el una vez celebrado lustre.[6] Para muchos ciudadanos desilusionados, la apertura del mundo ofrece hoy un mayor espacio al desasosiego que a la esperanza. Cuando el muro de Berlín se derribó, solo había dieciséis vallas fronterizas en todo el planeta, mientras que hoy en día hay sesenta y cinco perímetros fortificados, ya terminados o en construcción. De acuerdo con la experta de la Universidad de Quebec Elisabeth Vallet, casi una tercera parte de los países del globo está levantando barreras a lo largo de las fronteras.[7] Las tres décadas posteriores a 1989 han resultado ser un «periodo entremuros», un breve intervalo libre de barricadas e imbuido de fantasías utópicas sobre un mundo sin fronteras, ubicado entre el dramático levantamiento del muro de Berlín y una tendencia internacional a levantar barreras de hormigón, coronadas de alambre de púas, que da forma a una serie de miedos existenciales, en ocasiones imaginarios.

Por otro lado, la mayor parte de los europeos y de los americanos de la actualidad creen que la vida de sus hijos será menos próspera y gratificante que la suya.[8] La fe pública en la democracia se va a pique, y los partidos asentados se desintegran o se ven desplazados por movimientos políticos amorfos y por déspotas populistas, lo que pone en duda la disposición de las fuerzas políticas organizadas para luchar por la supervivencia de la democracia en tiempos de crisis.[9] Atemorizado por el fantasma de la migración a gran escala, una parte del electorado europeo y americano se está dejando seducir cada vez más por retóricas xenófobas, líderes autoritarios y la idea de unas fronteras militarizadas. Lejos de creer que el mundo mejorará con el sostén de las ideas liberales que irradia Occidente, parecen pensar que la historia del siglo xxi estará aquejada de los millones de personas que tratan de refugiarse allí.[10] Los derechos humanos, otrora ensalzados como baluarte contra la tiranía, reciben ahora, con frecuencia, acusaciones de limitar la capacidad de las democracias para combatir el terrorismo de forma efectiva. La crisis de confianza en sí mismo que padece el liberalismo es tan aguda que las alusiones a «El segundo advenimiento» de William Butler Yeats, poema escrito en 1919 a raíz de uno de los conflictos más mortíferos de la historia de la humanidad, llegaron a constituir una cita obligatoria para los analistas políticos en 2016.[11] Un siglo después de que Yeats las escribiese, esas palabras se han convertido en un mantra para los defensores aprensivos de la democracia liberal en todo el mundo: «Se disgregan las cosas, regir no puede el centro, / estalla solamente anarquía en el mundo».*

En sus memorias, *El mundo tal y como es*, Ben Rhodes, el asesor más cercano a Barack Obama y amigo personal de este, revela que, el día en que Obama dejó la Casa Blanca, se apoderó de este una incertidumbre, la de «¿Qué pasaría si estuviéramos equivocados?».[12] El misterio más urgente que resolver no consistía en «¿Qué ha salido mal?» ni en «¿Quién ha hecho mal el trabajo?», ni tampoco en el «¿Qué pasó?» de Hillary Clinton. La duda que más inquietaba a Obama era «¿Qué pasaría si estuviéramos equivocados?». Es decir, ¿y si los liberales habían malinterpretado la naturaleza del periodo posterior a la Guerra Fría? «¿Qué pasaría si estuviéramos equivocados?» es la pregunta correcta, y con este libro nos hemos propuesto darle respuesta.

---

* *Antología poética,* Lumen, 2005, trad. de Daniel Aguirre. *(N. de los T.)*

Además, el interrogante tiene para ambos un cariz muy personal. El mayor de los dos, estadounidense, nació un año después de que se iniciara la Guerra Fría y había estudiado en el instituto que el entonces recién levantado muro era una encarnación de la intolerancia y de la tiranía. El más joven, búlgaro, nació al otro lado de la línea que separaba el Este de Occidente, unos cuatro años después de que se erigiera el Muro, y creció en el pensamiento de que derribar muros era una vía hacia la libertad política e individual.

Aunque tenemos unos bagajes distintos, ambos vivimos durante años a la sombra del Muro, y la espectacular retransmisión de su derribo constituiría un momento determinante de nuestra vida política e intelectual. Primero su existencia y después su ausencia marcaron de forma indeleble nuestro pensamiento político. La ilusión de que el final de la Guerra Fría sería el inicio de una era de liberalismo y democracia también fue nuestra.

Este libro materializa nuestro intento de comprender no solo por qué hubo un tiempo en que estábamos listos para abrazar esta ilusión, sino además de cómo pensar en un mundo en el que se ha desatado una marea de «anarquía» iliberal y antidemocrática.

El sentido de un final

Hace tres décadas, en 1989, un funcionario del Departamento de Estado de Estados Unidos capturó de modo sucinto el espíritu de los tiempos. Unos pocos meses antes de que los alemanes bailasen llenos de felicidad sobre los restos machacados a maza del muro de Berlín, escribió unas líneas en las que proclamaba que, de una vez por todas, la Guerra Fría se había terminado. La victoria total del liberalismo sobre el comunismo venía sellada por una década de reformas económicas y políticas iniciadas en China por Deng Xiaoping y en la Unión Soviética por Mijaíl Gorbachov. Francis Fukuyama sostuvo que la supresión de «la alternativa marxista-leninista a la democracia liberal», indicaba «el completo agotamiento de sistemas alternativos viables al liberalismo occidental». El comunismo, tras haber sido coronado por Marx como la culminación de la «historia» en el sentido hegeliano, quedó degradado de repente a la categoría de «historia» en el sentido mundano, el de algo de poca importancia. La «democracia liberal occidental», en tales circunstancias, podía definirse como «el punto final de la evolución ideológica de la humanidad». Tras la caída de «las dictaduras fascistas y comunistas que han tenido lugar a lo largo de este siglo, la única forma de gobierno que ha sobrevivido intacta al final del siglo XX ha sido la democracia liberal». Puesto que «los principios básicos de los estados liberal-democráticos» eran «absolutos e inmejorables», la única tarea que quedaba por cumplir era «extender estos principios por toda la geografía, de manera que cada una de las distintas regiones habitadas por la civilización humana alcanzase el nivel más avanzado posible». Fukuyama mantenía que «llegará un punto en que el liberalismo triunfe en todo el mundo». Pero en lo que quería poner el énfasis, en realidad, era en que, en adelante, no aparecerían más «ideologías que puedan proclamar ser más avanzadas que el liberalismo».[13]

¿Qué entrañaba en la práctica el reconocimiento de la democracia capitalista como la etapa final del desarrollo político de la humanidad? Fukuyama no fue muy preciso en este punto. Sin embargo, no hay duda de que su argumento implicaba que la democracia liberal al estilo occidental era el único ideal viable hacia el que los reformistas de todo el mundo debían dirigir sus esfuerzos. Cuando escribió que los reformistas chinos y soviéticos habían extinguido el último «faro para las fuerzas iliberales», se refería a que solo el faro liberal de Estados Unidos alumbraría, en adelante, el camino de la humanidad.[14]

La negación de que existiera cualquier alternativa atractiva al modelo occidental explica que la tesis de Fukuyama no solo embelesara el amor propio de los estadounidenses, sino que además resultase palmaria para los disidentes y reformistas que vivían tras el telón de acero.[15] Tan solo un año antes, en 1988, algunos de los más ardientes partidarios del pluralismo democrático en la Unión Soviética habían publicado una colección de artículos con el título *Inogo ne dano*,[16] que se podría traducir por algo así como «No hay otro camino». También la biblia del reformismo soviético mantenía que no había alternativas a la democracia capitalista occidental que pudieran sostenerse.

Formulándolo en términos propios, 1989 anunciaba el comienzo de una Era de la Imitación que duraría treinta años. Así fue como el nuevo orden unipolar, dominado por Occidente, transfiguró el reino de las ideas morales. Sin embargo, después de que las altas expectativas puestas ante la perspectiva de imitar el estilo de vida capitalista comenzaran a desvanecerse, empezó a propagarse de modo paulatino el rechazo a la política de la imitación. Se puede decir que se trató de una respuesta a un mundo caracterizado por la falta de alternativas políticas e ideológicas. Creemos que esta carencia, más que la fuerza gravitatoria de un pasado autoritario o una hostilidad con raigambres históricas hacia el liberalismo, es lo que mejor explica el espíritu de antipatía hacia Occidente que domina hoy en día las sociedades poscomunistas.[17] La propia soberbia que implica el concepto de «no hay otro camino» constituiría un motivo independiente para la ola de xenofobia populista y nativismo reaccionario que tuvo comienzo en Centroeuropa y Europa del Este y que, en la actualidad, campa por la mayor parte del globo. La falta de una alternativa factible a la democracia liberal se ha convertido en un estímulo para la sublevación, porque, a un cierto nivel muy elemental, «el ser humano necesita opciones, aunque sea tan solo en la forma de meras ilusiones».[18]

El populismo no supone tanto una rebelión contra un tipo específico de política, la liberal, como contra la sustitución de la ortodoxia comunista por la ortodoxia liberal. El mensaje de los movimientos insurgentes tanto de izquierda como de derecha, en efecto, es que la postura de «o lo tomas o lo dejas» constituye una falacia y que las cosas pueden ser de otro modo, más cercanas y más auténticas.

Obviamente, el surgimiento durante la segunda década del siglo XXI de un antiliberalismo autoritario, de manera simultánea en tantos países en puntos tan distintos de la geografía, no se puede explicar por un solo factor. Pero somos de la idea de que el resentimiento generado por la posición canónica de la democracia liberal y por las políticas de imitación ha desempeñado, en general, un papel decisivo, no solo en Centroeuropa, sino también en Rusia y en Estados Unidos. Para comenzar a plantear esta cuestión, convocamos a dos de los críticos centroeuropeos más elocuentes del iliberalismo como primeros testigos. El filósofo polaco y miembro conservador del Parlamento Europeo Ryszard Legutko se pone furioso ante la óptica de que «no hay alternativa a la democracia liberal», que se ha convertido en el «único rumbo y método aceptado de organizar la vida colectiva», y de que «los liberales y los demócratas liberales han conseguido silenciar y marginar prácticamente cualquier alternativa y todos los enfoques de orden político no liberales».[19] Una influyente historiadora húngara concuerda: «No tenemos la intención de copiar lo que hacen los alemanes o lo que hacen los franceses —proclamaba Maria Schmidt, la intelectual de referencia de Viktor Orbán—. Lo que queremos es seguir con nuestro propio estilo de vida».[20] Ambas declaraciones sugieren que un tenaz rechazo a aceptar «el completo agotamiento de las alternativas sistemáticas viables al liberalismo occidental» ha contribuido a que el poder blando del que se valió Occidente para inducir a la emulación se haya convertido en debilidad y vulnerabilidad en lugar de en fuerza y autoridad.

La negativa a arrodillarse ante el occidente liberal se ha convertido en la marca distintiva de la contrarrevolución iliberal que tiene lugar en todo el mundo poscomunista y más allá. Una reacción semejante no se puede despachar descuidadamente con la frívola observación de que «culpar a Occidente es una forma fácil para los líderes fuera de su órbita de evitar la asunción de responsabilidades en sus propias políticas fallidas». La historia es mucho más enrevesada y apremiante que eso. Se trata del relato, entre otras cosas, de cómo el liberalismo ha abandonado el pluralismo en favor de la hegemonía.

EL NOMBRAR Y LA NECESIDAD

Durante la Guerra Fría, el cisma político más relevante a nivel mundial ocurrido entre comunistas y demócratas, el mundo estuvo dividido entre el este totalitario y el mundo libre occidental, y las sociedades en la periferia del foco del conflicto conservaban, o así lo imaginaban, el derecho y la capacidad de escoger de qué parte estaban. Tras la caída del Muro, la constelación cambió. De ahí en adelante, la división más significativa en el firmamento geopolítico sería la que separaba a los imitadores de los imitados, a las democracias establecidas de los países que se esforzaban en consumar la transición a la democracia. Las relaciones entre el Este y Occidente mutaron de una guerra fría en punto muerto entre dos sistemas hostiles a una relación tirante entre modelos y mimos dentro de un mismo sistema unipolar.

Los esfuerzos de los antiguos países comunistas por emular a Occidente después de 1989 han recibido numerosos nombres, como «americanización», «europeización», «democratización», «liberalización», «ampliación», «integración», «armonización», «globalización» y muchos más, pero lo que siempre se ha querido significar es una modernización por imitación y una integración por asimilación. Según el populismo centroeuropeo, tras el colapso

17

comunista, la democracia liberal se convirtió en una nueva e ineludible ortodoxia. La queja constante de aquel es que imitar los valores, las actitudes y las prácticas de Occidente se convirtió en un imperativo, en algo forzoso. Como también ha escrito el filósofo polaco arriba citado, ridiculizando la mentalidad de muchos de sus compatriotas después de 1989:

> El mayor signo de ilustración era copiar e imitar. Cuanto más copiábamos e imitábamos, tanto más felices nos sentíamos por nosotros mismos. Las instituciones, la educación, la ropa, la ley, los medios, la lengua [...], casi todo se convirtió de repente en una copia imperfecta del original, por delante de nosotros en la línea del progreso.[21]

Esta tensa asimetría entre quienes estaban moralmente por delante y quienes estaban por detrás, es decir, entre los imitados y sus imitadores, llegó a ser una característica definitoria y aflictiva de las relaciones entre el Este y el mundo occidental tras 1989.

Después de la caída del Muro, la imitación transfronteriza de Occidente se aceptó de manera amplia como la forma más efectiva de democratizar unas sociedades que acababan de cerrar una etapa no democrática. En gran parte debido a la asimetría moral que implica, esta idea se ha convertido en el objetivo predilecto de la rabia populista.

LAS TENSIONES DE LA IMITACIÓN

Sobra decir que la imitación es ubicua en la vida social. Gabriel Tarde, el famoso sociólogo del siglo XIX, llegó a afirmar que «la sociedad es imitación».[22] De hecho, propuso definir la «imitación contagiosa» como una especie de «sonambulismo», en referencia a la forma espontánea en que los seres humanos se copian unos a otros, sin ningún propósito estratégico o plan, como en un crimen *copycat*, sin que se los fuerce o se los persuada.[23]

Cuando el populismo centroeuropeo carga contra lo que percibe como un «imperativo de imitación» como la característica más insufrible de la hegemonía liberal después de 1989, es obvio que se refiere a algo menos genérico y más provocador desde el punto de vista político. La forma de la imitación por extenso de las instituciones en cuestión implica, en primer lugar, el reconocimiento de la superioridad moral de los imitados sobre los imitadores; en segundo, un modelo político que proclama haber eliminado todas las alternativas viables; en tercero, la expectativa de que la imitación será incondicional, en vez de adaptarse a las tradiciones locales, y, en cuarto, la presunción de que los representantes de los imitados, que como tales ostentan una superioridad de carácter implícito, podrían reclamar con total legitimidad el derecho a supervisar y evaluar el progreso de los países imitadores de forma permanente. Sin querer forzar demasiado la analogía, es interesante observar que el estilo de la imitación del sistema que se generalizó a partir de 1989 guarda una siniestra semejanza con las elecciones de la época soviética, en las que los votantes, bajo la supervisión de los funcionarios del partido, emulaban la «elección» de los únicos candidatos que se presentaban para el cargo.

Para hacer una descripción de lo que está en juego, es necesario establecer algunas distinciones preliminares. Debemos distinguir, como ya se ha sugerido, entre la imitación a escala completa de un único modelo ortodoxo, supervisado, que no impuesto, por las valoraciones de extranjeros, y el aprendizaje común por el que cada Estado se beneficia de forma indirecta de la experiencia de los otros.[24] La primera genera resentimiento, mientras que el segundo, en general adscrito al efecto demostrativo de los éxitos y fracasos observados, no.

Segundo, y tal vez más importante, debemos distinguir la imitación de los medios de la imitación de los objetivos. A lo primero lo llamamos «apropiación» más que imitación. El sociólogo y economista Thorstein Veblen articuló una formulación clásica de dicha distinción, cuando escribió, a principios del siglo XX, que los japoneses habían tomado prestadas las «artes industriales» de Occidente, pero no su «perspectiva espiritual» o sus «principios de conducta y valores éticos».[25] La apropiación de los medios técnicos no afecta a la identidad, al menos no a corto plazo, mientras que la imitación de los fines morales supone una incisión más profunda y puede dar inicio a un proceso transformador mucho más radical, derivando en algo cercano a una «experiencia de conversión». En la reconstrucción de las sociedades que tuvo lugar a partir de 1989, los centroeuropeos se esforzaron en replicar los estilos de vida y las actitudes morales que observaban en Occidente. Los chinos, por contraste, han seguido un camino no muy diferente al identificado por Veblen, al adoptar la tecnología occidental para conseguir el crecimiento económico y aumentar el prestigio del Partido Comunista, con el objetivo explícito de «resistir» los cantos de sirena de Occidente.

La imitación de las ideas morales, a diferencia de la apropiación de la tecnología, nos hace asemejarnos a quien admiramos pero, a la vez, parecernos menos a nosotros mismos, en unos tiempos en que la propia especificidad y el mantenimiento de la fe en el grupo al que se pertenece se encuentran en el corazón de la lucha por la dignidad y el reconocimiento. El imperante culto a la innovación, la creatividad y la originalidad que radica en el núcleo de la modernidad liberal se traduce en que, incluso para los habitantes de países exitosos económicamente como Polonia, el proyecto de adopción de un modelo occidental, bajo supervisión occidental, se aprecia como una confesión de que no se ha conseguido escapar al vasallaje histórico de Centroeuropa a las instrucciones e inquisiciones foráneas.

Esta demanda contradictoria de ser original y copia al mismo tiempo tiene que resultar por fuerza en estrés psicológico. También provocó que se tuviera la impresión de un trato irrespetuoso, por lo que se puede identificar sin miedo como la ironía central del impulso de las democracias poscomunistas en el contexto de la integración europea, a saber, el hecho de que los países de Centroeuropa y de Europa del Este en vías aparentes de democratización se vieran obligados, para cumplir con las condiciones para ser miembros de la Unión Europea, a promulgar políticas formuladas desde Bruselas por burócratas no electos, así como por organizaciones crediticias de alcance internacional.[26] Se dijo a polacos y a húngaros qué leyes y políticas había que promulgar, al tiempo que se les enseñaba a hacer como si se estuvieran gobernando a sí mismos. Las elecciones comenzaron a parecer una *trap for fools* o «engañabobos», como diría Rudyard Kipling. Ciertamente, los votantes echaban a quienes ocupaban los cargos, pero las políticas, formuladas en Bruselas, no cambiaban en lo sustancial. Por si hacer que se gobernaban a sí mismos cuando en realidad lo hacían los actores políticos occidentales no fuese lo bastante malo, la guinda del pastel la puso el desprecio de los observadores occidentales, que los acusaron de aplicar sin más las propuestas para la democracia, cuando eso era exactamente lo que las élites políticas de la región pensaban que se les había pedido.

Con el colapso del comunismo, prendió una problemática psicológica e incluso una transformación traumática de las relaciones entre el Este y Occidente, porque, debido a varios motivos, se creó la expectativa de que los países que salían de aquel sistema no debían imitar los medios, sino los fines. Los líderes políticos que iniciaron la importación de los modelos occidentales en este sentido duro querían que sus conciudadanos internalizaran los objetivos del modelo y adoptaran las preferencias de este de un modo holístico, más que de forma fragmentaria. La denuncia de fondo que motiva las políticas antiliberales actuales en la región es que el intento de democratizar los antiguos países comunistas pretendía una especie de «conversión» a los valores, hábitos y actitudes que se consideraban «normales» en Occidente. En lugar de conformarse con injertar un puñado de elementos foráneos en unas tradiciones ajenas, esta «terapia de choque» política y moral puso en riesgo la herencia de la identidad. Debido a una parcialidad y a una inclinación inevitables, el capitalismo *copycat* llevó a que muchos de quienes inicialmente habían abrazado los cambios se sintieran como impostores culturales, un trastorno que, a su vez, despertó unos anhelos ante la pérdida de autenticidad de los que se podía sacar rédito político.

Sin duda, los intentos de la parte más débil de imitar a la más fuerte y exitosa no son una excepción entre estados y naciones. Pero, por lo normal, la imitación se parece más a un superficial repetir como un loro que a la transfiguración psicológica y social de gran estrés que se trató de llevar a cabo en Centroeuropa a partir de 1989. Luis XIV de Francia, que dominaba el poder en el siglo XVII europeo, inspiró a muchos imitadores de esa clase superficial. Como ha señalado el politólogo Ken Jowitt, se construyeron réplicas de Versalles en Alemania, Polonia y Rusia, se copiaba el estilo francés y la lengua francesa se convirtió en la predilecta entre las élites de territorios lejanos. En el siglo XIX le tocó el turno al Parlamento británico, que se convirtió en el foco de una imitación externa y ornamental, mientras que «tras la Segunda Guerra Mundial se crearon una serie de regímenes de corte estalinista en Europa del Este, desde Albania hasta Lituania, todos con el idéntico sello de la fea arquitectura de ese modelo, tanto la política como la física».[27] Una razón importante de que el comportamiento imitativo de tipo cosmético sea tan común en la vida política es que ayuda al débil a aparentar ser más fuerte de lo que es; se trata de una útil forma de mímica para sobrevivir en entornos hostiles. También hace a los imitadores inteligibles para aquellos cuya ayuda reclaman, quienes, de otro modo, podrían dañarlos o marginarlos. En el mundo que sigue a la Guerra Fría, «aprender inglés, pasearse con una copia de *El federalista*, vestirse de Armani, celebrar elecciones y —el ejemplo preferido de Jowitt— jugar al golf» permite a las élites no occidentales no solo hacer que sus interlocutores occidentales se sientan cómodos, sino, además, afirmar ante ellos sus derechos económicos, políticos y militares.[28] Emular a los poderosos permite a los países más débiles compartir, de forma indirecta, la gran talla y el prestigio de un auténtico Versalles, sin que esto sea fuente necesaria de una humillación nacional ni una amenaza grave a la identidad nacional.

Al mencionar las consecuencias no pretendidas de la unipolar Era de la Imitación, así como al describir lo que percibimos como un imperativo de imitación posterior a 1989 como una razón importante de que el sueño liberal se convirtiera en la pesadilla liberal, pretendemos referirnos a unos patrones de comportamiento imitativo y de intoxicación mimética que son más gravosos emocionalmente y más transformadores que una emulación superficial. Lo que se discute es un tipo de transformación política que, en parte porque está organizada no tanto al mando de Occidente como «bajo la mirada de Occidente», suscita sentimientos de humillación y de rencor y aviva el miedo a la desaparición cultural.

En el periodo inmediatamente posterior a 1989, algunos de los líderes políticos más influyentes de Centroeuropa y Europa del Este abrazaron con entusiasmo la occidentalización *copycat* como el camino más rápido hacia la reforma. La imitación se justificaba como un «retorno a Europa», lo que significaba asimismo un regreso al auténtico yo de la región. En Moscú, por supuesto, la situación era diferente. Nunca se había vivido el comunismo como una coyuntura de dominación extranjera, por lo que la imitación de Occidente no podía presentarse, de forma plausible, como una recuperación de la auténtica identidad nacional del país.

Los modelos occidentales inicialmente abrazados, ya fuese fervientemente o de forma poco sincera, fueron perdiendo el encanto, incluso para quienes en un principio habían sido sus imitadores más ilusionados allí en el Este. La reforma para ubicarse en la línea liberal democrática comenzó a parecer menos agradable por muchas razones, además de las ya señaladas. En primer lugar, incluso los asesores occidentales más bienintencionados fueron incapaces de disimular la superioridad implícita del modelo sobre la mímica. Para hacer las cosas aún peores, los impulsores foráneos de la reforma política en el Este continuaron aferrados a una imagen idealizada de la democracia liberal, incluso cuando los síntomas de disfunción interna se habían hecho demasiado obvios como para ignorarlos. En semejante contexto, la crisis financiera mundial de 2008 supuso el golpe de gracia para el buen nombre del liberalismo.

El filósofo francés René Girard adujo, por extenso, que los historiadores y los sociólogos habían estado desatendiendo de manera engañosa y nociva el papel central de la imitación en la condición humana. Dedicó su carrera a estudiar cómo la imitación puede dar lugar al trauma psicológico y al conflicto social. Algo que sucede, según sostenía, cuando el modelo imitado se convierte en un obstáculo al reconocimiento y la realización propios del imitador.[29] De acuerdo con Girard, la forma de imitación con más probabilidades de generar resentimiento y conflicto es la de los deseos. No solo imitamos medios, sino también fines; no solo instrumentos técnicos, sino, además, metas, objetivos, propósitos y formas de vida. Esta es la forma de emulación inherentemente cargada de estrés y controversia que, en nuestra opinión, ha ayudado a desencadenar la revuelta antiliberal actual.

Siguiendo a Girard, los seres humanos no quieren algo por su atractivo o su deseabilidad inherentes, sino tan solo porque otro también lo quiere, un razonamiento que hace que el ideal de la autonomía humana parezca ilusorio. La hipótesis se puede probar mediante la observación de dos niños pequeños en un cuarto lleno de juguetes, de los que «el más deseable» suele ser el que el otro niño tiene entre las manos.[30] Para Girard, la imitación de los objetivos de otros también va asociada a la rivalidad, a la animadversión y a las amenazas a la identidad personal. Resulta revelador que cuanta más confianza tienen los imitadores en aquellos a quienes imitan, menos confían en sí. El modelo al que se imita es inevitablemente un rival y una amenaza para el amor propio. Un hecho cuya verdad se pone mucho más de manifiesto cuando el supuesto modelo que se imita no es Dios todopoderoso que está en los Cielos, sino el vecino occidental.

La fragilidad de los argumentos hechos desde la etimología es notoria, pero probablemente valga la pena recordar que el significado original de «emulación» no era el de «admiración deferente», sino el de «competencia despiadada». El hijo quiere ser como el padre, pero este porta el mensaje subliminal de que la ambición del muchacho es irrealizable, lo que hace que él lo odie.[31] Se trata de un patrón no muy alejado de lo que observamos en Centroeuropa y en Europa del Este, donde, de acuerdo con los populistas, el imperativo de imitación de inspiración occidental hizo que pareciese que el destino de aquellos países era abandonar su venerable pasado y adoptar una nueva identidad liberal-demócrata, la cual, a decir verdad, nunca les pertenecería por completo. La vergüenza de haber reorientado las preferencias propias para amoldarlas a una jerarquía de valores foránea, el haberlo hecho en nombre de la libertad y el soportar miradas por encima del hombro por la supuesta incompetencia en el intento son las emociones y experiencias que han alimentado la contrarrevolución antiliberal comenzada en la Europa poscomunista, en concreto en Hungría, y que ahora se ha propagado como si hiciese metástasis por todo el mundo.

La forma en que Girard entiende las conexiones causales entre imitación y resentimiento, aunque está basada de manera casi exclusiva en el análisis de textos literarios, es, sin embargo, muy pertinente para comprender la revuelta antiliberal del mundo poscomunista.[32] Al llamar la atención sobre la naturaleza inherentemente conflictiva de la imitación, nos ayuda a ver la democratización que siguió al comunismo bajo una luz del todo nueva. La teoría elaborada por él sugiere que los problemas que afrontamos en la actualidad no descansan tanto en una reincidencia natural en los malos hábitos del pasado como en una reacción contra lo que se percibe como un imperativo de imitación dictado tras la caída del muro de Berlín. Mientras que Fukuyama confiaba en que la Era de la Imitación supondría un aburrimiento sin fin, Girard fue más profético, al pronosticar el potencial que tenía para incubar ese tipo de vergüenza existencial que puede alimentar una agitación explosiva.

LAS FLORES DEL RESENTIMIENTO

Los orígenes de la revuelta antiliberal que hoy tiene lugar en todo el mundo radican en tres reacciones, paralelas, interconectadas y alimentadas por el resentimiento, a la condición presumiblemente canónica de los modelos políticos occidentales a partir de 1989. Esta es la tesis que queremos analizar y defender, tomando en debida cuenta sus puntos débiles de parcialidad, de incompleción y de carácter empírico. No pretendemos ofrecer un compendio integral y definitivo de las causas y consecuencias del antiliberalismo contemporáneo, sino enfatizar e ilustrar aquellos aspectos del relato que, a nuestro ver, aún no han sido objeto de la atención que merecen. Para organizar el análisis comparativo que llevamos a cabo de la imprevista eclosión de nativismo reaccionario y de autoritarismo que ha tenido lugar en todo el mundo, nos hemos apoyado en el concepto de «imitación política», articulado con flexibilidad y sin duda especulativo, pero esperamos que coherente y revelador. Con este propósito en mente, hemos estructurado esta obra del modo que sigue.

Comenzamos por analizar el comunitarismo intolerante del populismo centroeuropeo, en especial por parte de Viktor Orbán y Jarosław Kaczyński, para tratar de explicar cómo, en una serie de países en los que solo de forma reciente una élite liberal había abrazado la imitación de los modelos occidentales como el camino más rápido a la prosperidad y a la libertad, una parte importante del electorado empezó a ver dicha imitación como un sendero a la perdición. Examinamos el modo en que una contraélite antioccidental, mayoritariamente de provincias, comenzó a surgir en la región y a granjearse un considerable apoyo popular, sobre todo fuera de la red interconectada a nivel mundial de los centros urbanos, a base de monopolizar los símbolos de la identidad nacional desdeñados o devaluados en el proceso de «armonización» con las normas y reglamentos posnacionales de la Unión Europea. Asimismo, pretendemos mostrar la manera en que el proceso de despoblación de Centroeuropa y Europa del Este que siguió a la caída del muro de Berlín[33] ayudó a las contraélites populistas a captar el imaginario del público, mediante la denuncia del universalismo de los derechos humanos y del liberalismo de la apertura de fronteras como expresiones de la arrogante indiferencia de Occidente hacia la herencia y las tradiciones nacionales de sus propios países.[34] No sostenemos que el populismo centroeuropeo sea una víctima inocente de Occidente, ni que su programa se reduzca a la resistencia ante lo que consideran un imperativo de imitación o que el iliberalismo del que hacen gala sea la única respuesta posible a la recesión de 2008 y otras crisis de las democracias occidentales. Tampoco pasamos por alto la heroica lucha contra el populismo iliberal que hay en marcha en la región. Lo que afirmamos, por contra, es que el ascenso político del populismo no se puede explicar sin tener en cuenta el resentimiento generalizado por el modo en que el comunismo soviético sin alternativa (por imposición) vino a sustituirse, a partir de 1989, por el liberalismo occidental sin alternativa (por invitación).

Pasamos después al sentimiento de agravio de Rusia por lo que se percibió como una nueva ronda de occidentalización imperativa. Para el Kremlin, la desintegración de la Unión Soviética señaló la pérdida del estatus de superpotencia y, en consecuencia, de la paridad internacional con el adversario estadounidense. Tras haber sido un temible rival en igualdad de condiciones, Rusia se transformó prácticamente de la noche a la mañana en un caso perdido que imploraba apoyos y se veía obligado a fingir gratitud por los consejos de los asesores estadounidenses, bienintencionados pero con una pobre preparación. Para el país, la imitación nunca iba a ser sinónimo de integración. A diferencia de Centroeuropa y de Europa del Este, no era un serio candidato a miembro de la OTAN o de la Unión Europea; era demasiado grande y tenía demasiadas armas nucleares, así como un sentido de la propia «grandeza histórica» que no le permitía convertirse en un socio menor de la alianza occidental.

La primera respuesta del Kremlin a la preeminencia global del liberalismo fue una suerte de «simulación», como la que adoptaría una presa relativamente indefensa para evitar el ataque de depredadores peligrosos. La actitud de la élite política rusa en el momento inmediato al colapso soviético no fue, de ningún modo, uniforme, pero la mayoría encontró muy natural llevar a cabo una teatralización de la democracia, puesto que habían estado teatralizando el comunismo durante por lo menos dos décadas antes de 1991. Los reformadores liberales de Rusia, como Yegor Gaidar, sentían una admiración genuina por el sistema democrático, pero estaban convencidos de que, con el vasto territorio del país y dada la tradición autoritaria que había conformado la sociedad durante siglos, propiciar una economía de mercado era imposible bajo un Gobierno que recogiese de manera legítima la voluntad popular. La creación de la «democracia imitativa» en la Rusia de los noventa no conllevó ninguno de los arduos trabajos de un desarrollo político auténtico. Se trató, en esencia, de levantar una fachada Potemkim que recordase sin más, de manera superficial, a la democracia. La mascarada fue efectiva en la medida en que, durante un difícil periodo de transición, redujo la presión occidental para introducir unas reformas políticas que, mientras que no daban lugar a un Gobierno responsable, podrían haber puesto en riesgo un proceso de privatización económica ya de por sí traumático e inevitablemente corrupto.

Hacia 2011-2012, la farsa democrática había sobrevivido a su propia utilidad. Los dirigentes rusos cambiaron entonces a una política alimentada por el resentimiento, con base en una vehemente parodia, cuyo estilo imitativo era de una descarada hostilidad y venía cargado de intenciones provocativas. Un hecho que un insípido análisis de la imitación de la política exterior en tanto que «aprendizaje observacional» apenas puede captar.[35] Nosotros preferimos definirlo como «reflejo». La gente del Kremlin, exasperada por lo que veía como una exigencia apremiante y fútil de que Rusia imitara una imagen idealizada de Occidente, decidió imitar en su lugar lo que percibía como los patrones de comportamiento más odiosos de la hegemonía estadounidense, para «sostener un espejo» ante el mundo occidental y mostrar a todos los aspirantes a misioneros lo que de verdad parecían cuando se los despojaba de sus autocomplacientes pretensiones. El reflejo es una manera que tienen los otrora imitadores de vengarse de sus pretendidos modelos, al revelar sus poco atractivos defectos y su irritante hipocresía. Lo que da significancia a este furor por el desenmascaramiento es que el Kremlin, a menudo, se dedica a él como un fin en sí mismo, con independencia de cualquier beneficio adicional que se pueda esperar que coseche para el país, e incluso a expensas de costes considerables.

Los encargados de organizar y perpetrar las injerencias rusas en las elecciones presidenciales de Estados Unidos de 2016, por aludir al ejemplo más destacado de este enfoque «reflejo» y de su burlón carácter irónico, las entendían como un intento de duplicar lo que el Kremlin consideraba como las injustificadas incursiones occidentales en la vida política de Rusia. El propósito explícito no era tanto la elección de un candidato afín como enseñar a los estadounidenses cómo es y cómo se vive la injerencia foránea en la vida política del propio país. Junto con este objetivo pedagógico, también se pretendía, mediante el reflejo, poner de relieve la debilidad y la vulnerabilidad de un altanero régimen democrático.

En otras palabras, tras haber simulado la responsabilidad política ante los ciudadanos en los años noventa, en la actualidad, defendemos, el Kremlin ha perdido todo el interés en pantomimas democráticas. En lugar de hacer como si imitasen el sistema político nacional de Estados Unidos, Putin y su séquito prefieren imitar el modo en que aquel interfiere de forma ilícita en la política interior de otras naciones. Desde un enfoque más general, el Kremlin pretende sostener un espejo en el que Estados Unidos pueda contemplar su propia tendencia a violar unas leyes internacionales que finge respetar. Y lo hace con una gran condescendencia, con el objetivo de humillar a los estadounidenses y de ponerlos en su lugar.

El resentimiento que ha generado la americanización constituye una explicación convincente (aunque sea solo parcial) del iliberalismo interno de Centroeuropa y de la beligerante política exterior de Rusia. Pero ¿qué sucede con Estados Unidos? ¿Por qué iban tantos estadounidenses a dar su apoyo a un presidente que ve el compromiso del país con el orden mundial liberal como su punto débil más notable? ¿Por qué iban a aceptar de forma implícita los seguidores de Trump la excéntrica idea de que Estados Unidos ha de dejar de ser un modelo para otros países y, quizá, incluso rehacerse a la imagen de la Hungría de Orbán o de la Rusia de Putin?

Trump se ganó tanto el apoyo popular como el empresarial al declarar que Estados Unidos era el gran perdedor de la americanización del mundo. La inusitada aceptación pública de una divergencia semejante, con respecto de la altanera corriente principal de la cultura política estadounidense, pide a gritos una explicación. En vista de que los rusos y los centroeuropeos abominan de la imitación como algo negativo para el imitador y beneficioso solo para el imitado, en un primer momento resulta chocante que algunos estadounidenses puedan repudiarla como algo negativo para el imitado y beneficioso solo para el imitador. Desde luego, el resentimiento de Trump ante un mundo repleto de países que aspiran a emular a Estados Unidos nos puede parecer anómalo, hasta que comprendemos que, para sus partidarios estadounidenses, los imitadores son una amenaza, por cuanto aspiran a reemplazar al modelo al que imitan. El miedo a la suplantación y a la desposesión bebe de dos fuentes: la inmigración, por un lado, y la presencia de China, por el otro.

La primera vez que Trump expresó esta idea distintiva, en los años ochenta, ni el mundo empresarial ni la ciudadanía se tomaron en serio la improbable imagen de Estados Unidos como una víctima maltratada por admiradores e imitadores. Así que, ¿por qué de repente comenzó a captar poderosamente la atención de ambos durante la segunda década del siglo XXI? La respuesta subyace en las penurias de los estadounidenses blancos de clase media y trabajadora, así como en la emergencia de China como una competidora económica de Estados Unidos, mucho más peligrosa de lo que nunca lo hayan sido Alemania o Japón. Los votantes blancos están convencidos de que China roba puestos de trabajo a Estados Unidos, y el mundo empresarial cree que esta le hurta la tecnología, algo que ha ayudado a que el excéntrico discurso de victimización de Estados Unidos de Trump gane una burda credibilidad de la que nunca había gozado antes, a pesar de romper de forma radical con la imagen tradicional que el país tiene de sí mismo.

El ejemplo anterior ilustra cómo no solo el émulo, sino también el modelo, puede llegar a resentirse de las políticas de imitación, y la forma en que, en este caso, el dirigente del país que ha levantado el orden mundial liberal puede tomar la decisión de hacer todo lo que esté en su poder para echarlo abajo.

Por otra parte, encontramos un final natural para nuestro hilo de razonamiento en la ascensión de una China internacionalmente asertiva, con disposición para refutar la hegemonía estadounidense, pues este hecho señala el final de la Era de la Imitación tal y como la entendemos. En la carta de dimisión que el secretario de Defensa James Mattis presentó, en diciembre de 2018, al presidente de Estados Unidos, dejaba escrito que los dirigentes chinos «quieren dar forma a un mundo acorde con su modelo autoritario». Sin embargo, no pretendía insinuar que su aspiración sea persuadir a otros países para que adopten los «valores asiáticos» o imponérselos, ni alentarlos a que tracen «características chinas» en los sistemas políticos o económicos propios. Buscan influencia y respeto, pero no la conversión mundial a las ideas de Xi Jinping. Su objetivo, decía el escrito de Mattis, es «obtener la autoridad de veto sobre las decisiones de otras naciones relativas a la economía, la diplomacia y la seguridad, para impulsar sus propios intereses a expensas de sus vecinos, así como de Estados Unidos y de sus aliados».[36]

El enfrentamiento que se avecina entre Estados Unidos y China está destinado a cambiar el mundo, pero se centrará en el comercio, en el acceso a los recursos y a la tecnología, en las respectivas áreas de influencia y en la capacidad de conformar un entorno global en el que los intereses nacionales y los ideales tan diferentes de ambos países puedan cohabitar. No constituirá un conflicto entre dos visiones universales sobre el futuro de los seres humanos, en el que cada parte trate de ganarse aliados mediante la conversión ideológica y el cambio revolucionario de régimen. En el sistema internacional actual, las asimetrías del poder desnudo han comenzado a reemplazar a las supuestas asimetrías morales. Esto explicaría por qué la descripción de la rivalidad china-estadounidense como «una nueva Guerra Fría» no sería precisa. Las alianzas se disuelven y se refunden de forma caleidoscópica, los países abandonan asociaciones ideológicas duraderas por efímeros matrimonios de conveniencia. Aunque es imposible predecir las consecuencias, no se va a materializar una repetición de ese conflicto de cuarenta años que tuvo lugar entre Estados Unidos y la URSS.

Lo que plantea el impresionante auge de China es que la derrota del ideal comunista en 1989 no supuso, después de todo, la victoria indiscutible del ideal liberal. De hecho, el orden unipolar ha perfilado un mundo mucho menos acogedor para el liberalismo de lo que nadie hubiera predicho entonces. Algunos analistas han señalado que en 1989, al suprimirse la competencia de la Guerra Fría entre dos ideologías universales rivales, se hirió de muerte al propio proyecto de la Ilustración, en sus encarnaciones tanto liberal como comunista. El filósofo húngaro G. M. Tamás ha llegado a ir más lejos, al alegar que «tanto la utopía liberal como la socialista» fueron «derrotadas» en 1989, lo que señaló «el fin» del «proyecto de la Ilustración» en sí mismo.[37] Por nuestra parte, no somos tan fatalistas. Después de todo, aún puede salir a flote la capacidad de los dirigentes americanos y europeos para gestionar juiciosamente el declive de Occidente. Es posible que se identifique y que se siga una vía hacia la recuperación liberal, con base en unos fundamentos que sean al mismo tiempo familiares y novedosos. En el presente, las probabilidades de una renovación semejante parecen escasas. Con todo, los regímenes y movimientos antiliberales de los que aquí tratamos, quizá por su carencia de una visión ideológica que resulte atractiva en términos generales, pueden revelarse efímeros e históricamente intrascendentes. La historia, como todo el mundo sabe, es una incursión en lo desconocido. Sin embargo, sea lo que sea lo que nos depara el futuro, podemos no obstante empezar por tratar de comprender cómo hemos llegado hasta donde estamos hoy.

1

La mente *copycat*

Son sin duda esos momentos de humillación los
que han formado a los Robespierre.

STENDHAL[1]

«Cuando, una mañana, Gregor Samsa se despertó de unos sueños
agitados, se encontró en su cama convertido en un monstruoso bi-
cho.»* La primera frase de *La transformación* de Kafka podría, asimismo, estar describiendo la estupefacción que sintieron los liberales occidentales en algún momento de 2015, al abrir los ojos y
descubrir que las otrora celebradas democracias de Centroeuropa
y de Europa del Este se habían convertido, en su gran mayoría, en
regímenes conspiranoides en los que se demonizaba a la oposición,
se despojaba de su capacidad de influencia a los medios de comunicación privados, a la sociedad civil y a los tribunales independientes, y se definía la soberanía en virtud de la determinación de
los dirigentes a resistir cualquier tipo de presión para amoldarse a los
ideales occidentales de pluralismo político, de transparencia guber-

* Franz Kafka, *La transformación,* Contemporánea, 2015, trad. de Juan José del
Solar. *(N. de los T.)*

35

namental y de tolerancia a los extraños, con los disidentes y con las minorías.

En la primavera de 1990, John Feffer, un estadounidense de veintiséis años, se dedicó a ir de un lado para otro por toda Europa del Este durante varios meses, con la esperanza de desvelar el misterio del futuro poscomunista que aguardaba a la región y escribir un libro sobre la transformación histórica que se desplegaba ante sus ojos.[2] No era un experto, de manera que, en lugar de a verificar teorías, se dedicó a interpelar a tanta gente de todas las extracciones sociales como pudo, para terminar tan fascinado como perplejo por las contradicciones que se iba encontrando a cada paso que daba. Los europeos del Este eran optimistas pero aprensivos. Muchos de los entrevistados en aquel momento esperaban estar viviendo como los vieneses o los londinenses en cinco años, diez a lo sumo, una ilusión desmesurada que, sin embargo, se entremezclaba con la angustia y el recelo. Como ha observado el sociólogo húngaro Elemér Hankiss: «De repente, la gente se dio cuenta de que, en los años siguientes, se decidiría quién iba a ser rico y quién iba a ser pobre; quién iba a tener poder y quién no; quién iba a quedar marginado y quién iba a ocupar un lugar central, y quién podría forjar dinastías mientras otros veían a sus hijos pasar penurias».[3]

Feffer acabaría publicando el libro, pero no volvió a esos países que por un lapso habían atrapado su imaginación hasta pasados veinticinco años, cuando decidió regresar a la región para buscar a las personas con las que había hablado en 1990. Este segundo viaje fue parecido al despertar de Gregor Samsa. Había más riqueza en Europa del Este, aunque enturbiada por el resentimiento. El futuro capitalista había llegado, pero la relación entre los costes y los beneficios parecía desigual, incluso fruto de un reparto grosero. Tras recordarnos que «para la generación de los europeos del Este de la Segunda Guerra Mundial, el comunismo fue "el dios que fracasó"», Feffer plantea la tesis en la que vamos a indagar en este capítulo, a saber, que «para la generación actual, "el dios que fracasó" es el liberalismo».[4]

LA MUERTE DE LA LUZ

La expansión de la democracia por todo el mundo se concebía, en la coyuntura inmediata a 1989, como una versión del cuento de la Bella Durmiente, en la que bastaba con que el Príncipe de la Libertad acabara con el Dragón de la Tiranía y besara a la princesa, para despertar a una mayoría liberal antes dormida. Sin embargo, aquel resultó ser un beso amargo, y ese colectivo desadormecido se tornó más resentido y menos liberal de lo que se había esperado o anhelado.

Al terminar la Guerra Fría, un destino que se había idealizado tras el telón de acero, la carrera por unirse a Occidente, se convirtió en una misión que compartían las poblaciones de Centroeuropa y de Europa del Este. De hecho, se podría sostener que el principal objetivo de las revoluciones de 1989 fue la conversión en occidentales indistinguibles. La copia entusiasta de los modelos de Occidente, acompañada como estuvo inicialmente de la retirada de las tropas soviéticas de la región, se vivió en un principio como algo liberador. Sin embargo, transcurridas dos problemáticas décadas, los aspectos negativos de la imitación se habían hecho demasiado obvios como para negarlos. A medida que el resentimiento fue desatando su furia, los políticos iliberales fueron creciendo en popularidad, hasta acceder al poder en Hungría y en Polonia.

En los años que siguieron a la caída del Muro, el liberalismo se había asociado, por lo general, a los ideales de igualdad de oportunidades, libertad de movimiento y de tránsito entre fronteras, derecho al disenso, acceso a la justicia y responsabilidad del Gobierno ante las demandas públicas. Hacia 2010, las versiones del liberalismo de Centroeuropa y de Europa del Este estaban manchadas sin remisión por dos décadas de aumento de las desigualdades sociales, de corrupción generalizada y de una redistribución éticamente arbitraria de las propiedades públicas entre una minoría. Además, la crisis económica de 2008 había engendrado la desconfianza hacia las élites económicas y el capitalismo de casino, los cuales, a grandes rasgos, casi habían destruido el orden financiero internacional. El buen nombre del liberalismo quedó tocado en la región, y aún no se ha recuperado. Así, la propuesta de algunos economistas de formación occidental de continuar con la imitación del capitalismo al estilo estadounidense perdió vigor. La confianza en que las políticas económicas de Occidente eran el modelo para el futuro de la humanidad había estado ligada a la creencia de que las élites occidentales sabían lo que hacían, y, de repente, resultaba obvio que no era así. Por eso, lo acontecido en 2008 tuvo un efecto tan devastadoramente ideológico, y no solo económico, tanto a nivel regional como en el resto del mundo.

Otra razón por la que los populistas de Centroeuropa y de Europa del Este han tenido éxito en la exageración del reverso oscuro del liberalismo europeo es que el paso del tiempo ha borrado de la memoria colectiva el reverso incluso más oscuro del iliberalismo europeo. Además, la oportunidad de imitar a Occidente llegó a la región justo cuando aquel comenzaba a perder la preponderancia global y algunos observadores clarividentes empezaban a dudar, ya no solo de que el modelo político occidental fuera aplicable universalmente, sino de su propia superioridad ideal. No era el contexto más favorable para proseguir con las reformas por imitación. Ser un imitador es, a menudo, un drama psicológico, pero si, en mitad de la corriente, se advierte que el modelo que se había empezado a imitar está a punto de volcar y hundirse, pasa a ser un auténtico naufragio. Se suele decir que el miedo a coger el tren equivocado es una de las obsesiones de la psique centroeuropea. Así pues, la pérdida de estabilidad política y económica de

Occidente ha reforzado y justificado, a un tiempo, la revuelta contra el liberalismo en los países del Este.

Al identificar la animadversión contra los políticos de la imitación como una de las raíces principales del iliberalismo en Centroeuropa y Europa del Este, no pretendemos negar que los líderes de los partidos iliberales de la región estén hambrientos de poder y de sacar beneficio político de sus propios esfuerzos por desacreditar los principios y las instituciones liberales. No hay duda de que la postura de los dirigentes en Budapest y en Varsovia es de lo más práctica para quienes no quieren saber nada de la alternancia democrática entre los partidos en el poder. Su antiliberalismo es oportunista en el sentido de que los ayuda a eludir las acusaciones de corrupción y de abuso de poder lanzadas tanto por la Unión Europea como por críticos nacionales. El Fidesz o Unión Cívica Húngara y el PiS o Ley y Justicia acostumbran a difamar los controles y equilibrios prescritos por el constitucionalismo occidental como un plan extranjero para reprimir la auténtica voz de los pueblos húngaro y polaco. Para justificar el desmantelamiento de la prensa independiente y de la autonomía del sistema judicial, así como los burdos ataques a disidentes y críticos, enarbolan la necesidad de defender a la nación frente a los enemigos internos «de espíritu foráneo».

Pero quedarnos en las prácticas corruptas y en las estrategias para evadir responsabilidades adoptadas por los gobiernos iliberales de la región no nos va a ayudar a comprender las causas del apoyo popular con el que cuentan estos partidos populistas. No hay duda de que los orígenes del populismo son complejos, pero subyacen en parte a la humillación asociada a la ardua lucha por convertirse, en el mejor de los casos, en una copia imperfeta de un modelo superior. El malestar con la «transición a la democracia» también vino a ser avivado por unos «evaluadores» foráneos con una débil comprensión de las realidades locales. Todas estas experiencias se combinaron para dar lugar a una reacción nativista en la región, una reafirmación de las «auténticas» tradiciones nacionales, presuntamente asfixiadas por unas formas occidentales deficientes, de segunda mano. El liberalismo posnacional asociado a la expansión de la Unión Europea permitió a los populistas en ciernes arrogarse la propiedad exclusiva de las tradiciones y la identidad nacionales.

Esa sería la causa principal de la revuelta antiliberal en la región. Pero también hay implicado un factor secundario, en particular, la indiscutible premisa de que, tras 1989, no había alternativa a los modelos políticos y económicos liberales. Semejante presunción engendró un deseo contestatario de probar que, de hecho, tales alternativas existían. El partido populista y antieuropeo alemán AfD o Alternative für Deutschland (Alternativa para Alemania) ofrece un ejemplo análogo. Como su nombre sugiere, apareció en respuesta a la displicente declaración de Angela Merkel de que su política monetaria era *alternativlos* («sin alternativa»). Al definir las propuestas del Gobierno como la única opción posible, lo que provocó fue una búsqueda intensa e implacable de alternativas.[5] Una barra inclinada de carácter similar, trazada por la asunción de la normalidad del posnacionalismo, dio nacimiento, en los antiguos países comunistas, a una revuelta antiliberal, antiglobalización, antiinmigración y antieuropea, explotada y manejada por unos demagogos populistas que saben cómo demonizar a los «enemigos internos» para granjearse el apoyo público.

LAS TENSIONES DE LA NORMALIDAD

Según George Orwell: «Todas las revoluciones son fracasos, pero no todos los fracasos son iguales».[6] En caso de ser así, ¿qué tipo de fracaso fue la revolución de 1989, teniendo en cuenta que el objetivo era conseguir una normalidad al estilo de Occidente? ¿Hasta qué punto la revolución liberal y, por tanto, imitativa de 1989 fue responsable de la contrarrevolución iliberal que se desencadenaría dos décadas después?

Las «revoluciones de terciopelo» de 1989, que casualmente coincidieron con el bicentenario de la gloriosa aunque sangrienta Revolución francesa, no se caracterizaron, en cambio, por los métodos descabezantes y el sufrimiento humano que suelen acompañar a las turbulencias políticas radicales. Nunca antes se había derrocado y sustituido, de manera simultánea y por medios que en líneas generales se pueden considerar pacíficos, a tantos regímenes tan profundamente afianzados. La izquierda alabó dichas revoluciones de terciopelo como expresiones del poder popular. La derecha las ensalzó como un triunfo del libre mercado frente a la economía planificada y como una merecida victoria del libre gobierno sobre las dictaduras totalitarias. Por su parte, los liberales estadounidenses y proestadounidenses sintieron el orgullo de poder asociar el liberalismo, ridiculizado de manera constante por los críticos de izquierdas como una ideología dirigida a mantener el estado de las cosas, con el romanticismo del cambio emancipador.[7] Igual de comprensivos se mostraron los sesentayochistas de Europa Occidental que, aunque lo expresasen con un vocabulario marxista, preferían el liberalismo cultural a la Revolución Cultural. Por supuesto, los cambios de régimen en gran medida no violentos de los países del Este se invistieron de una relevancia histórica de alcance mundial, ya que suponían el final de un enfrentamiento entre las grandes potencias que había dominado la segunda mitad del siglo XX, llegando a poner al planeta bajo la amenaza de un apocalipsis nuclear.

No obstante, el carácter no violento de las revoluciones de 1989 no fue su única peculiaridad. Dado el destacado papel público de originales pensadores y de activistas políticos con experiencia como Václav Havel y Adam Michnik, los acontecimientos de 1989 se recuerdan a menudo como una revolución de los intelectuales. Y es cierto que, de los doscientos treinta y dos participantes en las conversaciones de la Mesa Redonda, entre el Partido Comunista polaco en el Gobierno, que se pretendía representante de la clase trabajadora, y el sindicato anticomunista Solidaridad, que era el verdadero representante de los trabajadores, ciento noventa y cinco se identificaban como intelectuales.[8] Pero, en tanto vivían ensimismados en una cultura libresca, no eran más que soñadores. La razón por la que estas revoluciones se mantuvieron «de terciopelo» fue que se daba un trasfondo de hostilidad hacia las utopías y los experimentos políticos. En 1989, los adeptos al régimen habían pasado de la fe utópica a los rituales mecánicos y del compromiso ideológico a la corrupción; no iban a volver a la casilla de salida. Tampoco los disidentes estaban interesados en refundar aquellas sociedades de acuerdo con algún ideal sin precedentes históricos. Lejos de buscar un paraíso nunca visto o de anhelar alguna novedosa genialidad, los líderes de estas revoluciones tan solo pretendían derribar un régimen para copiar otro.

Como afirmó con mordacidad el gran historiador de la Revolución francesa Françios Furet, «en 1989, de Europa del Este no salió ninguna idea nueva».[9] El destacado filósofo alemán Jürgen Habermas, gran defensor, de largo recorrido, de la inclinación cultural hacia Occidente y de la refundación de su país según criterios occidentales, pensaba lo mismo. Acogió con gran satisfacción «la falta de ideas innovadoras u orientadas hacia el futuro» tras 1989, ya que, para él, las revoluciones de Centroeuropa y Europa del Este eran «revoluciones rectificadoras»[10] o de «puesta al día».[11] El objetivo de estas era que las sociedades de la región se reincorporasen a la corriente de la modernidad occidental, para que los centroeuropeos y los europeos del Este pudiesen gozar también de aquello de lo que ya disfrutaban los europeos occidentales.

Para 1989, los habitantes de Centroeuropa y de Europa del Este tampoco soñaban con un mundo perfecto que nunca había existido. Por el contrario, anhelaban una «vida normal» en un «país normal». A finales de los años setenta, el gran poeta alemán Hans Magnus Enzensberger viajó por toda Europa en busca del alma del viejo continente. Al llegar a Hungría y hablar con algunos de los críticos más conocidos del régimen comunista, lo que le dijeron fue: «No somos disidentes, representamos la normalidad».[12] Michnik confesaría más tarde: «Mi obsesión era que debíamos tener [...] una revolución antiutópica, porque las utopías a lo que llevan es a la guillotina y al gulag». Por eso, el eslogan poscomunista que sostenía era «libertad, fraternidad, normalidad».[13] Hay que subrayar que, cuando los polacos de su generación hablaban de «normalidad», no se referían a un periodo de la historia de Polonia anterior al comunismo al que el país pudiera volver alegremente, una vez que se hubiera puesto fin al paréntesis de la ocupación soviética. Con «normalidad» querían decir «Occidente».

De igual opinión era Václav Havel, que describía la condición esencial de la Europa del Este comunista como la «ausencia de una vida política normal».[14] Bajo el comunismo, lo menos común era la «normalidad». Havel también se refería a «la libertad y el imperio de la ley» al estilo occidental como «los requisitos previos para dar lugar a un organismo social que funcione de una forma normal y saludable», y definía la lucha de su país por librarse del régimen comunista como «un simple intento de deshacerse de la anormalidad propia, de normalizarse».[15] El anhelo de Havel por una situación política normal sugiere que, tras décadas simulando la esperanza de un futuro radiante, el objetivo principal de los disidentes era vivir el presente y disfrutar de los placeres de la vida cotidiana. El hecho de que la posición canónica de la organización política y económica occidental se aceptara en la región supone que la transición a la normalidad posterior a 1989 pretendía hacer posible en los países del Este el tipo de vida que se daba por sentado en Occidente.

En *La mente cautiva*, Czesław Miłosz explica que, en el periodo posterior a la Segunda Guerra Mundial, la nueva fe en el comunismo se había convertido, para muchos intelectuales de Europa del Este, en algo parecido a la píldora Murti-Bing de *Insaciabilidad*, la novela de Stanisław Witkiewicz escrita en 1927.[16] Dicha pastilla constituiría un medio medicinal para inducir una «filosofía de la vida», que hace a quienes la tomen «inmunes a las preocupaciones metafísicas».[17] Se podría decir que, para 1989, era la idea de una «sociedad normal» lo que se había convertido para muchos intelectuales de la región en la pastilla Murti-Bing: eliminaba cualquier preocupación de que la mente *copycat* pudiera sentirse algún día como otra mente cautiva.

Dado que las élites centroeuropeas veían en la imitación de Occidente un camino hacia la «normalidad» que ya se había recorrido de forma segura, el hecho de que aceptasen el imperativo de imitación tras la Guerra Fría fue algo completamente espontáneo, voluntario y sincero. No se dedicaron a «tomar prestada» con ansia la tecnología occidental, como en el caso de China, ni a hacer un cínico «simulacro» de la democracia occidental, como en el de Rusia. Eran «conversos» esperanzados que deseaban llevar a sus sociedades hacia una *«experiencia de conversión»* colectiva.

La franqueza de este anhelo de una transformación liberal total es lo que diferencia a los impulsores de la democracia liberal en Centroeuropa de los charlatanes rusos, pero también de los reformistas latinoamericanos, quienes, según el científico social estadounidense Albert O. Hirschman, emplearon una estrategia de «seudoimitación».[18] Al analizar el impulso del desarrollo económico en América Latina, Hirschman se dio cuenta de que los reformadores habían subestimado, a sabiendas, los obstáculos a los que se enfrentaban las propuestas de reforma que se querían llevar a cabo, haciendo como si un proceso así no fuera algo más complejo que copiar sin más unos modelos extranjeros ya por completo desarrollados, como si las condiciones y capacidades autóctonas no tuvieran apenas importancia. Lo hicieron de este modo para tratar de «vender» el intento de reforma a un público escéptico, el cual no estaba dispuesto a dejar que se aprobasen unos proyectos que parecían inviables o de una tremenda complejidad, pero que los propios reformistas encontraban factibles. Se trata de una observación fascinante. Sin embargo, la imagen de unos astutos reformistas que «despacharon» la democratización «como una simple réplica de una iniciativa exitosa en un país avanzado»[19] para embaucar a un público inocente no encaja con la experiencia de la Centroeuropa posterior al comunismo, en la que los propios reformistas, animados por la esperanza de entrar en la Unión Europea, subestimaron los impedimentos locales para la liberalización y la democratización y sobrestimaron la viabilidad de importar modelos occidentales totalmente desarrollados. La ola de antiliberalismo que ahora recorre la región refleja el resentimiento popular generalizado ante lo que se ha percibido como un desprecio a la dignidad nacional y personal, por parte de un proyecto de reforma por imitación que, con todo, fue de una sinceridad manifiesta.

Otra característica particular de la revolución liberal en esta parte de la geografía es que, al contrario de lo que se había hecho con otras revoluciones previas, no se concibió como un salto temporal de una época oscura a un futuro brillante. Más bien, se imaginaba como un movimiento a través del espacio físico, como si toda la Europa poscomunista se trasladara a la casa de Occidente, habitada desde hacía tiempo por parientes culturales a los que los habitantes del Este solo habían visto en fotografías y películas. La unificación de Europa se vinculó de manera explícita a la unificación de Alemania. De hecho, a principios de los años noventa, muchos habitantes de Centroeuropa y de Europa del Este se morían de envidia ante la gran suerte de los alemanes del este, que habían emigrado al unísono a Occidente, de un día para otro, despertándose como por milagro en posesión de unos pasaportes de Alemania Occidental y con unos omnipotentes marcos alemanes en el bolsillo. Si la revolución de 1989 era una migración de toda la región hacia Occidente, entonces la gran pregunta era qué países de Centroeuropa y de Europa del Este llegarían primero a ese destino común. El conocido jurista y antiguo asesor jurídico de los Servicios de Ciudadanía e Inmigración de Estados Unidos Stephen Legomsky, señaló en una ocasión que «los países no inmigran, inmigra la gente».[20] En el caso de la Centroeuropa y de la Europa del Este poscomunistas, se equivocaba.

LA VIDA ESTÁ EN OTRA PARTE

El 13 de diciembre de 1981, el general Wojciech Jaruzelski declaró el estado de excepción en Polonia, y se detuvo y encerró a decenas de miles de miembros del movimiento anticomunista Solidaridad. Un año después, el Gobierno polaco propuso liberar a quienes se comprometieran a firmar un juramento de lealtad, así como a aquellos que quisieran exiliarse. En respuesta a estas atractivas ofertas, Adam Michnik redactó dos cartas abiertas desde su celda. Una tenía el título de «Por qué no firmar», y la otra, «Por qué no exiliarse».[21] Los argumentos que sostenía para no firmar eran bastante directos. Los activistas de Solidaridad no jurarían lealtad al Gobierno, porque este había quebrado su propia fe en Polonia; no firmarían porque hacerlo para salvar el pellejo suponía una humillación y la pérdida de la dignidad, pero también porque hacerlo era ponerse al lado de quienes habían traicionado a sus amigos y a sus ideales.

La cuestión de por qué los disidentes encarcelados no debían exiliarse requería, para Michnik, de una disquisición más compleja. Doce años antes, en tanto que judío polaco y uno de los líderes de las protestas estudiantiles de marzo de 1968 en Polonia, Michnik había visto con aflicción cómo muchos de sus mejores amigos abandonaban el país. Se dio cuenta de que el Gobierno quería convencer a la gente de a pie de que aquellos que se exiliaban lo hacían porque Polonia no les importaba. Solo los judíos emigraban; así fue, según Michnik, como el régimen trató de poner a unos polacos contra otros.

En 1982, Michnik no sentía ya rencor hacia quienes se habían exiliado en 1968. Además, reconocía la importante contribución de la comunidad de emigrados en el nacimiento de Solidaridad. Pero, mientras que admitía que la opción de emigrar era una expresión legítima de la libertad personal, urgía encarecidamente a los activistas de la federación sindical a no exiliarse, puesto que «cada vez que alguien decide hacerlo, le hace un regalo a Jaruzelski». Más aún, los disidentes que fuesen a buscar la libertad más allá de las fronteras de Polonia estarían, con todo, traicionando a aquellos que se quedaban, en especial a quienes trabajaban y rezaban por una Polonia mejor. Además, el trasvase de los disidentes contribuiría a pacificar la sociedad, a minar el movimiento democrático y a estabilizar el régimen, al mancillar el propio acto de la disidencia con el egoísmo y la deslealtad a la nación. La muestra más eficaz de solidaridad con los compatriotas que sufrían y resistían las políticas de las autoridades comunistas era rechazar la taimada oferta de libertad personal en Occidente, una oportunidad excepcional que no se presentaría a la inmensa mayoría de los polacos. Por otra parte, al decantarse por el rechazo al exilio, sostenía, los activistas en prisión darían sentido al apoyo que brindaban a la resistencia polaca, desde el exterior, aquellos que habían decidido marcharse tiempo atrás. La libertad significa, por definición, que cada cual tiene derecho a hacer lo que considere. Aun así, dadas las circunstancias de 1982, «los activistas de Solidaridad que estén presos y escojan el exilio estarán cometiendo un acto tanto de rendición como de deserción». Michnik admitía que tal aseveración sonaba rotunda e intransigente y que alguien podría pensar que entraba en contradicción con la de que «la decisión de exiliarse es de una naturaleza muy personal». Con todo, en 1982, elegir una cosa u otra suponía la prueba de lealtad definitiva para los activistas de Solidaridad. Solo si escogían permanecer entre rejas en lugar de aceptar la tentación de la libertad personal en Occidente, podrían ganarse la confianza de sus conciudadanos, de la que dependía el futuro de una sociedad polaca libre.[22]

Unas reflexiones que nos retrotraen a Albert Hirschman, en particular a sus escritos sobre la emigración, la democracia y el fin del comunismo. Hirschman dedicó gran parte de su carrera al estudio de la compleja relación entre abandono y resistencia que tanto preocupaba a Michnik en su celda. En su obra más conocida, *Exit, Voice, and Loyalty*, publicada en 1970, Hirschman contrastaba dos estrategias que las personas adoptan cuando han de enfrentarse al orden establecido. Está la opción de «retirarse», es decir, lo que se conoce como votar con los pies, que consistiría en expresar la disconformidad a costa de trasladar una empresa a cualquier otro lugar, y está la opción de quedarse para «dar voz» a las propias preocupaciones, de expresarse, de luchar desde dentro por las reformas. Bajo el punto de vista de los economistas, la retirada es la mejor forma de mejorar los resultados de los productores y de los proveedores de servicios. Sería la estrategia que emplea el consumidor medio. Cuando los clientes amenazan con cambiar de proveedor porque una empresa no está haciendo bien su trabajo, y en virtud de las pérdidas de ingresos que con esto pueden ocasionar, es posible que se anime una «asombrosa concentración mental» en los encargados de gestionarla, similar a la que Samuel Johnson asociaba a la perspectiva de ser ahorcado. Así es como la retirada (o la posibilidad de que esta se dé) puede ayudar a mejorar el rendimiento de una marca. Sin embargo, habiendo vivido de primera mano la tiranía política de los años treinta en Europa, Hirschman sabía, como Michnik, que los gobiernos opresores pueden reducir la presión doméstica que busca el cambio, al dar a los activistas más ruidosos y prominentes la oportunidad de retirarse.[23]

La voz sería un medio alternativo por el que los individuos y grupos de individuos pueden influir en el comportamiento de empresas, organizaciones y estados. No se trata solo de un mecanismo diferente, sino que el ejercicio de la voz entraña, además, que las personas que eligen no retirarse lo hacen porque tienen un compromiso firme con la organización que esperan rescatar o reformar. En lugar de cambiar a otro proveedor de servicios, como haría un consumidor racional, ponen todos sus esfuerzos en mejorar los resultados, al tiempo que asumen el riesgo asociado a la crítica y la oposición públicas de quienes se encargan de tomar las decisiones. Así pues, la voz, a diferencia de la retirada, es una actividad con base en la lealtad. Para lealistas como Michnik, la retirada en tiempo de crisis está condenada a parecer una especie de capitulación o deserción.

En 1990, Hirschman pasó un año en el Berlín poscomunista, con la intención de revisar su teoría de la retirada, la voz y la lealtad, en un intento por comprender la caída de la República Democrática Alemana (RDA).[24] En primer lugar, puso el foco en la posibilidad única de huir que tenían abierta los alemanes del este, solo ellos de entre todos los habitantes de los países miembros del Pacto de Varsovia. Sabían que, si conseguían llegar hasta Alemania Occidental, serían bienvenidos y podrían integrarse con relativa facilidad. Pero pocas veces se recurría a la opción de la retirada, ya que escurrirse hasta el otro lado de la frontera era muy peligroso. Sin embargo, según Hirschman, el mero hecho de saber que, si escapaban, tendrían un lugar adonde ir reducía los alicientes para reclamar reformas en el interior de la RDA. Los alemanes del este que conseguían salir o escapar, a diferencia de los polacos que habían hecho lo mismo, no se convertían en inmigrantes lingüísticamente aislados ni se los consideraba traidores a la nación. Desde el punto de vista de Hirschman, la RDA no tuvo un 1956, un 1968 o un 1980 porque la mayoría de quienes estaban insatisfechos con el régimen soñaban con fugarse a título individual antes que con organizarse para dar una voz colectiva a sus reclamaciones.

Esta disposición de las cosas cambió en 1989. En ese año, la retirada dejó de consistir en el acto de traspasar el muro de forma aislada, para tomar la forma de un éxodo masivo. Resultó que, frente a las expectativas de que la «válvula de seguridad» de la emigración drenase las energías del compromiso civil, la magnitud de la desbandada no hizo sino aumentar la presión sobre el régimen. De hecho, los millones de personas desencantadas que se quedaron llegaron a tomar las calles para exigir cambios, con la esperanza de convencer a sus conciudadanos para que se quedaran. En el caso de la caída de la RDA, el éxodo masivo y el miedo a que fuese continuo detonaron una voz que se extendió a toda la sociedad, con la reivindicación de reformas políticas internas. En este caso, la retirada no reprimió la voz, sino que, de forma involuntaria, empujó a quienes se quedaban a un intenso periodo de protestas y de activismo político, con el objetivo de hacer de su país un lugar mejor en el que vivir. En última instancia, el resultado de esa sinergia inicial de retirada y voz no fue, sin embargo, la renovación de la RDA, sino su colapso político y su incorporación a la República Federal de Alemania. Se podría decir que no es que algunos alemanes del este se fuesen y otros se quedasen, sino que el país entero se reubicó en Occidente. En este caso, el final del comunismo supuso que los alemanes del este y del oeste se convirtieron, al menos en el imaginario popular, en «un solo pueblo».

En el resto de Europa del Este, la historia se desarrolló de un modo bastante distinto. En la actualidad, nada indica que los europeos del Este y los occidentales, desde Bratislava y Bucarest hasta

Lisboa y Dublín, se vean a sí mismos como *ein Volk*, un solo pueblo con una identidad compartida, incluso aunque en teoría aspiren a la normalidad europea. El pronóstico del antiguo canciller alemán Willy Brandt de que «Lo que va de la mano [las dos mitades de la nación alemana] crece de la mano»,[25] asumido como una especie de ley de la gravedad, resultó ser demasiado optimista incluso para el caso de Alemania. Aplicarlo a Europa en su conjunto era simplemente una utopía. La migración este a oeste no ha estimulado en absoluto un esfuerzo serio de reformas políticas y económicas en Centroeuropa. Al contrario, las aspiraciones, tras 1989, de tener una «vida política normal», como dijo Václav Havel, solo se tradujeron en una fuga de cerebros y en la expatriación de la población más lozana, más capacitada, más formada y más joven. Mientras que, en Alemania del Este, la retirada vino seguida de la voz, en el conjunto de Europa del Este y de Centroeuropa, la voz vino seguida de la retirada. Al principio, la euforia ante el colapso del comunismo dio lugar a la expectativa de un horizonte de cambios radicales. Algunos pensaron que sería suficiente para que los dirigentes comunistas abandonaran sus cargos y los centroeuropeos y europeos del Este despertasen en unos países distintos, más libres, más prósperos y, por encima de todo, más occidentales. En el momento en que no se materializó por arte de magia una rápida occidentalización, comenzó a ganar fuerza una solución alternativa. Emigrar con toda la familia a Occidente se convirtió en la opción predilecta. A partir de 1989, la asociación de la emigración con la deserción y con la rendición desleal que hacía Michnik dejó de tener sentido. Ya no se podía estigmatizar la decisión personal de emigrar a Europa Occidental como un acto de traición a unas naciones que, ahora, ponían sus esfuerzos en un proceso ininterrumpido de integración en Occidente. Una revolución que definía su objetivo principal como el de la occidentalización no podía hacer objeciones convincentes a la migración de este a oeste. Las transiciones democráticas de la región fueron, básicamente, una forma de traslado en masa, así que la opción pasaba a ser o emigrar de manera temprana e individual o hacerlo más tarde y de modo colectivo.

Por norma, las revoluciones fuerzan a las personas a cruzar fronteras; si no territoriales, por lo menos morales. Cuando estalló la Revolución francesa, muchos de sus enemigos se esparcieron allende los confines del país. Cuando los bolcheviques se hicieron con el poder en Rusia, millones de rusos blancos dejaron el país, para vivir en el exilio durante años y con las maletas sin deshacer, con la esperanza de que la dictadura acabaría por colapsar. El contraste implícito con el final del comunismo no podría ser más marcado. A partir de 1789 y, de nuevo, después de 1917, fueron los enemigos derrotados de la revolución los que abandonaron el país. Desde 1989, serían los «ganadores» de las revoluciones de terciopelo, y no los vencidos, quienes decidieran salir por piernas. Aquellos que estaban más impacientes por ver el cambio en sus propios países eran también los más ansiosos por zambullirse en la vida de una ciudadanía libre y, en consecuencia, fueron los primeros en irse a estudiar o a trabajar y a vivir a Europa Occidental.

Es imposible imaginarse a Trotski decidiendo, tras la victoria de la Revolución bolchevique, matricularse para estudiar en Oxford. Sin embargo, eso fue lo que Orbán y muchos otros hicieron. Quizá parezca una analogía fuera de lugar, dada la diferencia radical entre ambas situaciones. Pero el contraste nos puede ayudar a centrar la atención en una de las más interesantes disimilitudes. A diferencia de los revolucionarios franceses y rusos, que tenían la convicción de estar creando una nueva civilización, hostil al antiguo orden de reyes, nobles y sacerdotes, así como de que París y Moscú eran los nuevos centros del mundo, en los que se estaba forjando el futuro, los revolucionarios de 1989 tenían una gran motivación para viajar a Occidente, la de ver de cerca cómo funcionaba en la práctica el tipo de sociedad que esperaban levantar en su lugar de origen.

Los desplazamientos hacia la Europa Occidental a partir de 1989 no fueron nada, por supuesto, en comparación con el caudal de comunistas de Europa del Este que acudieron a la Unión Soviética en la década de los cuarenta. Se los enviaba a Moscú para que aprendieran cómo construir el comunismo en su país; iban allí por orden de sus gobiernos, con la condición explícita de que volverían en algún momento. Lo que ocurrió como consecuencia de los acontecimientos de 1989 fue muy distinto. Tras el colapso del comunismo, quienes tenían una mentalidad más liberal emigraron a Occidente, como resultado de una serie de decisiones individuales y descoordinadas. Mucha gente se fue no con la intención de estudiar o de conseguir algunos ahorros para volver más adelante, sino con la idea de quedarse para siempre en Europa Occidental. Puesto que Alemania era el futuro de Polonia —y todo revolucionario quiere vivir el futuro—, los más sentidos revolucionarios podían asimismo hacer las maletas y marcharse allí.

Para entender el casi irresistible atractivo de emigrar para los centroeuropeos y europeos del Este a partir de 1989, hemos de tener en mente no solo la importante diferencia de los modos de vida entre el este y el oeste, sino además uno de los legados menos estudiados del comunismo, a saber, el recuerdo de las dificultades burocráticas que hubo supuesto el cambio de residencia. Tras obligar, en los primeros tiempos, a la gente del campo a trasladarse a la ciudad, las autoridades comunistas comenzaron a imponer límites estrictos a la libertad de cambio de domicilio dentro del mismo país. Conseguir reubicarse en las ciudades desde las áreas rurales pasó a verse como un tipo de ascensión social. Ser obrero tenía más prestigio que ser campesino. Al mismo tiempo, bajo los regímenes comunistas, mudarse de una ciudad a otra en busca de un trabajo mejor pagado, sobre todo si se trataba de ir a la capital, era más complicado incluso que viajar para trabajar en el extranjero hoy en día. Al convertir el reasentamiento desde la periferia cultural y política hasta el centro cultural y político en un privilegio excepcional, el comunismo hizo de la movilidad geográfica no solo un deseo, sino un sinónimo del apreciado éxito social.

El sueño de un regreso colectivo de los países comunistas a Europa hizo de la elección individual de huir al extranjero algo lógico y legítimo. ¿Por qué habría un joven polaco o húngaro de esperar a que su país llegase a ser un día como Alemania? No es ningún secreto que cambiar de país es mucho más fácil que cambiar el propio país. Cuando las fronteras se abrieron a partir de 1989, la retirada se impuso a la voz, debido a que las reformas políticas requieren de la cooperación continuada de muchos intereses sociales organizados, mientras que emigrar es, en definitiva, la decisión de una sola persona o de una familia a lo sumo; aunque, en cualquier caso, puede llegar a suceder en cascada. La desconfianza en las lealtades etnonacionalistas y la perspectiva de una Europa unida políticamente también ayudaron a que emigrar fuera la opción política de muchos centroeuropeos y europeos del Este de mentalidad liberal. Es por esto, además de por la desaparición de los disidentes anticomunistas, por lo que el fustigamiento moral que hacía Michnik de la emigración perdió toda su resonancia moral y emocional a partir de 1989.

La salida masiva de personas de la región durante el periodo posterior a la Guerra Fría, en especial porque era mucha gente joven la que estaba, de hecho, votando con los pies, tuvo unas profundas consecuencias económicas, políticas y psicológicas. Cuando una médica abandona un país, se lleva consigo todos los recursos que el Estado ha invertido en su formación, privando a aquel de su talento y ambición. Es imposible que el dinero que pueda enviar de cuando en cuando a su familia compense la pérdida de su participación personal en la vida de su tierra de origen. El éxodo de la gente joven y con formación también ha dañado de manera seria, si no letal, las oportunidades de que los partidos liberales obtengan buenos resultados electorales. La retirada de los jóvenes también puede explicar por qué en tantos países, a lo largo y ancho de la región, encontramos preciosos parques infantiles, financiados por la Unión Europea, sin un solo niño. Resulta revelador que los partidos liberales funcionen mejor entre los votantes que emiten sus votos desde el exterior. En 2014, por ejemplo, Klaus Johannis, de mentalidad liberal y origen germano, fue elegido como presidente de Rumanía gracias a que trescientos mil rumanos que vivían fuera del país le dieron su voto en masa. En un país del que la mayoría de los jóvenes aspiran a marcharse, el simple hecho de que alguien se haya quedado, con independencia de lo bien que le pueda haber ido, da lugar a cierta sensación de fracaso.

INTRUSOS A LAS PUERTAS

Los problemas de la emigración y de la pérdida de población nos traen a la mente la crisis de refugiados que afectó a Europa en 2015-2016. El 24 de agosto de 2015, la canciller alemana Angela Merkel decidió admitir a cientos de miles de refugiados sirios en Alemania. Tan solo diez días después, el 4 de septiembre, el grupo de Visegrado —República Checa, Hungría, Polonia y Eslovaquia— declaraba que el sistema de cuotas de la Unión Europea para distribuir a los refugiados por Europa era «inaceptable».[26] Los centroeuropeos y europeos del Este no admitían la retórica humanitaria de Merkel. «Creo que son sandeces sin más —comentaba Maria Schmidt, intelectual de referencia de Viktor Orbán, para añadir que Merkel— quiere hacer ver que los alemanes, por una vez, son los buenos, que pueden ir dando lecciones de humanismo y moral a todo el mundo. En realidad, no les importa sobre qué, pero el caso es que tienen que ir dando lecciones.»[27] Pero en esta ocasión, los centroeuropeos no estaban dispuestos a arrodillarse sumisamente ante las lecciones condescendientes de sus vecinos alemanes. La soberanía nacional presupone que cada país tiene derecho a decidir sobre su propia capacidad de asimilación. Este fue el momento en que, en respuesta a lo que se veía como la decisión de Merkel de poner una alfombra roja para la diversidad cultural, los populistas centroeuropeos declararon su autonomía, no solo de Bruselas, sino también, de un modo más radical, del liberalismo occidental y de su religión de apertura al mundo.

El populismo centroeuropeo, con su gusto por avivar la llama del miedo, vino a interpretar la crisis de los refugiados como la prueba definitiva de que el liberalismo debilitaba la capacidad de las naciones para defenderse por sí mismas en un mundo hostil. De un día para otro, mantenían, los africanos, los mediorientales e incluso los centroasiáticos habían decidido imitar a los «revolucionarios» al estilo de Europa del Este y desplazarse en masa hacia Occidente. Argüían que, en un «mundo sin barreras», con una gran desigualdad pero interconectado en exceso, la migración trasnacional ha sustituido al tipo de revoluciones que se sucedieron a lo largo del siglo XX. El movimiento libre de las personas entre las fronteras internacionales supone, hoy, la oportunidad más ampliamente disponible que la gente tiene para liberarse, con sus familias, de un entorno sin posibilidades económicas y políticamente opresivo. Así pues, desde esta perspectiva, los levantamientos de masas del siglo XX serían una cosa del pasado. Quienes, en la actualidad, quieren mantener las cosas como están afrontan una agitación propia del siglo XXI, causada no por una clase obrera insurgente, sino por la migración en masa a Europa desde fuera de Occidente, con la esperanza de una vida mejor. Orbán ha descrito esta crisis del modo siguiente:

Hemos de afrontar una riada de gente que mana desde los países de Oriente Medio, al tiempo que el África subsahariana se pone también en movimiento. Hay allí millones de personas preparadas para salir. Por todo el mundo, el deseo, la necesidad y la presión que estas tienen para continuar la vida en algún lugar distinto al de partida van en aumento. Se trata de una de las mareas de población más considerables de la historia, y porta consigo el peligro de unas consecuencias trágicas. Es una migración en masa a escala global, característica de los tiempos modernos, de la que no parece verse el final; migrantes económicos que esperan una vida mejor, refugiados y masas a la deriva se mezclan en un proceso sin control ni regulación, y [...] cuya definición más precisa sería la de «invasión».[28]

El flujo de personas hacia el norte, exagerado por Orbán, no está siendo instigado ni dirigido por partidos revolucionarios organizados. No se puede plantear como un problema motivado por la acción colectiva, ya que se trata en gran parte de una consecuencia no buscada de una decisión que tomaron millones de individuos y familias sin relación entre sí, la cual no ha venido animada por la imagen de factura ideológica de un futuro radiante pero imaginario, sino por las fotos de la «vida normal» que se tiene al otro lado de la frontera, donde aquellos que quieren llegar a salvo no serán objeto de persecución política ni pasarán el resto de la vida confinados en un campo de refugiados.

La globalización de la comunicación ha convertido al mundo en una aldea, pero en ella gobierna la dictadura de la comparación. Las personas que viven fuera de Norteamérica y de Europa Occidental ya no se comparan con el vecino, sino con la forma de vida de los habitantes más prósperos del planeta. El gran filósofo político y sociólogo francés Raymond Aron observó hace cinco décadas, de forma profética, que «con una humanidad en el camino de la unificación, la desigualdad entre los pueblos pasará a ocupar el papel que una vez ocupara la desigualdad entre clases».[29] Lo mejor que pueden hacer los habitantes de los países subdesarrollados que aspiran a que sus hijos tengan un futuro con seguridad económica es asegurarse de que nacen en Alemania, en Suecia o en Dinamarca, o bien, como segunda opción, en Polonia o en la República Checa. Lejos de seguir una ideología coherente, un movimiento político cohesivo o a unos líderes inspiradores, en esta «revuelta» de los migrantes se trata de cruzar la frontera sin más, de forma abierta o encubierta, de manera legal o no. Para muchos de los desheredados de la tierra de la actualidad, de hecho, la Unión Europea tiene más atractivo que cualquier utopía. En un libro reciente, el periodista Stephen Smith predice un éxodo masivo desde África y mantiene el argumento de que, en treinta años, del 20 al 25 por ciento de la población europea será de origen africano, frente al 1,5 a 2 por ciento de 2015.[30] Los populistas llevan estas aguas a su molino.

Orbán y Kaczyński han descrito al unísono el enfoque político que comparten como «contrarrevolucionario».[31] Lo que hace única en la historia a esta autoproclamada contrarrevolución es que se opone de manera simultánea a dos procesos «revolucionarios» distintos por completo, que la propaganda antiliberal, en su interés político, ha fundido en uno. Estos son la incorporación colectiva de los países de Centroeuropa y de Europa del Este a la liberal Unión Europea a partir de 1989 y la migración desordenada de africanos y mediorientales hacia una Europa Occidental que tiene problemas para controlar las fronteras exteriores. La respuesta contrarrevolucionaria a la revolución imaginaria de dos cabezas apunta a la tolerancia liberal a la diversidad cultural y a la propia idea de la sociedad abierta.

De acuerdo con estos «contrarrevolucionarios», la debilidad latente del liberalismo político sale a la luz por la incapacidad de Occidente para tomarse en serio la diferencia entre quienes son miembros de una nación y quienes no y para, en consecuencia, tomar medidas agresivas para reforzar unas fronteras territoriales que dan significado en la práctica a dicha diferencia. Según aseveran, queda demostrado que el optimismo simplista de los liberales, que creen que la civilización Europea puede asimilar con facilidad las diferencias étnicas y a los grupos culturales, está destruyendo Occidente. Desde esta perspectiva profundamente antiliberal, una sociedad con una identidad posnacional, en la que los inmigrantes no europeos son bienvenidos, está desarmada y se arriesga a perder la coherencia cultural que pueda quedarle.

La migración como rendición

El pánico demográfico que se desencadenó en Centroeuropa entre 2015 y 2018 se ha desvanecido en cierta medida, aunque no ha quedado limitado en absoluto a esta región.[32] En cualquier caso, cabe preguntarse por qué encontró un caldo de cultivo semejante en Centroeuropa y Europa del Este, adonde prácticamente no llegaban inmigrantes.

Intervinieron dos factores.

El primero, que ya se ha mencionado, es la emigración. La preocupación por la inmigración se basa, en su caso, en el miedo a que un número no asimilable de extranjeros entre en el país, diluya la identidad patria y debilite la cohesión nacional; pero este miedo se alimenta, a su vez, de una preocupación por el colapso demográfico de la que apenas se habla. En el periodo de 1989-2017, Letonia perdió el 27 por ciento de la población; Lituania, el 22,5 por ciento, y Bulgaria, casi el 21 por ciento. Antes de 1989, por otra parte, dos millones de alemanes del este, casi el 14 por ciento de la población del país, se habían trasladado a Alemania Occidental en busca de un trabajo y de una vida mejor. Asimismo, cuando Rumanía entró en la Unión Europea en 2007, 3,4 millones de rumanos, la gran mayoría de ellos menores de cuarenta, salieron del país. Es probable que la combinación del envejecimiento de la población con las bajas tasas de natalidad y un flujo constante de inmigración sea la causa del pánico demográfico en Centroeuropa y en Europa del Este.

Este miedo a que la despoblación acabe con la nación no suele mencionarse de forma explícita, quizá porque dar publicidad a las altas tasas de emigración podría favorecer la imitación. No obstante, es real y se expresa de forma indirecta en la absurda afirmación de que los migrantes de África y de Oriente Medio representan una amenaza para la existencia de las naciones de la zona. Según las estimaciones de la ONU, la población de Bulgaria se reducirá en un 27 por ciento de aquí a 2040. Se calcula que casi una quinta parte del territorio del país se convertirá en un «desierto demográfico». De hecho, «Bulgaria ha sufrido la mayor caída porcentual en población de la era moderna no atribuible a la guerra o la hambruna. El país perdía ciento sesenta y cuatro personas al día; más de mil a la semana y más de cincuenta mil al año».[33]

Fueron más los habitantes de Centroeuropa y de Europa del Este que emigraron a Europa Occidental por causa de la crisis financiera de 2008-2009 que los refugiados que llegaron a la zona a consecuencia de la guerra de Siria.

En un mundo sin fronteras, en el que las culturas europeas están en constante diálogo y en el que los nuevos medios de comunicación permiten a los ciudadanos vivir en el extranjero sin perder el contacto con lo que ocurre en su lugar de origen, la amenaza a la que se enfrentan los habitantes de Centroeuropa y de Europa del Este es similar a la que sufrió la República Democrática Alemana antes de la construcción del muro de Berlín; es decir, el peligro de que la población en edad de trabajar abandone su lugar de origen para procurarse un futuro mejor en Occidente. Al fin y al cabo, las empresas de estados como Alemania buscan trabajadores desesperadamente, mientras que la generalidad de los europeos es cada vez más reacia a permitir que las poblaciones de África y de Oriente Medio se establezcan de forma permanente en sus países. Así pues, este pánico, que resultaría inexplicable, dada la inexistencia de una invasión de inmigrantes en Centroeuropa y en Europa del Este, puede entenderse como un eco distorsionado de un miedo subyacente y más realista a que una gran franja de la población, entre la que se incluiría la juventud más preparada, abandone el país de forma permanente. El alcance de la emigración posterior a 1989 en Centroeuropa y en Europa del Este, que habría despertado el temor a la desaparición nacional, ayuda a explicar la profunda reacción de hostilidad a la crisis de los refugiados de 2015-2016 que tuvo lugar en toda la región, a pesar de que muy pocos se trasladaron allí.

Incluso se podría especular que la política antiinmigración, en una región que prácticamente no tiene inmigrantes, sería un ejemplo de lo que algunos psicólogos llaman «desplazamiento», un mecanismo de defensa por el cual la mente oculta, de forma inconsciente, una amenaza totalmente inaceptable y la sustituye por otra, también grave pero más fácil de gestionar. La histeria ante unos inmigrantes inexistentes que estarían invadiendo el país es la sustitución de un peligro real (la despoblación y el colapso demográfico), uno que no se puede nombrar, por uno imaginario (la inmigración). El miedo a las altas tasas de natalidad de los supuestos inmigrantes no europeos, los invasores, podría reflejar una ansiedad latente ante una tasa de natalidad nacional que está por debajo de la tasa de reemplazo, algo que viene a agravarse por la emigración continuada. Desde luego, no se trata más que de una conjetura. Pero resulta más plausible si tenemos en cuenta que las poblaciones de Europa del Este son las que más disminuyen del mundo. Orbán lo deja claro cuando afirma: «Para nosotros, la migración supone rendirse [...]. Queremos niños húngaros».[34] En ausencia de inmigrantes, la política a favor de la natalidad es un indicador más apropiado de las preocupaciones reales del Gobierno que el discurso antiinmigración.[35] Apelar a los miedos de la población ante una «invasión» de inmigrantes, que, además de inexistente, sería fácil de contener con una frontera militarizada, puede ser una de las formas que tienen los políticos de la región de explotar el miedo del electorado a la extinción nacional, debido a un lento proceso de despoblación, el cual ha estado teniendo lugar durante las últimas décadas y ante el que, como es obvio, endurecer las fronteras y discriminar a los habitantes no nativos no es una solución.

El miedo no expresado al colapso demográfico, la pesadilla de un mundo en el que los idiomas ancestrales y la memoria cultural de la región desaparezcan de la historia igual que lo hizo Bizancio, se agrava con la posibilidad de que haya en marcha una revolución de la automatización, la cual estaría dejando obsoletos los puestos para los que está preparada la generación actual de trabajadores. Así pues, el miedo a la diversidad y al cambio, agravado por el proyecto utópico de reconstruir sociedades enteras según el modelo occidental, contribuyen de forma importante al populismo en Centroeuropa y en Europa del Este. El hecho de que la región esté compuesta de sociedades pequeñas y envejecidas, pero étnicamente homogéneas, también ayuda a explicar la repentina radicalización de los sentimientos nacionalistas. En la actualidad, solo el 1,6 por ciento de los ciudadanos polacos ha nacido fuera de Polonia, y los musulmanes polacos suponen menos del 0,1 por ciento de la población. Sin embargo, en el febril imaginario político de la región, la diversidad étnica y cultural se presenta como una amenaza para la existencia.[36] Y aunque los polacos en Polonia no tienen experiencia con musulmanes en el día a día, sí lo hacen los que viven en el Reino Unido, de una forma más frecuente y más tensa de como se suele desarrollar la interacción de la clase media británica con este grupo de inmigrantes no europeos. La razón es que los polacos viven, por lo general, en los mismos barrios que los inmigrantes musulmanes del Reino Unido y compiten con ellos por los mismos trabajos. Así pues, no se trata tan solo de una cuestión histórica, sino que las actitudes de los ciudadanos de Centroeuropa y de Europa del Este que trabajan en Europa Occidental, comunicadas a sus países de origen a través de las redes sociales, también contribuyen de forma palpable a la exagerada actitud antimusulmana de la región.

Es natural que la alarma ante la despoblación e incluso ante la posibilidad de la «desaparición étnica» cunda con más fuerza en las naciones pequeñas, lo que lleva a sus habitantes a resistirse a cualquier propuesta de reforma que menoscabe sus tradiciones únicas en nombre de unos valores presuntamente universales y, por lo tanto, fáciles de transferir o de imitar. Una encuesta reciente del Pew Research Center revela que los europeos del Este están más convencidos de la superioridad de sus culturas que los occidentales, lo que los hace muy reacios a adoptar una ética cosmopolita.[37] Una nación pequeña, según Milan Kundera, «es aquella cuya existencia puede verse cuestionada en cualquier momento; una nación pequeña puede desaparecer y lo sabe».[38] Es importante tener esto en cuenta al analizar las acaloradas afirmaciones de Orbán, cuando dice que los jóvenes africanos y mediorientales, organizados como ejércitos, están derribando las puertas de Europa y amenazan con borrar a Hungría del mapa. El trauma del abandono de la región por parte de la propia población explica lo que de otra forma resultaría un misterio, a saber, el fuerte sentido de pérdida, incluso en países que se beneficiaron con mucho del cambio económico y político que se dio tras el comunismo. De forma análoga, en toda Europa, las zonas que han sufrido una mayor pérdida de población en las últimas décadas son las que tienen más tendencia a votar a partidos de extrema derecha. Además, las políticas pronatalistas de Orbán sugieren que el giro iliberal de Centroeuropa está muy enraizado en el éxodo que ha conocido la región, en particular por parte de la población más joven, y en la ansiedad demográfica que esta «expatriación del propio futuro» deja tras de sí.

Aunque no haya habido una «invasión» de la región por parte de inmigrantes africanos y mediorientales, los centroeuropeos y europeos del Este están constantemente expuestos, por vía de la televisión sensacionalista, a los problemas que en este sentido sufre Europa Occidental. La consecuencia es una reinterpretación de la división esencial del continente en dos mitades. Mientras que el Este sigue siendo homogéneo y monoétnico, Occidente se ha vuelto heterogéneo y multiétnico, como resultado de lo que los políticos antiliberales consideran una política de inmigración inconsciente y suicida. Se trata de una reevaluación de los valores considerable. En lugar de considerar que los europeos occidentales son más avanzados que los centroeuropeos y los europeos del Este, quienes, en consecuencia, quedarían por detrás, en la retórica de los populistas xenófobos pasa a describírselos como si estuvieran despojados de identidad cultural. En el imaginario populista, Europa Occidental se ha convertido en la periferia de una Gran África y de un Gran Oriente Medio. Semejante representación de un Occidente que estaría sumido en una crisis de identidad provocada por hordas de refugiados parece confirmar la tesis de Nietzsche según la cual el «resentimiento» suele expresarse «con una venganza imaginaria».[39]

En la propaganda populista, Europa Occidental ya no representa ese modelo de un Occidente culturalmente superior que los centroeuropeos y los europeos del Este han admirado y aspirado a imitar durante tanto tiempo; una conclusión que los populistas de la región anuncian con un tono autocomplaciente de revancha contra sus antiguos opresores. La superioridad implícita de los modelos sobre las copias, ha llegado a su fin.

Incapaz de defender sus fronteras de los «invasores» extranjeros (y, en particular, musulmanes), las sociedades abiertas de Europa Occidental son ahora, ante todo, un modelo negativo, la imagen del orden social que los centroeuropeos y los europeos del Este tratan de evitar a toda costa. Este es el contexto en el que Orbán y Kaczyński llevan a cabo una crítica incansable a la decisión de Merkel de admitir a casi un millón de refugiados en Alemania, pues la tomó de forma no democrática, sin tener en cuenta a la opinión pública alemana. El Fidesz y el PiS consideran que el «paternalismo liberal» de Merkel refuerza su posición de verdaderos representantes de la voluntad popular, al contrario de lo que ocurre con la de la canciller alemana.

Puesto que la resistencia heroica a la tiranía comunista es cosa del pasado y que naciones enteras de la región se están occidentalizando, los gobiernos de Europa del Este, ante el miedo del colapso demográfico, buscan buenos motivos para que los ciudadanos descontentos, en especial, los jóvenes, se lo piensen antes de mudarse a Europa Occidental. A menudo, el discurso de Orbán suena como si quisiera implementar una política aislacionista, para aplicar un despiadado veto tanto a la emigración como a la inmigración. Pero como no tiene forma de hacer algo así, debe limitarse a rogar a los jóvenes húngaros que no abandonen el país. Se puede ver con claridad el trasfondo de pánico que hay en la forma en que Orbán se refiere a la amenaza que suponen los jóvenes húngaros que quieren dejar el país y vivir en el extranjero:

> Queridos jóvenes: Tal vez penséis que el mundo es vuestro […]. Aun así, en la vida llega un momento en que te das cuenta de que necesitas un lugar, un idioma, un hogar en donde poder estar con los tuyos, seguro, rodeado de amor, [un lugar donde] poder vivir tu vida. Un lugar al que poder volver, un lugar donde sentir que la vida nunca deja de tener sentido y que, incluso al final, no caerá en la insignificancia. Os incorporaréis y contribuiréis a la milenaria creación que llamamos «patria», la patria húngara.

Respetados jóvenes húngaros, vuestra patria os necesita. La patria os necesita. Venid a luchar con nosotros para que, cuando seáis vosotros los que necesitéis a la patria, esta todavía exista.[40]

Pero ¿cómo convencer a los jóvenes húngaros de que no encontrarán una «patria» mejor en Occidente, sobre todo cuando las políticas de Orbán están acabando con la posibilidad de vivir una vida satisfactoria y creativa en el país?

Una gran limitación del comunismo fue que la sociedad ideal que prometía lograr nunca había existido. Lo cierto es que nadie creía que fuera a existir jamás. Las revoluciones occidentalizantes tenían el problema contrario; el deseado orden social que pretendían crear ya existía, de forma que podía acudirse a donde ya se daba y observarlo en detalle, para sacar a la luz, de forma desalentadora, detalles que habían pasado inadvertidos. Puede que la utopía socialista fuera inalcanzable, pero eso implicaba que no podía defraudar a sus visionarios admiradores; también poseía una calidad de inmutable que resultaba tranquilizadora. En cambio, la democracia liberal occidental, como todas las cosas terrenales, resultó ser cambiante y se transformó de manera continuada ante los ojos de sus potenciales emuladores. Y lo que es peor, hoy en día el ritmo normal de la evolución social se ha acelerado en gran medida, a causa de las innovaciones tecnológicas. Y cualquier cambio que se produce en la sociedad occidental crea una nueva imagen de lo que es normal para quienes identifican la normalidad con el estilo de vida occidental. Así pues, una revolución en nombre de la normalidad occidental existente se enfrenta a un problema ausente en las revoluciones que se han hecho en nombre de cualquier utopía imaginada, a saber, se hace imposible fijar o precisar la visión de la sociedad que se intenta recrear.

Este dilema resulta particularmente acusado en las sociedades poscomunistas, debido a que, tres décadas después, el Occidente que los disidentes animaban a sus compatriotas a imitar en 1989 no existe ya. El modelo de sociedad era el Occidente de la Guerra Fría, dominante a nivel mundial y de un anticomunismo rotundo. Pero el mismísimo proceso que permitió a los países de Centroeuropa y Europa del Este unirse a ese Occidente anticomunista hizo que el anticomunismo dejara de ser la ideología definitoria. Podría considerarse una muestra hiperbólica de lo que es dar gato por liebre, aunque, por supuesto, no de forma intencional ni planeada. En cualquier caso, quienes estaban más dispuestos a imitar a Occidente y a unirse a él en 1989 se vieron obligados a pensar de otra forma sobre la occidentalización unas décadas más tarde, cuando el atlantismo estaba agonizando y tanto Europa Occidental como Estados Unidos se enfrentaban a una serie de crisis económicas y políticas.

Ahora los populistas de la región han encontrado una estrategia alternativa para resucitar la desaprobación moral con que los disidentes como Michnik miraban al exilio. Para ellos, es fundamental rechazar el argumento de que Hungría, Polonia y el resto de los países de la región solo pueden tener éxito político y económico si imitan de forma fiel a Occidente. Desde esta perspectiva, el auge de la retórica antiinmigración se parece, sospechosamente, a un intento desesperado de crear una barrera de lealtad con la que poder contener la hemorragia demográfica y evitar que los habitantes de Centroeuropa y Europa del Este quieran abandonar sus países. Dicho de otra forma, parece que los populistas de Varsovia y de Budapest han convertido la crisis de los refugiados de Occidente en una oportunidad para crear una imagen de marca en el Este. Los ciudadanos solo dejarían de emigrar si Occidente perdiera su encanto. Las críticas a Occidente y las declaraciones de que «no merece la pena imitar» sus instituciones pueden explicarse como una venganza imaginaria nacida del resentimiento. Además, tienen el beneficio colateral de servir a la principal prioridad política de la región, puesto que ayudan a desalentar la emigración. Al negar que Occidente sea la tierra de las oportunidades y el liberalismo occidental la referencia del orden económico y social más avanzado, se reduce la atracción magnética que provoca en una población inquieta. Imitar a Occidente no puede ser el camino a la prosperidad, ya que esto supondría copiar de forma inevitable las supuestas políticas suicidas de inmigración. Los populistas claman contra la forma en que Europa Occidental ha acogido a africanos y a mediorientales, pero la verdadera queja es que los miembros occidentales de la Unión Europea han abierto las puertas a los ciudadanos de Centroeuropa y de Europa del Este, dejando privada a la región de la población más productiva.

Este análisis nos lleva a la idea central del iliberalismo contemporáneo. Al contrario de lo que piensan muchos teóricos contemporáneos,[41] la rabia populista no se dirige al multiculturalismo, sino al posnacionalismo, al individualismo y al cosmopolitismo. Desde el punto de vista político, se trata de una cuestión importante, porque, si se acepta, implica que no se puede combatir el populismo mediante el abandono de las políticas de identidad en favor del individualismo liberal. Para los demócratas iliberales de Centroeuropa y Europa del Este, la mayor amenaza para la supervivencia de la mayoría cristiana blanca de Europa es la incapacidad de las sociedades occidentales para defenderse, la cual se explica porque el sesgo del liberalismo contra el comunitarismo impediría a sus adeptos ver las amenazas a las que se enfrentan.

La democracia iliberal promete abrir los ojos a los ciudadanos. Si el consenso liberal de los años noventa tenía que ver con los derechos legales y constitucionales individuales —como la libertad de prensa, el derecho a elegir la profesión, el derecho a votar a los gobernantes en elecciones periódicas y la libertad de circulación de las personas—, el consenso antiliberal actual es que los derechos de la mayoría cristiana blanca amenazada están en grave peligro. Para proteger el frágil dominio de la mayoría, asediada ante la insidiosa alianza de Bruselas y África, los europeos tienen que sustituir el diluido posnacionalismo impuesto por los liberales cosmopolitas por una potente política de identidad o por un particularismo grupal propio. Esta es la lógica con la que Orbán y Kaczyński han intentado exacerbar el nacionalismo xenófobo de sus compatriotas, dando vida a un antiliberal deber de protección que se refiere a las poblaciones cristianas blancas en exclusiva, las cuales estarían en riesgo de extinción.

Las mayorías amenazadas causan estragos en la política europea actual. Los miembros de los antiguos grupos mayoritarios que dominaban las naciones miran con consternación la creciente magnitud de la migración global. Son conscientes de que las personas que pueden asentarse en sus países están imbuidas de distintas tradiciones culturales y de que, en la Europa actual, como observó el politólogo británico David Miller, «la gente está menos segura de lo que significa ser francés o sueco, así como está menos segura de hasta qué punto es aceptable desde el punto de vista moral reconocer estas identidades y actuar de acuerdo a ellas».[42]

Los líderes populistas insisten en que, en una Europa poblada por unas mayorías bajo amenaza, las cuales, frente al multiculturalismo que creen impulsado por los liberales, no pueden dar por sentada la supervivencia del modo de vida que han heredado, estas mayorías tendrían derecho a decidir cuántos inmigrantes, y de qué origen, pueden entrar en su país. Reclaman de forma estridente que la adopción inequívoca de la cultura mayoritaria debe ser una condición previa para obtener la ciudadanía, precisamente porque creen que esta onerosa norma frenaría la inmigración desde el origen.

En la actualidad, dos fantasmas recorren Europa. El primero es el fantasma del miedo de los antiliberales a la ejemplaridad. El elogio de la forma de vida europea como la norma para todo el mundo supone, sin pretenderlo, una invitación global a venir y disfrutar de sus beneficios, a inmigrar. Al segundo, por contraste, son los liberales quienes lo temen, y es el fantasma de la imitación inversa, la idea de que, al menos en ciertos aspectos, se hayan cambiado los papeles de los participantes del juego de imitación posterior a 1989. En algunos casos, al menos, las copias se han convertido en modelos y viceversa. La venganza definitiva de los populistas de Centroeuropa y de Europa del Este contra el liberalismo occidental no consiste solo en rechazar ese imperativo de imitación bien acogido en un principio, sino en invertirlo. Orbán y Kaczyński afirman reiteradamente que son los verdaderos europeos, y, si Occidente quiere salvarse, debe imitar al Este. Como explicó Orbán en un discurso en julio de 2017, «hace veintisiete años, en Centroeuropa creíamos que nuestro futuro era Europa; hoy creemos que somos el futuro de Europa».[43] Quitando el mérito a los liberales de 1989, afirma que la historia con mayúsculas está en el lado antiliberal.

En el apogeo de la descolonización, los portavoces de las antiguas colonias occidentales defendieron que negarse a imitar a Occidente era clave para alcanzar o recuperar la dignidad nacional. La negativa a imitar a las potencias coloniales formaba parte de la lucha de liberación armada para echar a los extranjeros de las tierras que les pertenecían. En *Los condenados de la tierra*, el filósofo y revolucionario francocaribeño Frantz Fanon escribía sobre el «mimetismo nauseabundo» de los africanos hacia Occidente y afirmaba que el africano que imitase a Europa estaba destinado a convertirse en «una caricatura obscena». «Podemos hacer cualquier cosa —continuaba—, siempre que no imitemos a Europa»; y añadía: «Decidámonos a no imitar a Europa y orientemos los músculos hacia una dirección nueva».[44]

En la Centroeuropa y la Europa del Este poscomunistas, en las primeras dos décadas posteriores a la caída del Muro, no hubo un equivalente a Franz Fanon. Al contrario, las élites políticas de la región mostraron un entusiasmo casi unánime ante la imitación de la «normalidad» de Europa Occidental y de Estados Unidos. Eran conversos bienintencionados que querían conducir a sus países a una experiencia colectiva de conversión. Sin embargo, a finales de la primera década del siglo XXI, el rechazo a imitar a Occidente se convirtió en un tema clave de la revuelta populista. A pesar de compartir el malestar típico de los movimientos anticolonialistas ante las imposiciones occidentales, los antiliberales de la región nunca hablaron como Fanon. Para ellos, el proselitismo occidental en el Este era similar al proselitismo occidental en el Sur, pero había diferencias. Esto se debe a que los habitantes de Centroeuropa y de Europa del Este ya se sentían por completo europeos antes de que Bruselas pusiera en marcha un proyecto para «europeizarlos», por lo que dicho proyecto se acogió como un insulto gratuito.[45] Ahí radica la diferencia entre el populismo al estilo de Orbán y los movimientos anticolonialistas no occidentales, impulsados por el deseo de autodeterminación nacional. Aunque las revoluciones de terciopelo de 1989 supusieron un rechazo anticolonialista de la dominación soviética, eran, a la vez, procolonialistas en relación con Occidente. Por eso se puede calificar a sus organizadores y líderes de «conversos» aspirantes, en oposición a los cínicos «simuladores» como los rusos. La consecuencia fue que, al principio, no hubo voces importantes que se alzaran en la región contra el atroz crimen de copiar las normas y las formas occidentales.

Y cuando Orbán y Kaczyński comenzaron a atacar al liberalismo occidental, lo hicieron al tiempo que enarbolaban la bandera de la europeidad. Consideran que Centroeuropa es la verdadera Europa y, además, su último bastión. Fanon nunca habría dicho algo semejante sobre las antiguas colonias francesas en África. El Gobierno del PiS suele citar el heroico papel de la Mancomunidad de Polonia-Lituania, bajo Juan III Sobieski, en el levantamiento del sitio musulmán de Viena en 1683, que ayudó a hacer retroceder a la última gran invasión musulmana de Europa. De hecho, tanto Orbán como Kaczyński se presentan a sí mismos ante sus audiencias como lo que Carl Schmitt llama «diques», heroicos oponentes ante una inminente invasión islámica de Europa.[46] Los demócratas iliberales de Centroeuropa y de Europa del Este están preparados, según dicen, para recuperar la histórica misión anti-musulmana abandonada por los europeos occidentales. «Nosotros detuvimos la invasión de inmigrantes que amenazaba Europa en las fronteras del sur de Hungría», afirmó Orbán, en referencia a la valla que construyó en la frontera serbohúngara en 2015.[47] Por eso, los centroeuropeos y los europeos del Este se declaran firmemen-te proeuropeos y radicalmente antieuropeístas, aunque sea algo que pueda causar perplejidad.

No se puede retroceder en el tiempo; la homogeneidad étnica y cultural no se puede recuperar. Por tanto, la antigua periferia europea se está redefiniendo como el nuevo núcleo de Europa. Los europeos occidentales que se oponen a la ampliación hacia el Este han desacreditado las posibilidades de democratización en Centroeuropa y Europa del Este, con la recuperación del manido eslogan de que «la geografía es el destino». En la actualidad, la mor-daz respuesta populista es: «No, la geografía no es el destino, la demografía lo es».

Sea o no verdad que el núcleo histórico está empezando a imi-tar a la antigua periferia, las perspectivas de esta gran inversión van dejando huella en las mentalidades y en los discursos de los popu-listas centroeuropeos; Occidente no expande su influencia hacia el Este, sino que este presume de expandir su influencia hacia aquel. Así lo creen ellos, no les falta algo de razón. El populismo iliberal parece haber seguido los ejemplos del libro de tácticas de Orbán en todo el mundo, incluido Estados Unidos. Quienes interpretan la aparición simultánea del nativismo reaccionario en algunas zonas de Estados Unidos y en Europa Occidental como un renacimiento de las corrientes iliberales de ambos lugares tienen parte de razón. Pero también deben responder a la pregunta: «¿Por qué ahora?». Una posible respuesta es la «imitación contagiosa». Ahora los occidentales se han convertido en los aspirantes a plagiadores.

Sin embargo, una cosa es que Kaczyński diga que los inmigrantes traen enfermedades a su país y otra que lo diga Trump; una cosa es que Kaczyński le diga a Orbán «Nos has dado ejemplo y de tu ejemplo estamos aprendiendo»[48] y otra mucho más significativa y preocupante que Steve Bannon describa a Orbán como un «héroe», como una inspiración, como «el hombre más importante en el panorama actual».[49] En casi cualquier país de Europa Occidental se puede encontrar un nivel nada despreciable de simpatía hacia las políticas antieuropeístas de Orbán. Por eso, los críticos con los subsidios de Bruselas a Hungría y a Polonia culpan a la Unión Europea, parafraseando a Lenin, de dar a Orbán y a Kaczyński la soga con la que ahorcarán a Occidente.[50]

El hecho de que los políticos occidentales estén adoptando el nacionalismo xenófobo del Este supone un vengativo giro final. La apertura de Occidente a los inmigrantes no europeos es lo que garantiza que los intentos de imitar al Este fracasarán. Los centroeuropeos están enviando el mismo mensaje doble a Europa Occidental que los europeos occidentales les habían mandado a ellos hace tres décadas: «Te invitamos a entrar, pero (a decir verdad) no te dejaremos hacerlo».

LA INSOPORTABLE AMBIVALENCIA DE LA NORMALIDAD

La revuelta populista contra la utopía de la normalidad al estilo occidental tuvo tanto éxito en Centroeuropa y en Europa del Este no solo debido al pánico demográfico, sino también porque, en las últimas tres décadas, las sociedades poscomunistas habían podido ver algunos de los defectos y de las desventajas inesperados de dicha normalidad.

Para empezar, una apasionante revolución en nombre de una anodina «normalidad» tiene algo de paradójico, y este problema se hizo patente en la vida privada de los disidentes. En 2007, durante la celebración del aniversario de la Carta 77, Václav Havel lamentó públicamente que «toda la solidaridad, el *esprit de corps* y el ánimo de combate que nos unió hace treinta años» se hubiera perdido «en el clima de democracia "normal" en el que vivimos en la actualidad y por el que hemos luchado juntos».[51] A esta confesión de la nostalgia por los días gloriosos que desembocaron en 1989, en los que se perseguía y se marginaba a los disidentes, Havel añade la decepción que sufrió en lo posterior con la tediosa normalidad de la vida después del comunismo. A pesar de haberse alegrado con la «vuelta» a la normalidad, algunos de los líderes disidentes acabaron desilusionados con la monotonía de los tiempos postheroicos. La tensión psicológica que supuso el reajuste de vivir bajo el comunismo a vivir bajo el capitalismo afectó a todo el mundo, pero los disidentes, que se veían como los intrépidos protagonistas de un gran drama histórico, eran un caso aparte, porque sentían, en palabras de Michnik, «desprecio por la normalidad, por una vida sin conspiraciones».[52]

Esto hacía aún más incongruente su participación en una revolución que buscaba la normalidad y aumentaba las posibilidades de que el resultado fuera la decepción. No obstante, estos desajustes personales no aportan mucho con respecto a los fallos de «una revolución que busca la normalidad»; para profundizar, debemos ver cómo los ciudadanos que vivían en la región después de 1989 fueron víctimas del complejo significado de la «normalidad» que pretendían imitar.

En primer lugar, habría que recordar el sentido que se le daba principalmente a la palabra «normalización» (*normalizace*) en las dos décadas anteriores a 1989, cuando hacía referencia a las purgas políticas, a la censura, a la brutalidad policial y a la conformidad ideológica impuesta en el país natal de Havel tras el aplastamiento de la Primavera de Praga en 1968. Se trataba de una «normalización» en el sentido de un restablecimiento del estado anterior de las cosas, una vuelta a la situación de Checoslovaquia antes de las reformas de Dubček. Ya no habría más intentos de darle al comunismo un rostro humano. No había alternativa al estilo de comunismo soviético; era *alternativlos*, había que imitarlo sin desviaciones. Como escribiera Michnik en 1985, la normalización bajo Kádár y Husák «en esencia, significó la destrucción total de todas las instituciones independientes. Cuarenta meses después de la invasión soviética, Hungría parecía un cementerio político; transcurrido el mismo tiempo de normalización en Checoslovaquia, esta quedó transformada, según la acertada expresión de Aragon, en la Biafra cultural de Europa».[53]

Lo que vemos aquí es un choque consciente entre dos imágenes distintas, opuestas, de la normalidad. Una posible forma de entender por qué los disidentes recurrieron a una revolución no violenta para instaurar una normalidad antisoviética y prooccidental es verlo como un desafío, una inversión deliberada de la imposición violenta, por parte de la Unión Soviética, de una normalidad cruel y represora.

Por otro lado, el hecho de que los disidentes definieran la normalidad al estilo occidental como el objetivo principal de la revolución política nos da una coyuntura excepcional para entender cómo imaginaban su futuro, pero también cómo veían las sociedades comunistas de las que deseaban escapar los centroeuropeos y los europeos del Este. La narrativa habitual, repetida con frecuencia tanto en el Este como en Occidente, representa al sistema comunista como si fuera una cárcel en sí, pero la obsesión que había en Centroeuropa y Europa del Este con respecto a la normalidad sugiere otra cosa. Para los disidentes, en particular, el sistema comunista de los últimos años no se parecía a una prisión, sino a un manicomio. Bajo el comunismo, no solo se encarcelaba a los prisioneros, sino que se ponía patas arriba toda su vida. Según la propaganda oficial, la gente debía trabajar por el bien de la sociedad y olvidarse de sus intereses y esperanzas particulares; la igualdad era el principio fundamental, al menos oficialmente, pero ni los esfuerzos ni las recompensas de cada ciudadano eran equivalentes. Y las autoridades comunistas, siguiendo la lógica perversa de sus sociedades descabelladas, no trataban a los disidentes como delincuentes, sino como personas con problemas mentales, con «delirios reformistas», a las que había que encerrar en clínicas psiquiátricas y mantener bajo sedación.

En el periodo posterior a 1989, el contraste que existía en la época comunista entre dos imágenes de normalidad, la soviética y la occidental, pasó a ser cosa del pasado, pero la lucha entre las dos ideas contrapuestas de lo que era la normalidad pronto se reavivó bajo una nueva forma; este segundo conflicto perdura hasta hoy y tiene que ver con una desconexión patológica entre lo que se considera normal en Occidente y lo que se considera normal en la región de la que hablamos.

En *Lo normal y lo patológico* (1966), el filósofo y médico francés Georges Canguilhem explica que el concepto de «normalidad» tiene dos significados, uno descriptivo y otro normativo; «normal» puede referirse a prácticas que están generalizadas de hecho o a prácticas que son ideales desde una óptica moral. Esta no es precisamente la ambivalencia de la que estamos hablando pero, dada la generalizada creencia de que los ideales morales de Occidente se hicieron canónicos tras la caída del comunismo, se acerca bastante. Después de 1989, la brecha entre los dos significados de «normalidad», el supuestamente normativo y el realmente descriptivo, fue la fuente de varios errores y malentendidos entre los occidentales, por un lado, y los centroeuropeos y europeos del Este, por otro.[54]

Por ejemplo, cuando un visitante del Fondo Monetario Internacional explicaba en Sofía o en Bucarest que no era «normal» dar o llevarse mordidas, los interlocutores búlgaros y rumanos podían no saber de qué se les estaba hablando. La película de 2016 *Los exámenes*, del conocido director de cine rumano Cristian Mungiu, refleja de forma contundente la trágica disparidad entre ser «normal» en el sentido de adaptarse a la miseria del entorno local y ser «normal» en el sentido de ajustarse a las expectativas que se dan por hecho en Occidente.[55]

El protagonista de la historia, Romeo Aldea, es un médico de mediana edad que trabaja en un hospital. Vive con su mujer y su hija en un piso barato de un siniestro edificio de la época de Ceauşescu en Cluj-Napoca, una ciudad del noroeste de Rumanía. En el universo constituido por esta pequeña ciudad de provincia, es un hombre de éxito, pero está claro que le hubiera gustado vivir otro tipo de vida. Aldea y su mujer, de una forma intensa y casi desesperada, están orgullosos de su hija, a la que han ofrecido una beca para estudiar Psicología en una universidad inglesa, a condición de que saque una nota alta en los exámenes finales. Si todo va bien, su hija Eliza tendrá la educación de primera categoría y la vida normal que ellos, sus padres, siempre habían deseado para ella. Pero el día antes de los exámenes, Eliza es víctima de un ataque durante el que casi sufre una violación. Aunque las lesiones físicas son leves, ya no está en condiciones psicológicas para obtener en el examen los buenos resultados que se esperaban de ella. Desesperado por arreglar la situación, Aldea accede a un acuerdo corrupto, aprovechando de forma ilegal sus contactos médicos a cambio de un «ajuste al alza» de las notas de Eliza; el arreglo consiste en conseguir un trasplante de hígado para un político local cuando, según las normas, debería haber sido para otra persona. Sin embargo, para que este plan ilegal funcione, su hija tiene que participar de forma activa. En las escenas clave de la película, Aldea trata de convencerla de que tiene que espabilar, ya que Rumanía no es como Occidente, donde no hace falta recurrir a despreciables trapicheos; si quiere vivir en un país normal, primero tendrá que rebajarse a la humillante normalidad, a la falta de ética que impera en su país natal.

La caída del comunismo trajo consigo un cambio de vocabulario; las mordidas, por ejemplo, pasaron a llevar la etiqueta de «anormales», puesto que la ley se declaraba, por definición, «imparcial y justa», pero el hecho de repetir como loros estos supuestos occidentales no los hacía más congruentes con las realidades del Este.

Si analizamos la brecha entre las expectativas occidentales y las realidades del Este poscomunista, descubriremos una causa importante del estrés mental originado en Centroeuropa y en Europa del Este por una revolución con la que se pretendía importar o imitar una versión externa de la normalidad. Para aclarar la cuestión, merece la pena distinguir entre «coordinación» horizontal y «sincronización» vertical. Las normas comunes que rigen las formas de interacción social, como el código de circulación, se entienden mejor como convenciones que permiten la coordinación cotidiana entre los miembros de la comunidad. La adaptación a estas expectativas y patrones de comportamiento locales es una condición necesaria para una acción y una interacción eficaces en cualquier sociedad. Por ello, para gobernar, las élites poscomunistas de Centroeuropa y de Europa del Este no tenían otra opción que ajustarse a lo que eran las prácticas habituales de sus países, al menos al principio. Los rumanos, por ejemplo, para llevar su día a día en Rumanía, tienen que adaptar su comportamiento a las conductas rutinarias de sus compatriotas. De la misma forma, un empresario búlgaro que quisiera mantener la integridad y, así, se negara con tenacidad a ofrecer mordidas no tardaría en tener que dedicarse a otra cosa. Al mismo tiempo, las élites nacionales de estos países buscaban tener legitimidad mundial a los ojos occidentales, lo que dependía de que hicieran lo que se consideraba normal en Occidente; por ejemplo, negarse a dar o a recibir mordidas. En otras palabras, para poner en sintonía el propio comportamiento con el elevado afán de sus colegas occidentales, las élites de Centroeuropa y de Europa del Este tenían que dar la espalda a las expectativas que imperaban en sus propias sociedades. Y viceversa: para ajustar la conducta a la de sus allegados y vecinos más próximos, tenían que contravenir las expectativas de sus mentores y colegas occidentales. Así pues, para ser eficaces, las élites poscomunistas debían aceptar mordidas en la región y, al mismo tiempo, hacer campaña contra la corrupción a nivel mundial. A caballo entre dos identidades, la local y la cosmopolita, era difícil que pudieran sentirse cómodos en ninguna de ellas. Tratar de combinar en vano dos ideas contradictorias de normalidad les hacía sentirse unos farsantes crónicos, o incluso esquizofrénicos, y a menudo se desconfiaba de ellos tanto en su tierra como fuera de ella.

A medida que fue pasando el tiempo, la revolución en nombre de la normalidad no solo había generado una desazón psicológica, sino también un trauma político. Por otra parte, los rápidos cambios que afectan al modelo occidental han venido a agravar el constante sentido de traición propia entre sus imitadores potenciales del Este. Para estudiar estas tendencias, hace falta que los observadores desplacen su atención de las instituciones políticas, como las elecciones pluripartidistas o la independencia judicial, a las costumbres sociales. Por ejemplo, para los polacos conservadores de los años de la Guerra Fría, las sociedades occidentales eran normales porque, al contrario que los sistemas comunistas, valoraban las tradiciones y creían en Dios. Pero a día de hoy, como de repente, los polacos han descubierto que la «normalidad» occidental implica secularismo, multiculturalismo y matrimonio homosexual. ¿Debe sorprendernos que algunos centroeuropeos y europeos del Este se hayan sentido engañados al descubrir que la sociedad conservadora a la que querían imitar ha desaparecido, arrastrada por las fuertes corrientes de la modernización? Cabe señalar que, desde la perspectiva occidental, los esfuerzos iliberales por reestructurar el orden político en los países poscomunistas, en los que se toma como modelo una versión sexista, racista e intolerante de Occidente ya superada, no solo representan un intento inútil de retroceder en el tiempo, sino que también se interpretan como un ataque al «progreso moral» que tanto ha costado ganar en Occidente y, por lo tanto, se condenan rotundamente como una expresión de rencor antioccidental.

Pero hay otro motivo que hace que muchos centroeuropeos y europeos del Este asocien la occidentalización a una traición, y es que un aspecto importante de la guerra cultural que se da en la actualidad entre las dos mitades de Europa tiene que ver con una problemática relación generacional tras el comunismo. Una consecuencia de la unipolar Era de la Imitación es que los niños en edad de escolarización aprendieron a buscar referentes en Occidente y solo en Occidente. Las consiguientes reformas de la educación pública hicieron que cada vez les resultara menos atractiva la perspectiva de imitar a sus padres. Para los nacidos después de 1989, en particular, era más fácil «sincronizar» sus actitudes y comportamientos con los estándares occidentales, mientras que les resultaba poco tentador «coordinar» las propias expectativas con las de las generaciones anteriores de su país. Por ello, en las sociedades poscomunistas, los padres perdieron la capacidad de transmitir valores y actitudes a sus descendientes. Lo que los padres hubieran vivido y lo que hubieran conseguido o sufrido con el comunismo había dejado de importar, tanto en términos materiales como morales. Sin embargo, los jóvenes tampoco se rebelaban contra sus padres, como había ocurrido en Occidente en 1968. Por el contrario, empezaron a sentir pena por ellos o dejaron de prestarles atención. La aparición de las redes sociales también hizo que la comunicación se diera principalmente en grupos generacionales bien definidos. Resultaba más sencillo ligar más allá de las fronteras estatales que superar los límites generacionales para comunicarse. Ante la incapacidad de inculcar sus valores a sus propios hijos, los padres de la región comenzaron a exigir, con cierta histeria, que el Estado lo hiciera por ellos. El Gobierno debía enviar a sus patrullas de rescate para liberar a la infancia de los pérfidos secuestradores occidentales. Se trata de un grito de angustia que puede sonar ridículo, pero que es un motivo importante del apoyo popular al populismo iliberal de la región; hay que obligar a los niños a enterarse en la escuela de lo que se niegan a escuchar en casa. En este caso, se culpa directamente a Occidente del fracaso de la influencia paterna, a pesar de ser una característica de cualquier revolución. Por medio de la Unión Europea, Occidente se habría adueñado de la educación nacional y habría corrompido a la infancia. De hecho, la batalla más feroz de la guerra cultural en Centroeuropa y Europa del Este se libra en torno a la educación sexual en las escuelas.[56]

La dogmática afirmación de que la configuración política y económica de tipo occidental no se puede cuestionar porque no hay otras opciones sobre la mesa ha llevado a varios críticos destacados de la occidentalización, de nacionalidad checa, a describir el periodo posterior a 1989 como de «neonormalización», un término que pretende ser muy despectivo, dado que supone una referencia llena de intenciones a la «normalización» en el sentido en que se utilizaba para etiquetar a uno de los periodos de mayor represión en la historia checa.[57] Sin duda, el control de los representantes locales de Bruselas después de 1989 ha sido mucho menos represivo que el de los de Moscú antes de 1989, pero su justificación, según los populistas, solo se ha diferenciado en una cosa, a saber, en que el segundo se basaba en la pretensión de que la dictadura del Partido Comunista ofrecía un camino a una «normalidad» superior a todo lo que ofreciera Occidente, mientras que el primero, en cambio, lo hacía en la afirmación poscompetitiva de que las directivas de la Comisión Europea ofrecían el camino exclusivo a la única «normalidad» legítima, definida solo y nada más que por criterios liberales.

A veces, resulta difícil entender por qué los antiguos disidentes como Orbán y Kaczyński se describen a sí mismos como contrarrevolucionarios. La respuesta es que la revolución normalizadora de 1989, desde su punto de vista, creó un orden social en el que la herencia y las tradiciones nacionales de las sociedades poscomunistas corrían el riesgo de desaparecer. La exhortación a imitar la moralidad occidental era una invitación al suicidio cultural. Para recuperar el «espíritu de combate» que el propio Havel consideraba perdido en las sociedades poscomunistas, los populistas iliberales arremetieron contra lo que consideraban la absurda «creencia en la "normalidad" de la democracia liberal».[58] Por extraño que parezca, así es como se confunden indistintamente la disidencia y la contrarrevolución. Y así es como una revolución occidentalizante puede desencadenar una contrarrevolución antioccidental, para sorpresa y consternación de Occidente.

Cabe mencionar brevemente una última consecuencia perversa del doble significado de «normalidad». Para reconciliar la idea de «normal» —en el sentido de lo que está extendido y es habitual— con lo que es obligatorio en Occidente desde el punto de vista normativo, los conservadores culturales de Centroeuropa y de Europa del Este han tratado en ocasiones de «normalizar» a los países occidentales con el argumento de que lo que está extendido en los países del Este también está generalizado en los de Occidente, a pesar de que, según ellos, los occidentales fingen que sus sociedades son diferentes. Los líderes populistas ayudan a sus seguidores a mitigar la disonancia normativa entre dar mordidas para sobrevivir en el Este y luchar contra la corrupción para ser aceptados en Occidente, con recurso al argumento, en una clásica expresión de rencor, de que ambos son igual de corruptos, pero que los occidentales lo niegan o esconden la fea realidad.

Los gobiernos húngaro y polaco defienden los juegos de trileros constitucionales y el nepotismo político por los que se les critica de forma habitual en Bruselas de la misma forma, es decir, intentan mostrar que lo que están haciendo también es una práctica habitual en Occidente, aunque los occidentales no quieran confesarlo. Esta es otra paradoja de la Era de la Imitación; los populistas de Centroeuropa y de Europa del Este justifican su propio iliberalismo provocador pretendiendo que, de hecho, son fieles discípulos de las costumbres de Occidente, lo que implica que son tan malos como sus homólogos occidentales.

LA NUEVA IDEOLOGÍA ALEMANA

Han pasado tres décadas desde que el mundo de la política exterior se pusiera patas arriba ante la afirmación de que la democracia liberal de estilo occidental era la norma y forma definitiva de la existencia humana. Ahora, Thomas Bagger, uno de los intelectuales políticos más respetados de Alemania, vuelve la vista atrás, como la lechuza de Minerva, hacia un marco intelectual que ya todo el mundo considera superado, y defiende que eran los europeos, y no los estadounidenses, quienes de verdad creyeron en el triunfo del liberalismo por encima de cualquier ideología alternativa. Por esta misma razón, los europeos, en particular los alemanes, han resultado ser los más vulnerables ante el colapso actual del orden liberal.

Para Bagger, lo que fascinaba a los europeos, a los alemanes en particular, del paradigma del fin de la historia era que les liberaba de las cargas del pasado y de las incertezas del futuro: «Hacia el final de un siglo marcado por haber estado dos veces el en lado equivocado de la historia, Alemania por fin se veía en el bando correcto. Lo que durante décadas había parecido imposible, incluso impensable, de repente no solo se sentía como real, sino hasta inevitable».[59] La visible transformación de los países de Centroeuropa y de Europa del Este en democracias parlamentarias y en economías de mercado se tomó como una prueba empírica de la validez de la atrevida afirmación de que la humanidad, en su búsqueda de la libertad, no necesitaba ir más allá de la democracia liberal de estilo occidental.

Y lo que era aún mejor: desde un punto de vista alemán, la capacidad y el carisma personales ya no eran decisivos en política, en tanto la historia se inclinaba hacia la democracia liberal. Para un país arrasado por un Führer catastrófico hasta tal punto que la palabra «liderazgo» ya no se podía traducir de manera inocente al alemán, resultaba muy alentador que unas fuerzas superiores pero abstractas se hicieran cargo del rumbo general de la historia. Los individuos solo importarían en los márgenes; su papel se limitaba a administrar el advenimiento de lo inevitable.[60]

En un mundo gobernado por el imperativo moral de imitar el insuperable modelo de la democracia liberal de estilo occidental, ningún país se veía atrapado por su pasado u obligado a hacerse responsable de su futuro. La reducción de la vida política a una imitación con mayor o menor éxito de un «supermodelo» político e ideológico totalmente desarrollado suponía para la humanidad, de manera especial para los alemanes, dos artículos por el precio de uno, un pasado y un presente.

A este reconfortante sueño alemán, podemos añadir que el imperativo de imitación, tal y como se experimentó o se imaginó en Centroeuropa y en Europa del Este, asumía de forma tácita que el verdadero modelo que debía imitarse era de hecho Alemania. Sería ella, Alemania, el adalid de la «conversión» a la democracia liberal, quien mostrase a las naciones poscomunistas cómo debía realizarse la imitación.[61] Así pues, para los recién liberados estados del Este, el modelo más cercano, histórica y geográficamente, no era el de Estados Unidos, sino el de Alemania, el país que mejor había imitado en el pasado a aquel. En 1965, solo veinte años después del final de la Segunda Guerra Mundial, Alemania Occidental no solo era una democracia consolidada; era, además, el país más rico y más productivo de Europa. Por eso el milagro de Alemania Occidental estaba muy presente en la mente de los centroeuropeos y europeos del Este después de 1989.

El papel de Alemania como modelo tácito de la reforma política poscomunista es importante, porque la reacción del Este contra la imitación de Occidente no solo se fundamenta en un sentimiento manipulado de abandono de la identidad cultural propia —recordada de manera selectiva— ante una identidad postétnica pretendidamente superior, importada del extranjero, sino también en el hecho de que, a la hora de hacer frente a una historia problemática, a los centroeuropeos y europeos del Este se les pedía que siguieran el camino trazado por Alemania, un país cuyo *Sonderweg*, cuyo «camino particular», era obvio para todos. Había un desajuste radical entre el proceso de democratización de la Alemania posterior a la Segunda Guerra Mundial, un país bajo ocupación militar cuyo agresivo autoritarismo había causado una catástrofe nacional, y la democratización de Centroeuropa y Europa del Este después de 1989. El infructuoso intento de animar a estos últimos a emularlo es otro factor que contribuye al descorazonador aumento del nacionalismo étnico en el mundo poscomunista.

El artista búlgaro Luchezar Boyadjiev ideó la materialización perfecta de la visión oficial de Bruselas sobre la «etapa final» de la historia europea. Su obra, titulada *De vacaciones*, tiene como base la famosa estatua ecuestre del rey Federico el Grande de Prusia situada en la avenida Unter den Linden, de Berlín, pero, en este caso, sin el rey montado en el caballo. Al retirar del caballo al líder impuesto, el artista transforma el monumento al héroe nacional en una estatua de un caballo sin jinete. Todas las complejidades vinculadas a una figura del pasado, importante pero moralmente controvertida, se eliminan de golpe. La idea de Europa que Boyadjiev quiere transmitir es la de una Europa «de vacaciones de la historia», sin la esperanza de la dominación ni el miedo de la opresión. Para algunos, al menos, ser un verdadero europeo a principios del siglo XXI implica ser, sin complejos, antiheroico y antinacionalista. Y los alemanes de hoy en día son el ejemplo más destacado de cómo ser ambas cosas. Al fin y al cabo, recorrieron la transición del autoritarismo a la democracia liberal con un éxito sin parangón, y el país, desde la perspectiva de unos celosos extranjeros, ha pasado a ser «excepcionalmente normal» en el sentido occidental.[62]

La política de identidad que sacude en la actualidad a Europa del Este supone una reacción con retraso a las décadas de políticas de negación de la identidad, conocidas como «occidentalización», que comenzaron en 1989. El particularismo exacerbado es una reacción natural a un fomento excesivo de la inocencia del universalismo. Una consecuencia de ello es que los populistas de todo el mundo suelen despreciar el universalismo como el particularismo de los ricos.

El entusiasmo inicial, en 1989, de las antiguas naciones cautivas por unirse al Occidente liberal se derivaba, al menos en la misma medida, del resentimiento nacionalista hacia los cuarenta años de hegemonía de Moscú tanto como de un profundo compromiso con los valores y las instituciones liberales. El eslogan del movimiento anticomunista anterior a los acontecimientos de 1989 era *wolność i niezależność*, «libertad e independencia», la última en referencia a la independencia con respecto a Moscú. Pero en el clima intelectual de los noventa, el hecho de que el nacionalismo étnico resultara moralmente inaceptable se entrelazó con el ideal de la codiciada «normalidad». El etnonacionalismo también vino a asociarse con las cruentas guerras de Yugoslavia. Además, la Unión Europea exportó con ahínco los temas de debate posnacional a los países del Este. Estos factores se conjugaron para obstaculizar que hubiera una absoluta franqueza con respecto al papel del sentimiento nacional en las prisas de las antiguas naciones comunistas por unirse a Occidente.

Los intentos por parte de un grupo relativamente pequeño de reformistas liberales de Centroeuropa de dar «lecciones de alemanismo» a sus conciudadanos fueron contraproducentes. Mientras las élites liberales seguían hablando el idioma de los derechos universales, sus homólogos nacionalistas se hicieron con los símbolos y con los relatos nacionales. Ante la creciente amenaza de la derecha nacionalista, los liberales habrían hecho bien en prestar atención a las advertencias del novelista rumano Mihail Sebastian sobre el poder psicológico de los símbolos y los signos.[63]

Imitar la transición alemana a la democracia liberal requería renegar de forma radical del etnonacionalismo, debido a la inefable violencia en la que la encarnación nazi había sumido al mundo. Pero los nativistas reaccionarios no querían ni oír hablar de ello. Por el contrario, se centraban en el victimismo nacional y en el sufrimiento inmerecido. Lo que distingue a los populistas nacionales es que no están dispuestos a disculparse por nada que su nación haya hecho a lo largo de su historia. Comportarse como un villano a la vez que uno se presenta como víctima es la firma de la arrogancia del nacionalismo populista.

En el marco de las transiciones democráticas, era un tópico ver al fascismo y al comunismo como dos caras de la misma moneda totalitaria. En lo que respecta a las potenciales consecuencias asesinas de ambas ideologías y los regímenes asociados a ellas, se trata de una comparación del todo legítima. Sin embargo, equiparar el fascismo y el comunismo implica, erróneamente, que, en la era democrática, el propio nacionalismo —del que el fascismo es una versión distorsionada extrema— se desvanecerá igual que desapareció el comunismo en 1989-1991, y esto no parece que vaya a suceder. El motivo de ello es que el comunismo era un experimento político radical, basado en la abolición de la propiedad privada hereditaria, mientras que la democracia presupone la existencia de una comunidad política delimitada y, por lo tanto, es inherente a la nación. El nacionalismo no puede desaparecer, como lo hizo el comunismo, con el auge de la democracia liberal, porque la lealtad a la nación es un requisito necesario para cualquier democracia liberal estable. En los años noventa estaba extendida la idea de que Rusia no tenía éxito en la construcción de la democracia, al contrario que Polonia y Hungría, porque le faltaba la cohesión nacional que en Polonia y en Hungría se había forjado mediante la resistencia a la ocupación soviética. En cualquier caso, al contrario que el liberalismo, la democracia es un proyecto exclusivamente nacional. Por ese motivo, al final, la «Europa de las patrias» de De Gaulle ha resistido a cualquier presión para disolver las identidades de los países miembros individuales en una identidad posnacional común.[64] Dada su inherente afinidad con el universalismo de los derechos humanos, el liberalismo es más favorable a una globalización transnacional de lo que lo es la democracia. Sin embargo, el liberalismo también funciona mejor en un contexto de comunidades delimitadas políticamente. Al fin y al cabo, la organización de derechos humanos más efectiva del mundo es el Estado nación liberal.

Para los centroeuropeos y los europeos del Este, imitar la forma en que la Alemania posterior a 1945 había afrontado la historia resultaba problemático al menos en cuatro aspectos.

En primer lugar, la democracia alemana posterior a la Segunda Guerra Mundial se había construido, en parte, sobre la preocupación de que el nacionalismo, si no tenía límites, podía conducir poco a poco a un resurgimiento del nazismo; *Nationalismus führt zum Faschismus* como se dice en alemán. La Unión Europea surgió a partir de un plan para bloquear una posible reafirmación de la soberanía alemana, mediante la integración económica del país con el resto de Europa y la creación de una identidad «posnacional» para la República Federal de Alemania. Como consecuencia, la mayoría de la clase política alemana, si bien no toda, durante los años posteriores a la Segunda Guerra Mundial, renegó de la idea mística de una *rassenseele* alemana, de un «alma de la raza», y del etnonacionalismo en general.[65] En cambio, para los países de Centroeuropa y de Europa del Este no fue tan fácil compartir una visión global negativa del espíritu nacionalista, en primer lugar, porque estos estados eran hijos de la era del nacionalismo que siguió a la ruptura de los imperios multinacionales tras la Primera Guerra Mundial y, en segundo lugar, porque el nacionalismo antirruso tuvo un papel fundamental en las revoluciones comunistas no violentas de 1989.

En Europa del Este, por razones históricas, resultaba más fácil ver el nacionalismo y el liberalismo como complementarios antes que como excluyentes. Para la mayoría de los polacos, resultaría absurdo dejar de honrar a los líderes nacionalistas que perdieron la vida defendiendo a su país de Hitler o de Stalin. El hecho de que la propaganda comunista denunciara el nacionalismo de forma doctrinaria también contribuye a que los centroeuropeos y los europeos del Este recelen del afán de las élites liberales alemanas por separar la ciudadanía en un Estado de la pertenencia hereditaria a una comunidad etnonacional. Durante los años noventa, las guerras yugoslavas llevaron a los líderes políticos europeos, incluso en Centroeuropa y en Europa del Este, a disociar la homogeneidad étnica y el nativismo xenófobo del derecho fundamentado a la autodeterminación.[66] No obstante, a largo plazo, la asociación implícita del liberalismo con el antinacionalismo ha erosionado gravemente el apoyo a partidos liberales en toda la región.[67] Los liberales posnacionalistas suelen ver el etnonacionalismo, o la idea de que la ciudadanía actual tiene algún tipo de conexión mística moral con sus antepasados biológicos, como algo atávico e irracional. Este tipo de universalismo antinacionalista es una postura perfectamente humana y humanitaria, pero en política no siempre funciona bien. Desde el punto de vista de los votantes que tienen fuertes vinculaciones y emociones nacionalistas, el «patriotismo constitucional» posnacional recuerda a una nueva «ideología alemana» diseñada para menospreciar a la periferia de Europa del Este y someter al continente a los intereses de Berlín.[68]

En segundo lugar, la democracia alemana de posguerra se organizó como respuesta a la llegada de los nazis al poder mediante la participación en las elecciones. Por este motivo, ciertas instituciones no mayoritarias como el Tribunal Constitucional Federal o el Bundesbank, además de ser poderosas, están entre las que inspiran mayor confianza en Alemania. En el periodo inmediatamente posterior a 1989, a pesar del entusiasmo por recuperar la soberanía perdida, los centroeuropeos y los europeos del Este no consideraban que las limitaciones a los gobiernos electos fueran un intento de limitar el derecho del pueblo a gobernarse a sí mismo. Hubo una época en que el Tribunal Constitucional de Hungría se estimaba como «el tribunal superior más poderoso del mundo».[69] El Tribunal Constitucional Polaco también era, al principio, bastante eficaz e independiente. Pero, con el tiempo, los populistas invocaron la voluntad soberana del pueblo para justificar el desmantelamiento de este tipo de limitaciones «contramayoritarias» del poder.

Tras la Primera Guerra Mundial, los recién creados estados de Centroeuropa y de Europa del Este se organizaron en torno a una fusión de la idea tradicional alemana de *Kulturnation*, de la nación como comunidad cultural, con la idea francesa del Estado centralizado intervencionista.[70] Por supuesto, esta herencia lejana se ha desvanecido con el tiempo, pero no ha desaparecido por completo de las sensibilidades políticas de la región. Esto ayuda a explicar que se haya ido desarrollando una resistencia interna, dos décadas después de 1989, a la reorganización de estos estados en función de dos modelos extranjeros alternativos: la nueva idea alemana del Estado descentralizado y el multiculturalismo estadounidense. La reacción contraria a ambos supuso el primer indicio de la contrarrevolución antiliberal que estaba por llegar, cuyos partidarios no asociaban una democracia efectiva al pluralismo político, la libertad y el control constitucional, sino a un poder ejecutivo fuerte.

En tercer lugar, al compartir su experiencia de transformación e incorporación a Occidente tras la guerra con los países poscomunistas, los alemanes cayeron en una trampa. Se sentían orgullosos del éxito de su transición de una sociedad totalitaria a una democracia modélica pero, al mismo tiempo, en muchos casos, aconsejaban a los centroeuropeos y a los europeos del Este no hacer lo que ellos habían hecho en los años cincuenta y sesenta, sino lo que creían que deberían haber hecho. La democracia alemana tal y como se desarrolló tras la Segunda Guerra Mundial tenía una relación complicada con el pasado nazi del país. Aunque el nazismo se condenó oficialmente después de la guerra, no era un tema que los alemanes estuvieran dispuestos a tratar en detalle. En parte, porque había muchos antiguos nazis entre las élites de la Alemania Occidental de posguerra. Pero cuando llegó el momento de la incorporación de Alemania del Este a una Alemania liberaldemocrática unificada, el planteamiento fue el contrario. El silencio se transformó en ruido. En Alemania, la purga total de antiguos comunistas estaba a la orden del día, y muchos alemanes del Este que hoy en día votan de buen grado al partido ultraderechista Al-

ternativa por Alemania no interpretaron el proceso de «purifica-
ción» posterior a 1989 como una búsqueda sincera de la justicia
histórica, sino como una forma de que Occidente dominara al Este,
creando oportunidades de trabajo para los occidentales a costa de
expulsar sin miramientos a las élites *ossi* de sus empleos.

Y, en cuarto lugar, Alemania siempre ha estado muy orgullosa
de su Estado de bienestar y de su sistema de cogestión, por el cual
los sindicatos tienen un papel fundamental en la administración
corporativa. Sin embargo, Alemania Occidental nunca presionó a
la Unión Europea para exportar estos aspectos de su sistema político al Este. El motivo oficial era que Centroeuropa y Europa del
Este no podían costearlos, pero quizá también esperaban que una
menor protección estatal para los trabajadores de aquellas regiones
diera lugar a mejores oportunidades de inversión para la industria
alemana. Por supuesto, hay otros factores en juego, como la evolución del liberalismo estadounidense, dominante a nivel mundial,
desde el más amable New Deal de Roosevelt, que prometía libertad frente al miedo, hasta el mercado liberalizado de Reagan, pen-
sado para desconcertar a la gente, hacer que se sintiera insegura en
el trabajo, eliminar las pensiones, etcétera. La negativa general a
invertir de forma importante en la estabilidad política de los nuevos estados participantes y apoyar la importancia económica de los
sindicatos, en línea con el espíritu thatcherista, se alejó radicalmente de la política prosindicalista de los aliados en Alemania Occidental tras la Segunda Guerra Mundial. Es posible que el principal
motivo de este cambio fuera la desaparición de la amenaza comunista, con la conclusión de que no se necesitaba un esfuerzo especial para mantener la lealtad de los trabajadores hacia el sistema.

La antigua cuestión alemana se basaba en que Alemania era
muy pequeña para el mundo y muy grande para Europa. La nueva
cuestión alemana es diferente. En el contexto posterior a la Guerra
Fría, la transición alemana a la democracia liberal resultó ser dema-

siado singular y dependiente de su trayectoria como para ser imitada por países hostiles, dada su historia reciente, a la idea de una sociedad postétnica. Los antiguos países comunistas de Centroeuropa y de Europa del Este se negaron a crear una nueva identidad nacional en torno a un sentimiento reprimido de arrepentimiento por el pasado. Esto ayuda a explicar, en parte, la revuelta contra la nueva ideología alemana del posnacionalismo deshistorizado y el patriotismo constitucional culturalmente anodino.

El iliberalismo de los antiguos liberales

> *Co nie jest biografią – nie jest w ogóle* [«Lo que no es biografía no es nada en absoluto.»]
>
> Stanisław Brzozowski,
> entrada del diario, 1911

A finales de 1949, *The God that Failed* —un libro en el que se recogen los recuerdos personales de seis prominentes intelectuales sobre cómo y por qué se hicieron comunistas y sobre cómo y por qué acabaron rompiendo con el partido— supondría un punto de inflexión en la historia intelectual de la Guerra Fría. Arthur Koestler, uno de los autores, escribió: «Cuando ya se ha dicho todo, los antiguos comunistas somos los únicos [...] que sabemos de qué trata todo esto».[71] Solo quienes habían tenido acceso a información privilegiada y quienes habían creído en el sistema conocían los mecanismos internos de un régimen opresivo y odioso. La plausibilidad de tal declaración ayuda a explicar por qué los antiguos comunistas desempeñaron un papel decisivo en la deslegitimación del aparato soviético. Aquellos que habían sido adeptos pero que habían perdido la antigua fe conocían bien al enemigo, al tiempo que tenían motivos de un fuerte carácter personal para desacreditar y derrocar a la ideología que una vez habían abrazado con fervor. Los liberales pasajeros de la Centroeuropa y de la Europa del Este actuales han tenido un papel similar en la deslegitimación del orden liberal que siguió a los acontecimientos de 1989 en la región. Ver el desarrollo poscomunista con los ojos de estos antiguos liberales es crucial para comprender por qué y cómo tantos centroeuropeos y europeos del Este han llegado a estar profundamente alienados del mundo posterior a la Guerra Fría.

Jamás resolveremos el enigma del iliberalismo de Centroeuropa y de Europa del Este si no somos capaces de aprehender por qué, como dice la periodista e historiadora Anne Applebaum, algunas de las más fervientes intelectuales conservadoras de la región pasaron a ser madres liberales con hijos gais, o por qué en Europa del Este los sentimientos anticapitalistas toman a menudo la forma de un violento anticomunismo. En la Hungría actual, si hemos de fiarnos de las encuestas de opinión,[72] muchos de quienes apoyan al partido Fidesz, anticomunista militante, tienen una opinión favorable de János Kádár, el dirigente comunista del país de 1956 a 1988. Parecen creer que el crimen más atroz del comunismo fue el papel que los antiguos comunistas tuvieron en el periodo de la transición; es frecuente que no se los culpe tanto por lo que hicieron en los setenta y en los ochenta como por la manera acrítica en que se rehicieron a sí mismos como despiadados capitalistas en los noventa.[73]

El biógrafo político de Viktor Orbán nos brinda la mejor oportunidad de reflexionar sobre la forja de un antiguo liberal. Lo que tenemos aquí es a un enérgico, implacable y talentoso recién llegado que se enamoró de la libertad, pero que acabó cautivado por su propio poder absoluto. Nacido en 1963, en Alcsútdoboz, un pueblo miserable a unos cincuenta kilómetros al oeste de Budapest, su infancia estuvo definida por la pobreza y por la ausencia de cualquier romanticismo revolucionario. En un momento dado, el padre de Orbán se afilió al Partido Comunista, pero, como observa el biógrafo de aquel, Paul Lendvai, su *père* era el clásico *Homo kádáricus*, un pragmatista que trabajaba duro para tratar de procurar una vida mejor para su familia y para sí mismo.[74] Ni los sueños revolucionarios ni las pasiones políticas tuvieron un papel de importancia en el hogar familiar de Orbán, allí nadie leía el periódico, y la pasión que sustituía a la de la política era la del fútbol.

El tiempo que pasó en el ejército politizó al joven Orbán y lo convirtió en enemigo del régimen comunista. En aquellos tiempos, demostró la fuerza de su carácter al negarse a colaborar con la policía secreta húngara. Los años que pasó en la universidad consolidaron estos instintos y puntos de vista contestatarios. Sin embargo, fue en el discurso que dio el 16 de junio de 1989, en la inhumación ceremonial de Imre Nagy —el cabecilla asesinado de la sublevación de 1956—, cuando llamó por primera vez la atención del público. Algunos anticomunistas radicales se sentían demasiado asqueados por asistir al evento; para ellos, se trataba de un asunto de Estado que enmascaraba una revolución. Pero Orbán sabía que los seis o siete minutos de discurso con los que contaba se retransmitirían en directo y que toda la nación estaría mirando. Y no se equivocaba. Durante este segundo entierro de Nagy, el joven dirigente estudiantil mostró por primera vez las características definitorias de su personalidad política; el talento para satisfacer a la audiencia y la determinación a aprovechar cada oportunidad. Antes del entierro propiamente dicho, los oradores de la oposición en el programa mantuvieron una reunión, en la que acordaron que, para evitar las provocaciones a Moscú, nadie exigiría la retirada de las tropas soviéticas del país. Sin embargo, Orbán apenas acababa de subir al escenario cuando hizo justo eso. Fue la primera vez que el público húngaro lo vio y en que lo recuerda.[75] Era valiente, joven y liberal. Más adelante fundó Fidesz, el partido de la generación más joven. Los primeros estatutos de la agrupación estipulaban que nadie mayor de treinta y cinco años podría formar parte de él.

Se suele explicar la ruptura de Orbán con el liberalismo como puro oportunismo —dio un giro a la derecha porque era donde estaban los votos—, o bien como resultado de su creciente desprecio hacia la intelectualidad liberal de Budapest, a la que en un inicio había admirado, pero que lo miraba con un aire claro de superioridad. El momento que mejor refleja la tensa relación de Orbán con los liberales húngaros, quienes, a diferencia de él, provenían de la intelectualidad urbana de Hungría, viene dado por la historia, bien documentada, de cómo, en una recepción, Miklós Haraszti, un famoso diputado de la Alianza de los Demócratas Libres, se dirigió a él, que llevaba el mismo atuendo que el resto de invitados, y le ajustó la corbata con altanería. Todos los que estaban presentes recuerdan a un Orbán sonrojado y visiblemente nervioso. A aquel joven, aspirante a dirigente político, lo mortificaba que lo tratasen como a un pariente cateto. Stendhal habría sabido describir muy bien lo que ese joven de provincias sintió en aquel momento.

Por todo esto, resulta tentador reducir la decepción de Orbán con el liberalismo a una simple cuestión de oportunismo político, o bien de resentimiento personal por el trato condescendiente que recibía de la intelectualidad liberal aquincense. Pero las razones son mucho más profundas. De hecho, van al mismo corazón del entendimiento liberal de la política, en lo que se incluye la ambivalencia sistemática del liberalismo en cuanto al ejercicio del poder. Mientras que entre las preocupaciones de los liberales húngaros se encontraban los derechos humanos, los controles y equilibrios, la libertad de prensa y la independencia judicial —aspectos cuyo valor radicaría en que limitan el poder—, a Orbán le interesaba utilizar el poder para cambiar por completo el orden político; en tanto los liberales de Budapest querían imponerse en los debates, lo que él quería era ganar elecciones. Su pasión por el fútbol le había enseñado que lo que importa en cualquier contexto, sea el político o el deportivo, eran la tenacidad sin límites y una lealtad inquebrantable. Lo importante es que los seguidores con los que uno cuenta sigan a su lado incluso cuando tiene algún tropiezo ocasional. El mejor dirigente no es aquel que tiene el juicio de ser ecuánime con todo el mundo, sino el que inspira y moviliza a su propio equipo o tribu.

Con el fin de estimular a sus seguidores, Orbán insiste de manera firme en la lista habitual de los pecados del liberalismo, cada uno de ellos perpetrado por los serviles imitadores de la democracia liberal que tuvieron a Hungría en el desgobierno durante dos décadas desde 1989. Para empezar, la concepción liberal de la sociedad como una red sin alma de productores y consumidores no puede captar la profundidad moral y la solidaridad emocional de Hungría. Los liberales son, en resumidas cuentas, indiferentes a la historia y al destino de la nación. En la retórica de plantilla antiliberal de Orbán, el lenguaje liberal de los derechos humanos, de la sociedad civil o de los procedimientos jurídicos se describe como frío, genérico, ahistórico. Los liberales disocian a la ciudadanía de su ascendencia étnica y sustituyen los ideales de justicia sustantiva y bien público con las nociones insulsas y abstractas de justicia procedimental, imperio de la ley o utilidad individual. Desde la perspectiva populista, el recelo cosmopolita hacia los vínculos étnicos hace que los miembros de la vasta mayoría étnica de Hungría se sientan extranjeros en su propio país. Esa es la forma en que el universalismo destruye la solidaridad. Si todo el mundo es nuestro hermano, entonces no somos más que niños. Por eso el nativismo reaccionario de Hungría denuncia que ningún liberal de principios puede tener un interés genuino en el destino de los húngaros que vivan fuera del Estado.

Así es el discurso de todos los antiliberales. Pero, en el recital del catecismo antiliberal según Orbán, también hay algunos aspectos específicos de la región. Por ejemplo, se señala que el énfasis liberal en los derechos individuales ensombrecería el principal modelo de abuso político en la Hungría poscomunista, a saber, la privatización del patrimonio público por parte de antiguos adeptos al régimen, un tipo de corrupción a escala industrial que no incurriría en una violación de los derechos individuales y que, de hecho, se consolidó con la instauración del derecho individual a la propiedad privada.[76] A eso se refiere Orbán cuando afirma que «en Hungría, la democracia liberal no ha sido capaz de proteger la propiedad pública esencial para mantener a una nación».[77] Asimismo, denuncia que el liberalismo ignora la cuestión social y repliega la protección indulgente de la ciudadanía por parte del Estado, con el argumento de que son los individuos «libres» quienes deben prosperar por sí mismos. Por eso, en las décadas transcurridas desde 1989

> Hemos tenido un sentimiento constante de que se pisoteaba a los más débiles [...]. Siempre era la parte más fuerte, el banco, la que dictaba los intereses a pagar por una hipoteca, los cuales, además, cambiaban a capricho de aquel de cuando en cuando. Podría enumerar sin parar otros tantos ejemplos de cómo ha sido la vida cotidiana de las familias más débiles y vulnerables, aquellas con menores posibilidades económicas que otras, durante los veinte últimos años.[78]

Un efecto del imperativo de imitación percibido en Hungría fue la tendencia generalizada de las familias con bajos ingresos a pedir prestado dinero en francos suizos. Al parecer, se hacía con el fin de imitar los patrones de consumo que se observaban en Occidente e implicaba un aumento importante del gasto familiar en un intento irreflexivo e inútil de ponerse a la altura de los esquemas de vida occidentales, de replicarlos. Desafortunadamente, tras una radical devaluación de la moneda húngara, los incautos prestatarios debieron afrontar unos pagos mensuales que, en los depreciados florines, resultaban desorbitados. Según las estadísticas gubernamentales, casi un millón de personas pidió préstamos en divisa extranjera, de los que un 90 por ciento habrían sido en francos suizos. Algo que Orbán tiene en mente al subrayar que «el Estado húngaro de corte liberal no protegió al país frente al endeudamiento». La conclusión es que la democracia liberal «no tenía la capacidad para proteger a las familias de la esclavitud por deudas».[79] El peso de tales cargas reforzó la sensación de que la integración en el sistema de economía global acarreaba humillación y empobrecimiento, en lugar de libertad y prosperidad, como habían prometido en un principio los voceros liberales.

Para justificar la desigualdad económica, el liberalismo saca a relucir el mito de la meritocracia y, además, encubre el importantísimo papel que juega la suerte en la distribución arbitraria de la riqueza en la sociedad, lo que es aún más humillante para los perdedores de la lotería económica, ya que, en consecuencia, el ganador atribuye el propio éxito a un talento superior y a un mayor esfuerzo personal. El mito de la meritocracia tiene una nota de ofensa añadida en el contexto histórico de la región, ya que el acceso privilegiado al éxito económico quedó reservado, en los años posteriores a 1989, a quienes habían ocupado cargos políticos de importancia en el antiguo sistema opresor. Lo que distinguió a la revolución de 1989 de otras que la habían precedido fue la facilidad con la que los aparentemente «destronados» dirigentes consiguieron mantener el poder y la influencia. La razón es muy sencilla: las antiguas élites participaron del desmantelamiento del sistema anterior y contribuyeron de manera importante en la naturaleza pacífica de la transición. El resultado fue que siguieron siendo los mejor posicionados para transformar el capital simbólico que poseían en capital financiero y político. Tenían más estudios y más contactos, y conocían Occidente mucho mejor que cualquier otro ciudadano, incluso que esos líderes de la oposición que juraban profesarle un amor eterno.

En su visita a Hungría a finales de 1970, Hans Magnus Enzensberger tuvo una larga entrevista con un miembro de la clase comunista dirigente del país, el cual, más tarde, en los noventa, pasó a formar parte de la nueva élite financiera húngara. En aquel entonces, contaba con cincuenta años, vestía una chaqueta de Armani y mostraba una gran flexibilidad con respecto a sus convicciones políticas. «El partido es nuestro medio de ascensión social —le contó al visitante de Alemania Occidental—; mejor que la Escuela de Negocios de Harvard. En este sentido, el partido no tiene competencia; no hay alternativa […]. El día en que los estadounidenses envíen tropas a Budapest, seré el primero en mandar el leninismo al infierno.»[80] Eso es exactamente lo que ocurrió. El resultado es que, en Centroeuropa y en Europa del Este, la defensa de la propiedad privada y del capitalismo pasó a significar la defensa de los privilegios que las antiguas élites comunistas habían adquirido de forma ilícita.

Cuando los populistas de la región accedieron al poder, no procedieron a declarar la guerra a la propiedad privada. Lo que no les gusta de la libertad es, más bien, el derecho de quienes pierden las elecciones a criticar a los ganadores entre cada periodo electoral, para tratar de atraer al electorado a su propuesta y resistir con el fin de poder participar en las siguientes elecciones. Los oponentes políticos ya no tienen que salir por piernas, marchar al exilio o esconderse en las cloacas mientras los vencedores se reparten sus pertenencias. Al mantenerse la oportunidad de que la oposición releve a quienes ostentan los cargos en la siguiente ocasión electoral, la democracia liberal incentiva la paciencia con los fallos del régimen y protege al sistema de violencias revolucionarias impredecibles.

Suena todo de una perfección admirable. Pero hay un inconveniente a este arreglo que se señala poco. La democracia liberal solo ofrece victorias provisionales; niega a los ganadores de las elecciones la oportunidad de una victoria final y completa y refuerza la insatisfacción frente al «imposibilismo legal» (*imposybilizmu prawnego*) contra el que Kaczyński lucha en Polonia. Sin embargo, su renuncia a las victorias decisivas y definitivas, en favor de las temporales y no concluyentes, es lo que dio lugar precisamente a la supuesta victoria final y completa de la propia democracia liberal en 1989, lo que resulta anómalo y problemático. ¿Cómo es posible que una ideología política que ensalza la competición constante, las alternativas ideológicas y las victorias meramente provisionales, se pregunta el populista, presume de haber acabado con las tres cosas? De acuerdo con Andrzej Nowak, uno de los intelectuales cercanos al líder del PiS, «Kaczyński se dio cuenta de que la ausencia de un cambio revolucionario en 1989 era algo que Polonia pagaría muy caro».[81]

Una paradoja de la cruzada de Orbán contra la odiada izquierda liberal es que su propia estrategia política está en gran parte moldeada por la izquierda. El joven Orbán admiraba al filósofo italiano Antonio Gramsci, agitador marxista, y el regreso del Fidesz al poder en 2010, después de ocho años en la oposición, descansó en una estrategia orientada a la sociedad civil de inspiración gramsciana como plataforma con la creación, por ejemplo, de clubes cívicos. Pero, mientras que liberales e izquierdistas hablaban sobre los derechos de las minorías, Orbán lo hacía sobre la historia y los derechos de la mayoría.

El antiliberalismo de Orbán se alimenta ante todo del resentimiento nacionalista contra una Unión Europea posnacional, a la que no le importa la identidad húngara. La rabia calculada que se filtra en los ataques de Orbán al sistema de cuotas de la Unión Europea para el reparto de los refugiados entre los estados miembro da a entender que el primer ministro húngaro ve una copiosa fuente de respaldo político en el sueño popular de desquitarse por el Tratado de Trianon, el acuerdo de paz de 1920 por el que los poderes europeos castigaron a Hungría, arrancándole dos terceras partes del territorio nacional:

> La situación, queridos amigos, es que hay quienes quieren arrebatarnos nuestro propio país; no de un plumazo, como ya ocurriera en Trianon, sino que quieren que nosotros mismos lo entreguemos, de nuestras propias manos, de manera voluntaria, a otros, a lo largo de un periodo que ya lleva durando unas décadas. Quieren que se lo entreguemos a extranjeros que vienen desde otros continentes, que no hablan nuestra lengua y que no respetan ni nuestra cultura ni nuestras leyes ni nuestra forma de vida; gente que quiere sustituir lo nuestro con lo suyo.[82]

En 2020 se cumplirá un siglo del tratado, así que, qué mejor forma de celebrarlo que saboreando la dulce venganza, mientras la Unión Europea se desmigaja sin remedio.

Al leer el histórico discurso de Orbán del 26 de julio de 2014, en el que reafirmaba un compromiso militante con la construcción de un Estado iliberal en Hungría, se puede sentir un desprecio palpable por quienes tratan de difuminar la frontera entre la victoria y la derrota.[83] Seguro que estaría completamente de acuerdo con la definición burlona del liberal hecha por Robert Frost, como «un hombre que no puede ponerse de su propia parte en una discusión». Orbán no solo había quedado decepcionado con el liberalismo y con su espíritu de compromiso; además, quería derrotarlo de forma definitiva. No habría acuerdos ni negociaciones de buena fe. Por otra parte, la victoria que él buscaba no era de carácter provisional, sino final. Se trataba de su réplica *copycat* a la presunta victoria definitiva del liberalismo en 1989. También suponía una recreación de su presentación juvenil como verdugo de la hegemonía soviética, solo que ahora se trataba de echar abajo el imperio liberal-democrático administrado desde Bruselas con apoyo estadounidense. Visto en tal marco, el éxito electoral de Fidesz no traza solo la mera victoria momentánea de un partido político sobre los demás, sino también un signo de que «la era de la democracia liberal se ha terminado».[84] Lo que interesa a Orbán es un tipo de victoria que entrañe unas absolutas humillación y derrota del rival, esa clase de triunfo que forja y consolida la identidad política del partisano. Es posible que, con la intensidad de su repulsa al liberalismo, solo esté compensando la vacuidad ideológica y la banalidad de su iliberalismo resucitado.

Cualesquiera que sean las consecuencias políticas a largo plazo, la falta de originalidad intelectual de la corriente iliberal que se da en la actualidad en Centroeuropa hunde sus raíces en la pobreza intelectual de las revoluciones de 1989, que se llevaron a cabo en nombre de la normalidad.

CANTO

La película *Mindenki* (Canto), del director húngaro Kristóf Deák, ganó en 2017 el Óscar al mejor cortometraje. El filme capturaba con fidelidad la mezcla de deseo y humillación característica de las transiciones democráticas que siguieron al año 1989 en Centroeuropa. Los acontecimientos que en él se dramatizan tienen lugar en el Budapest de principios de los noventa; la joven Zsófi, que se acaba de cambiar de colegio, está entusiasmada ante la expectativa de cantar en su galardonado coro. La profesora de música, Erika, le permite apuntarse, pero a cambio le hace mover los labios sin cantar, para que no estropee la actuación del coro en conjunto con su voz de principiante.

Una descorazonada Zsófi accede de mala gana. Sin embargo, su mejor amiga, Lisa, al descubrir el voto de silencio, se enfrenta a la profesora, quien replica que el coro se juega un viaje a Suecia, de manera que todos los participantes deberían querer que solo se escuche a los vocalistas con más talento; quienes se limitan a hacer como si cantasen deberían estar agradecidos por tener la oportunidad de participar, incluso aunque sea de pasada. Al parecer, Zsófi no es la única niña frustrada a la que Erika ha convertido en un miembro mudo del coro; Resulta que hacer que solo los mejores canten en voz alta es la estrategia secreta que la profesora tiene para ganar. Pero la simpatía colectiva por los niños silenciados lleva a que el coro se rebele al alimón y de forma abierta contra la obsesión de la profesora por la victoria. El día de la competición, después de haber subido al escenario, todo el coro se pone a mover los labios sin cantar, en solidaridad con Zsófi. Solo después de que una abochornada Erika abandone el escenario en la más total desesperación, rompen a cantar sin cortapisas. Al populismo centroeuropeo, tal y como viene representado por Orbán y Kaczyński, le gusta caracterizar su revuelta contra el imperativo de imitación, otrora recibido con los brazos abiertos y ahora repudiado, como un retrato de la rebelión de los estudiantes contra las manipulaciones de la profesora. Proclaman haber restituido la voz de Centroeuropa.

Se trata de una interpretación interesada, por si hace falta decirlo. Aunque también es cierto que mientras que Bruselas tendía a ver la ampliación con autocomplacencia, como un acto de generosidad a manos abiertas para con unas naciones hasta hacía poco subyugadas,[85] mucha gente de Centroeuropa y Europa del Este lo veía, en realidad, como una especie de colonización blanda.[86] Habiendo escapado de las cadenas imperiales de Moscú y bajo la promesa de que se unirían al mundo liberal como unos socios con igualdad de importancia política, los antiguos países comunistas de la región tenían la impresión de que se los trataba con una despreocupada condescendencia, como si perteneciesen al «remanente» no occidental, como si a fin de cuentas no fueran auténticos europeos, sino que más bien debieran estar agrupados con África, Asia y Oriente Medio.[87] Para comprender los problemas psicológicos que acarrea tal perspectiva, basta con recordar la indignación con la que los pueblos colonizados por Europa veían el imperativo de imitación en la era colonial. Ya hemos citado a Frantz Fanon a este respecto, pero no se trata más que del caso más conocido de resentimiento por la obligación de imitar las formas y normas occidentales. En una alusión escrita a los imitadores egipcios de los europeos en el siglo XIX, el intelectual francés de origen libanés Amin Maalouf explicaba el trauma de la imitación en los términos siguientes:

> Han tenido que reconocer que su técnica estaba superada, que todo lo que producían no valía nada en comparación con lo que se producía en Occidente, que seguir practicando la medicina tradicional era muestra de superstición, que su poderío militar no era más que un recuerdo del pasado, que sus grandes hombres a los que habían aprendido a venerar, los grandes poetas, los sabios, los soldados, los santos, los viajeros, no significaban nada para el resto del mundo, que su religión era sospechosa de barbarie, que solo unos cuantos especialistas estudiaban ya su lengua mientras que ellos tenían que estudiar las lenguas de los demás si querían sobrevivir, trabajar y mantenerse en contacto con el resto de la humanidad.[88]

Ya habíamos mencionado en la introducción —y las referencias de Fanon al «mimetismo nauseabundo» con Occidente lo confirman— que en la vida del imitador se mezclan sentimientos de ineptitud, de inferioridad, de dependencia y de pérdida de identidad, así como una falta involuntaria de sinceridad. La resistencia anticolonial a los poderes de Europa Occidental ha asumido contornos tan diferentes en los respectivos casos de África del Norte y Centroeuropa, que establecer comparaciones puede parecer de una superficialidad irremediable. En el segundo caso, podemos decir como mínimo que entra en juego un elemento molesto y particular, debido a que los imitadores creían pertenecer al mismo espacio cultural que los imitados, así como que se los estaba invitando a unirse al «mundo libre» en pie de igualdad con sus socios europeos. Dicha combinación de factores es lo que nos ha llevado a hacer hincapié, de entre las múltiples causas de la ola de xenofobia autoritaria que se extiende por Centroeuropa y Europa del Este en la actualidad, en los sentimientos de traición desde dentro incubados durante la primera década posterior al comunismo, a través de un prolongado proceso de lo que Gabriel Tarde habría llamado la «imitación contagiosa» de Occidente.

Somos de la opinión de que, si nos centramos en la reacción violenta a una experiencia de políticas imitativas con especificidad histórica y desgarradora en el ámbito de la sociedad, la aproximación a la contrarrevolución populista de Centroeuropa y de Europa del Este será más fructífera que si se incurre en la exageración de la fuerza causal que pueda representar una supuesta tradición «indeleble» de nativismo intolerante y antidemocrático en estos países. Pero ¿por qué no está al alcance de la mano explicar el giro populista de la región de un modo simple, como una expresión de desengaño en el seno del propio liberalismo? Por ejemplo, se puede aducir que, en un inicio, los ciudadanos habían abrazado el modelo del capitalismo democrático, bajo la asunción de que traería prosperidad, pero, cuando esto no ocurrió, se opusieron a él. Se trata de una buena explicación teórica, pero no se ajusta a los hechos. El caso polaco indica que no se puede culpar al «¡Es la economía, estúpido!» de la transfiguración derechista de Centroeuropa; el relativo éxito económico de Polonia no sirvió para inmunizar al electorado del país de la llamada populista. Como ha evidenciado el sociólogo polaco Maciej Gdula, las actitudes políticas, bien proliberales, bien antiliberales, de Polonia no se pueden explicar en virtud de un quién gana y quién pierde en la transformación económica posterior al comunismo.[89] En las bases de los partidarios de Jarosław Kaczyński podemos encontrar a mucha gente que parece satisfecha por completo con la vida que tiene y que se ha beneficiado con mucho de la prosperidad del país. La objeción que ponen al orden liberal es que, en tanto que católicos, mantienen una oposición concienzuda a la legalización del aborto y del matrimonio gay, de modo que aceptar el liberalismo parecería una traición a los propios principios. Además, la «identidad» es, en esencia, un pacto con los ancestros, que pasa a estar amenazado por fuerzas que parecen decididas a obligar a húngaros y a polacos a abandonar su «estilo de vida»,[90] la más odiada de las cuales es la conformada por los burócratas de Bruselas, quienes, según no pocos húngaros y polacos, preparan una especie de conspiración en la sombra con los inmigrantes de África y Oriente Medio.

En marzo de 2018, el presidente de Polonia, Andrzej Duda, dio un discurso en el sureste de Polonia por la conmemoración de los cien años de la independencia del país, en el que comparaba la pertenencia a la Unión Europea con los periodos anteriores en los que el país había estado ocupado por Prusia, Austria o Rusia. «Entre 1795 y 1918 —dijo—, los polacos respondieron a los poderes de la ocupación», que decidían por ellos «desde capitales lejanas». Añadía que la Polonia poscomunista estaría experimentando una forma similar de dominio y explotación extranjera, pues el proyecto de la Unión Europea de incorporar al país en una confederación posnacional y antirreligiosa estaría erradicando la soberanía nacional del país y su herencia católica. Visto desde una perspectiva con tan poca lógica, no hay una auténtica diferencia entre el autoritarismo comunista y la democracia liberal; ambos «imponen», con tanques o sin ellos, la voluntad de una minoría extranjera de ateos a los «polacos corrientes».[91]

Así pues, si aceptamos el testimonio de los dirigentes de estos movimientos, el auge del iliberalismo centroeuropeo se ha debido, en buena medida, a un rencor reprimido cuya raíz estaría en la centralidad de la mímesis en los procesos de reforma iniciados en el Este a partir de 1989. Cuando la división entre imitadores e imitados reemplazó a la división entre comunistas y demócratas de la Guerra Fría, vendría a imponerse una jerarquía moral que demostró ser profundamente desestabilizadora. Al comentar el modo en que los medios occidentales informan sobre la Hungría de Orbán, Maria Schmidt remarcaba que «hablan mirando por encima del hombro, como se hacía en los tiempos de las colonias».[92] Aunque es un desacierto comparar la historia del dominio y la explotación colonial en el mundo no occidental con la decisión de Centroeuropa, voluntaria en origen, de aceptar la carga de la armonización en una Unión Europea posnacional, en ambos casos, sin embargo, la importación voluntaria de las normas e instituciones occidentales conllevó no solo la aceptación explícita de ciertos deberes y obligaciones, a veces onerosos, sino además la admisión tácita de la subordinación e incluso de la subyugación. Los movimientos antiliberales de la región son la reacción a una sumisión humillante, de la que se puede afirmar que es lo más irritante de todo para quienes esperaban ser bienvenidos como unos europeos más en Occidente.

Con el fin de poner en entredicho la jerarquía implícita en la relación del imitador con el imitado, los líderes centroeuropeos mantienen ahora que la principal diferencia entre el Este y Occidente ha cambiado una vez más. No se trata de comunistas contra demócratas ni de imitadores contra imitados, sino que lo que importa ahora es la diferencia entre sociedades étnicamente homogéneas y sociedades étnicamente plurales, entre países en que gobierna la mayoría tradicional y países en los que un batiburrillo de «minorías» entorpecen la voluntad de la mayoría. Es obvio que este contraste imaginario entre puro y mestizo se encamina a dar la vuelta a la tortilla y presentar a Centroeuropa como la auténtica Europa, en una pugna desesperada para preservar una identidad blanca y cristiana que se encuentra bajo amenaza.

Lo que hace tan fastidiosa la imitación, tanto a escala nacional como regional, no es solo que la mímica implique, de alguna manera, una inferioridad moral, cultural y humana con respecto al modelo. La cuestión es que, en tanto las naciones *copycat* son plagiadoras con autorización legal, requieren de la gracia y la aprobación de quienes ostentan los derechos de autoría sobre las recetas, políticas y económicas, de segunda mano, que se van a coger prestadas y a ponerse en práctica. Asimismo, deben aceptar sin protestar el derecho occidental a evaluar el éxito o el fracaso que están teniendo a la hora de vivir según los estándares occidentales. La sorprendente pasividad de Bruselas ante las violaciones flagrantes contra la independencia judicial y de prensa, tanto en Polonia como en Hungría, deja patente que no se trata de un problema práctico, sino simbólico. Las consecuencias psicológicas de que Occidente se erija en juez no son menos graves. Incluso aunque no haya coerción o forzamiento, la evaluación constante por parte de unos jueces foráneos desprovistos de conocimientos serios sobre el país puede alimentar la política de la ira.

Aunque la imitación poscomunista de Occidente fue una elección del Este, Occidente la alentó y la supervisó. No queremos decir que la región hubiese florecido políticamente si este se hubiera quedado de brazos cruzados. Lo que hemos tratado de explicar es por qué una adaptación a los estándares foráneos que se había deseado en un principio terminó viviéndose como algo no consentido, sino impuesto. A la nueva generación antiliberal le importa menos la violación de la soberanía nacional que la afrenta a la dignidad nacional.

El ascenso del chovinismo autoritario y de la xenofobia en Centroeuropa y Europa del Este tiene origen en la psicología política, no en la teoría política. El imperio del populismo no es de carácter intelectual. Sea cual fuere el nivel que tenga de popularidad, este se encuentra enraizado en una profunda indignación por el imperativo de imitación percibido que siguió a 1989, cargado de implicaciones denigrantes y vergonzosas, la cual se alimenta, además, del rechazo a la transformación cultural orientada a las minorías que siguió a los movimientos de protesta de 1968 en Occidente. Los orígenes del iliberalismo de Centroeuropa y de Europa del Este son, por lo tanto, de carácter emocional y preideológico, prendidos en la rebelión contra «la humillación por mil cortes» de la que vino acompañado un proyecto que duraría décadas y que exigía el reconocimiento de que una cultura foránea era superior de largo a la propia. El iliberalismo entendido como filosofía es tan solo una coartada, para dar una pátina de seriedad intelectual a un deseo visceral compartido de manera amplia de sacudirse la dependencia «colonial», la inferioridad implícita en el mismo proyecto de occidentalización. Cuando Kaczyński acusa al «liberalismo» de estar «contra la propia idea de "nación"»[93] o cuando Maria Schmidt mantiene que «como húngaros, queremos preservar nuestra cultura»,[94] un nativismo recalcitrante da cuerpo al rechazo a someterse al juicio extranjero de acuerdo con estándares foráneos. Lo mismo se puede decir del dictamen de Viktor Orbán: «Debemos manifestar que no queremos ser diversos, que no nos queremos mezclar […]. Queremos seguir siendo aquello en lo que nos convertimos hace cientos de años, aquí en la cuenca de los Cárpatos».[95] Se trata de un buen ejemplo de cómo los populistas seleccionan uno de los múltiples pasados nacionales y proclaman que se trata del auténtico pasado de la nación, al cual hay que rescatar de la contaminación que acarrea la modernidad occidental. Por supuesto, debe destacarse el vivo recuerdo que tiene el primer ministro magiar de cómo era ser húngaro hace once siglos. Y al tiempo que envía el mensaje a Occidente de que «No estamos tratando de copiaros», lo que conlleva que no tenga demasiado sentido el que los occidentales consideren a los húngaros copias de baja calidad o a medio hacer de sí mismos, hace como si imitar a unos ancestros remotos, de los que pocas trazas permanecen, no supusiera mayor esfuerzo que ser uno mismo.

Los iliberales no se rebelan tanto contra la filosofía del liberalismo o contra sus encarnaciones institucionales como contra el propio hecho de haberse pasado dos décadas reproduciéndolo, imitándolo como loros. Se trata de un ejemplo de manual de frustración cocinada a fuego lento, ante lo que se percibe como una insolente restricción de las opciones. Así, se explica que, en los discursos desmesurados de los populistas, la Unión Europea y la Unión Soviética se aparezcan como intercambiables.[96] Tanto Moscú a finales de los cuarenta como Bruselas a finales de los noventa «dieron lugar a un conjunto de regímenes-réplica que colindaban en la geografía de Europa del Este».[97] No hace falta insistir en que se trata de una analogía forzada, ya que la imitación del comunismo soviético se impuso, mientras que la imitación del liberalismo europeo se solicitó. Sin embargo, los populistas hacen una equivalencia moral, porque, tal como ellos lo ven, tanto Moscú como Bruselas habrían reclamado una forma humillante de obediencia por parte de sus «vasallos».

Con todo, la resistencia nacionalista a un imperativo de imitación reconocido por una mayoría tiene una consecuencia perversa con la que no se había contado. Al invocar con fervor a las tradiciones como antídoto contra la imitación, los populistas de Europa del Este se ven forzados a reescribir de tanto en cuanto la historia nacional. En los días de la Guerra Fría, cuando había que resistir a las exigencias de Moscú de copiar el modelo soviético, los centroeuropeos describían sus tradiciones como fundamentalmente liberales y europeas, como una corriente más del amplio torrente de la civilización occidental. Hoy, por contraste, invocan sus tradiciones para significar la renuencia a incorporarse contra su voluntad al Occidente liberal. Este viraje tan llamativo deja claro que en realidad no hay tal cosa como «sus tradiciones».[98] Como ya se ha sugerido, cada país tiene una miríada de pasados y una miríada de tradiciones, que a menudo se contradicen. La estratagema retórica de los populistas incide en los aspectos menos benignos y más intolerantes de la historia de Hungría y Polonia, en su caso, además de erigirlos en el auténtico pasado, ese que ha de preservarse frente a la corrosiva influencia de Occidente.

Para concluir, esto nos conduce de nuevo al *Frankenstein* de Mary Shelley. Sin querer llevar muy lejos la analogía, la socióloga estadounidense Kim Scheppele describe la Hungría actual —el nombre de cuyo primer ministro es, feliz coincidencia, Viktor— como un frankestado, es decir, un mutante iliberal compuesto a partir de una serie de elementos, entretejidos con ingenio, de las democracias liberales occidentales.[99] Algo muy importante que esta investigadora pone de relieve es el modo en que Orbán ha tenido éxito a la hora de sortear las amenazas a su poder, a base de poner en marcha una astuta política de imitación a pedazos. Cuando Bruselas ataca al Gobierno húngaro, por el carácter iliberal de las reformas que lleva a cabo, este siempre se apresura a señalar que cada uno de los procedimientos legales, normas e instituciones objeto de polémica reproducen con fidelidad el sistema legal de alguno de los estados miembro. En lugar de sufrir la imitación de forma pasiva, el primer ministro la emplea con fines estratégicos. La imitación selectiva ha permitido a Orbán obstaculizar los intentos de la Unión Europea de penalizar a Hungría por los ataques del régimen a la libertad de prensa y a la independencia judicial. Al montar un todo iliberal a partir de piezas liberales, Orbán ha conseguido convertir la misma idea del imperativo de imitación occidental en un chiste sobre Bruselas en su propia cara.

En lugar de censurar a la prensa, al viejo estilo comunista, Orbán ha forzado el cierre de los periódicos que le son hostiles con base en motivos económicos. Después, se ha encargado de que sus amigos y aliados adinerados compren la mayor parte de los medios nacionales y locales, para que los canales de televisión y los periódicos se hayan acabado convirtiendo en algo parecido a órganos del poder del Estado. Así es como ha blindado tanto la manipulación electoral como los niveles épicos de corrupción interna contra la opinión pública. Al poner a jueces leales en los tribunales, también puede proclamar que tiene la legalidad y la constitucionalidad firmemente de su lado. La legitimidad del sistema depende, pues, no tanto de los resultados electorales como de la pretensión de los gobernantes de estar defendiendo una «nación genuina» que se ha delineado a capricho, bien contra los enemigos internos, bien contra los externos. Los regímenes iliberales al estilo del de Orbán, que están en alza en Europa del Este, combinan, así, lo político tal y como lo entendía Carl Schmitt, como un careo melodramático entre amigos y enemigos, con la fachada institucional de la democracia liberal. Este juego del escondite no solo ha permitido al primer ministro de Hungría sobrevivir dentro de una Unión Europea que se define como una unión de valores, sino además erigirse en líder de una «coalición Frankenstein» paneuropea, cada vez con más poder, que aspira a transformar Europa en una confederación de democracias iliberales. Hay pocas razones para pensar que acabará cayendo.

2

La imitación como represalia

Las únicas copias buenas son aquellas que muestran la absurdez de los malos originales.

LA ROCHEFOUCAULD[1]

El 1 de enero de 1992, el mundo se despertó para encontrarse con
que la Unión Soviética había desaparecido del mapa. Sin derrota
militar ni invasión extranjera mediante, una de las dos superpotencias mundiales acababa de desvanecerse. ¿Cómo se puede explicar
un giro tal de los acontecimientos? La desintegración contrade-
cía todos los pronósticos de que el imperio soviético era demasiado grande para caer, de que constituía una roca demasiado sólida
como para descomponerse y con demasiado poder nuclear como
para amilanarse ante las amenazas de Occidente. La URSS había
sobrevivido a varias décadas de agitación, de las que había salido
considerablemente indemne. ¿Cómo podía haber implosionado de
un modo tan fundamental sin previo aviso, en un momento en
el que la mayoría de la gente «no tenía ni la más mínima sensación de que el país se estuviera viniendo abajo»?[2] El historiador Stephen Kotkin se pregunta «por qué el conjunto de la élite soviética, armada hasta los dientes y con unas fuerzas leales a su servicio,

115

fue incapaz de defender el socialismo o la Unión con toda su voluntad».[3]

Para Occidente, la explosiva brusquedad con la que cesó la existencia de su «principal enemigo» —así como principal encarnación de una alternativa al modelo liberal-democrático para organizar la política y la economía— pareció ser la demostración de que la era de los conflictos ideológicos se había terminado. El colapso del comunismo había sido una sorpresa, y esta naturaleza de inesperado fue justo lo que se blandió como la prueba de que no solo Estados Unidos u Occidente declaraban muerto al comunismo, sino que era la propia historia la que también lo hacía. El único competidor viable de la democracia liberal estaba fuera de juego, de manera que no podía haber muchas sorpresas sobre la forma ideal de gobierno en la mayoría de los rincones del planeta; el estilo de vida occidental estaba en racha. Thomas Bagger ha observado que «hay algo profundamente irónico» en el hecho «de que, a partir de la experiencia transformadora del acontecimiento del todo inesperado y no lineal del final de la Guerra Fría», Occidente «desprendiera unas expectativas de futuro de una minuciosa linealidad».[4] Con ironía o sin ella, muchos observadores occidentales compartieron, en aquel momento, la creencia de que Rusia estaba también en un lento camino hacia la democracia liberal.

Tras el final de la Guerra Fría, unos pocos optimistas incluso llegaron a asumir que Rusia seguiría los mismos pasos que había seguido Alemania después de la Segunda Guerra Mundial, para adherirse a un sistema político pluripartidista y disfrutar de los beneficios de una economía de mercado regulada por la ley. Así, adoptaría las instituciones y prácticas políticas occidentales y, en lugar de resistirse a una reeducación en manos de los ganadores de la Guerra Fría y de definirse como opositores al espíritu de la democracia liberal, cooperarían en el sostenimiento de un orden mundial dominado por Occidente. Por qué no sucedió de este modo va a ser lo que trataremos de contar en este capítulo.

De hecho, el comportamiento de Rusia durante la última década, sí ha recordado al de la Alemania de después de la guerra, pero al de la de después de la Primera Guerra Mundial más que al de la de después de la Segunda Guerra Mundial, cuando el «milagro económico» alemán ayudara a consolidar el apoyo popular a la democratización. Al igual que ocurrió con Alemania después de la Primera Guerra Mundial, la Rusia de Putin se ha convertido en una potencia llena de ira revisionista, presumiblemente concentrada en destruir el orden europeo. Y aunque los rusos continúan emulando a los estadounidenses, el objetivo no es la conversión o la asimilación, sino la venganza y la propia reivindicación, perseguidas incluso cuando aportan poco o nada para que Moscú pueda recuperar el estatus y el poder perdidos. Un ejemplo característico del tipo de mímica antioccidental —en oposición a la seudooccidentalizante— perpetrado por Rusia es el modo en que los troles rusos se hacían pasar en línea por estadounidenses, durante la campaña presidencial de 2016 en Estados Unidos, para sembrar la confusión, mejorar las posibilidades de Trump y dividir al país en contra de su propio interés.

La imitación de las formas y las normas de Occidente ha sido central en la experiencia rusa tras la Guerra Fría. Sin embargo, aunque el estilo de dicha imitación ha ido evolucionando a lo largo del tiempo, la «conversión» nunca constituyó, en ningún caso, una opción realista. El único intento anterior, por parte de Rusia, de importar un modelo político occidental —frente a un tomar prestados, sin más, la tecnología y los métodos de producción industrial de Occidente— había tenido lugar durante el breve periodo de Kérenski, al que puso fin la Revolución bolchevique. Ahí radica la moraleja admonitoria, tal y como lo ve la generación más joven de los rusos en contra de la occidentalización.

Las políticas de imitación se han desarrollado, en Rusia, a lo largo de tres fases distintivas. Ya en los noventa, la responsabilidad electoral de los políticos frente a los ciudadanos tenía la forma de una representación ilusoria. Si el régimen de Yeltsin se hubiera hecho cargo de esta responsabilidad, no habría disuelto el Sóviet Supremo en 1993, robado las elecciones de 1996, evitado cautelosamente someter la reforma económica de Gaidar al voto popular ni permitido que el sistema nacional de salud ruso fuera «saqueado por un reducido grupo de futuros oligarcas con pleno consentimiento de Borís Yeltsin y su equipo de "reformadores"».[5]

Con todo, el Kremlin comprobó la utilidad de «simular» la democracia como un medio para reducir la presión de los gobiernos y las ONG occidentales, mientras los dirigentes llevaban a cabo una serie de reformas económicas radicales que contaban con poco o ningún apoyo de la población. De acuerdo con el confidente de Putin Vladislav Surkov:

> Las instituciones políticas de múltiples capas que Rusia ha adoptado de Occidente se ven, en ocasiones, con un cierto aire de ritualistas, de algo fijado con el objetivo de «parecer como todo el mundo», para que las peculiaridades de nuestra cultura política no llamen demasiado la atención de nuestros vecinos, para que no los irriten o los asusten; un poco como esa ropa de los domingos, que nos ponemos para reunirnos con otras personas, cuando en realidad en casa nos vestimos de un modo más nuestro.[6]

Esta farsa ayudaría a los integrantes del régimen a sobrevivir a una década estresante y turbulenta. La segunda fase, que supuso una transición fluida desde la primera, comenzó alrededor del cambio de milenio, con la llegada de Putin a la presidencia. Aunque siguieron celebrándose elecciones, el principal cometido de estas era convencer a los ciudadanos de que no había alternativas viables a quienes ya ostentaban el poder del Estado. La tercera fase, que supuso una ruptura más radical, puede rastrearse entre 2011-2012; más o menos por esos años, debido a razones que requieren de un mayor desarrollo, el Kremlin pasó, de llevar a cabo una estrategia de «reflejo» selectivo o de parodia violenta de las implicaciones del comportamiento occidental en política exterior, a exponer la relativa debilidad de Occidente frente a las agresiones del Gobierno ruso y a menoscabar las bases normativas del orden mundial liberal con Estados Unidos a la cabeza.

En la actualidad, aún nos encontramos en esta tercera fase.

La vida después del fin de la historia ha dejado de materializarse en una «época triste» caracterizada por el «tedio burgués» y ha comenzado a recordar a la icónica escena de la galería de los espejos del clásico de Orson Welles de 1947, *La dama de Shanghai*, un mundo de paranoia generalizada y de una agresividad en aumento.

LOS ORÍGENES DEL REVISIONISMO RUSO

La Conferencia de Seguridad de Múnich es un encuentro anual entre ministros de Defensa, diputados y expertos en seguridad de todo el mundo. Comenzó a organizarse a principios de los sesenta, no mucho después del impactante levantamiento nocturno del muro de Berlín. Cuando Vladímir Putin dio un discurso en el contexto de la Conferencia de Seguridad el 10 de febrero de 2007, la audiencia presente en el silencioso auditorio se quedó casi tan pasmada como los berlineses cuando despertaron aquella terrible mañana de domingo de agosto de 1961, para encontrarse la ciudad dividida cruelmente en dos. Putin pretendía, con sus cáusticas palabras, señalar el fin de la sumisión de la Rusia poscomunista a los poderes occidentales. De lo que ponía al corriente a un público que hacía gala de una autocomplacencia injustificada era de que, a medida que él hablaba, se levantaba una nueva barricada, rebosante de intenciones infaustas, entre el Este y Occidente.[7]

Sentados a la misma mesa, en primera fila, demasiado cerca del atril como para mantener la comodidad, la canciller alemana Angela Merkel parecía consternada, el director de la CIA, Robert Gates, avergonzado, y el senador John McCain, encolerizado. Tanto los dirigentes políticos occidentales como los tertulianos de los medios tenían asumido, claro está, que el presidente ruso manifestaría un desagrado pasajero ante el orden internacional unipolar, dominado por Estados Unidos. Sin embargo, no estaban preparados en modo alguno para encontrarse en el epicentro de una tormenta geopolítica. El discurso beligerante de Putin era igual que una declaración de guerra, un asalto feroz a la arquitectura de la seguridad mundial concebida por los poderes occidentales. Estaba sembrado de acotaciones de un sarcasmo corrosivo, destinadas a violar las leyes no escritas sobre cómo debían comportarse entre gente de bien los peticionarios no occidentales que implorasen los favores de los gobiernos de Occidente. Denunció la expansión de la OTAN como un acto de traición, con la cita textual de una promesa oficial olvidada desde hacía tiempo, según la cual, nunca se iba a dar luz verde a una intrusión hacia el Este de esa naturaleza. Pero esta lista de agravios contra Occidente apuntaba a hacer una incisión aún más profunda. Acusó a Estados Unidos de «desestabilización global» y de un descarado «desdén por las leyes internacionales». El afán de ese país por convertirse en «el único centro de autoridad, el único centro de fuerza y el único centro de toma de decisiones» de todo el mundo, por dictar cuál era el comportamiento permisible a otras naciones, le había estallado en la cara de forma escandalosa. «El uso hiperbólico casi incontenido de la fuerza, de la fuerza militar [por parte de Washington], en las relaciones internacionales —continuó—, está arrojando al mundo a un abismo de conflictos permanentes.»

La retórica de Putin se tornó especialmente hostil cuando pasó a examinar la idea de que todos los países fuera de Occidente tenían la obligación moral de adoptar «las leyes internacionales sobre los derechos humanos» de factura occidental. El deber de la humanidad de luchar por la democracia liberal era un concepto ofensivo de Occidente. Para justificar «la interferencia en los asuntos internos de otros países», los estadounidenses invocaban el atractivo y la imitabilidad de su propio sistema político y económico para todas las naciones. Mientras daban lecciones al mundo sobre los derechos humanos, la democracia y otros valores elevados, los dirigentes occidentales no hacían más que perseguir, de forma egoísta, los intereses geopolíticos de sus propios países. Este vergonzoso recurso a un doble patrón se había convertido, para aquel entonces, en una obsesión que carcomía a Putin, solo igualable al resentimiento que sentía ante la falta de «respeto» con la que creía que Occidente trataba a Rusia de forma rutinaria. En su opinión, la Era de la Imitación que había seguido a la Guerra Fría era, de hecho, la Era de la Hipocresía Occidental. El famoso «orden liberal internacional», insinuaba Putin, no era nada más noble que una mera proyección de la voluntad estadounidense de dominar el mundo. El universalismo era el particularismo de Occidente. Estados Unidos enmascaraba la ampliación de su esfera de influencia como una expansión de las fronteras de la libertad. Las revoluciones populares democráticas que Occidente alababa no eran más que golpes de Estado patrocinados por él mismo.

Lo más llamativo del discurso de Putin no era el reciclaje que hacía de las quejas habituales del Kremlin debidas al trato displicente que Rusia había recibido tras el fin de la Guerra Fría; ni era la vehemencia de la diatriba antioccidental, lo que conmocionaba a los presentes. Lo que los pilló desprevenidos fue el modo en que el presidente ruso se envolvía a sí mismo con la toga de un profeta que todo lo ve. En los tiempos de la Guerra Fría, los soviéticos hablaban como si supieran de forma exacta cómo iba a ser el futuro. En Múnich, Putin adoptó una pose similar en las formas. Pero, a diferencia de sus predecesores soviéticos, no disertaba en nombre de ninguna ideología que asumiera su preponderancia futura en los asuntos internacionales. Por el contrario, la nueva firmeza de la que hacía gala emanaba de la convicción tácita de que los vencidos tienen una comprensión superior, por encima de la de los vencedores, de los peligros que entraña el futuro. Lo que sostenía era que la derrota de Moscú en 1989-1991 había sido, en realidad, una dicha con apariencia de otra cosa, ya que el trágico acontecimiento había blindado a su país frente a la competitiva crueldad y la completa falta de moral de magnitudes internacionales que estaban por venir.

Esta idea, la de que los vencidos tienen un panorama mucho más claro del futuro que los vencedores, no es nueva. De acuerdo con un afamado historiador e intelectual alemán, quienes salen victoriosos de los conflictos internacionales, ebrios por el triunfo, por lo común ven tal éxito como la victoria de la justicia y el culmen predestinado de una serie de procesos históricos de raíces muy profundas. Los vencidos, que adquieren un entendimiento más preciso del papel decisivo que desempeña la contingencia en la historia, «rastrean los factores a medio o largo plazo que ayudarían a dar cuenta y quizá a explicar la accidentalidad de un resultado inesperado».[8]

Por eso el discurso de Putin de 2007 en Múnich supuso un giro tan importante en la política internacional. Allí, el Kremlin obligó a los envanecidos triunfadores a escuchar, por fin, a unos perdedores de la Guerra Fría más desafortunados, pero también más sabios. Allí, Rusia dejó de hacer como si aceptara el hilo argumental hagiográfico de que el final de la Guerra Fría representaba la victoria conjunta del pueblo ruso y las democracias occidentales sobre el comunismo. Y también allí, en Múnich, Putin anunció que Rusia no pensaba hacer como había hecho Alemania

Occidental después de 1945, es decir, repetir sus pecados y suplicar que la admitieran en el club occidental para enseñarle buenas maneras. En 1985, el presidente alemán Richard von Weizsäcker hizo la famosa caracterización de la derrota de Hitler como *ein Tag der Befreiung* («un día de liberación»), no solo para los vecinos de Alemania, sino también para el propio pueblo alemán.[9] Putin no pretendía hacerse eco de esas palabras. En 1989, cuando cayó el Muro, él se encontraba en el puesto fronterizo de la KGB en Dresde, en Alemania del Este, y lo había vivido como una humillación nacional, no como una liberación.[10] En Múnich, así pues, el presidente ruso hizo un retrato de su país como una potencia que había sido derrotada por accidente en la Guerra Fría y que, en consecuencia, buscaba el modo de contraatacar. Las reminiscencias del antiguo y famoso resentimiento alemán por el punitivo Tratado de Versalles, impuesto por las potencias victoriosas tras la Primera Guerra Mundial, eran de un descaro absoluto, y esto sucedía ante una audiencia con consciencia histórica, que además estaba reunida en el corazón de una de las tragedias más sangrientas del siglo XX europeo. La provocación entreverada en la decisión de Putin de dar este mensaje de desafío en tal lugar magnificó el efecto galvánico que tuvo sobre los presentes. «Múnich», en tanto que evoca la conciliación de Occidente con Hitler en 1938, es uno de los tropos más recurrentes del discurso de la política exterior occidental tras la caída del muro de Berlín. La OTAN expuso el compromiso de no permitir otro «Múnich» para justificar su intervención en la antigua Yugoslavia. Estados Unidos racionalizó la intervención en Irak del mismo modo. La hegemonía de esta comparación histórica acrecentó el impacto del discurso de Putin en Múnich, la ciudad en la que informó a sus homólogos occidentales de que Rusia tenía la determinación de acabar con el orden liberal que había seguido a la Guerra Fría. La conmoción se podía palpar. Occidente carecía por completo de preparación para el giro antioccidental del Kremlin, debido a que, durante dos décadas, había estado malinterpretando a la Rusia poscomunista.

No es difícil explicar por qué, tras unos momentos iniciales de esperanza, la sociedad rusa dejó de tener la capacidad y la voluntad de aceptar la idea de que el final de la Guerra Fría había sido un «cambio incruento», del que tanto rusos como occidentales habían salido victoriosos por igual. Lo que en un principio se había celebrado en Europa del Este como una liberación, como el inicio de la independencia, algo que se hacía visible con la retirada de las fuerzas soviéticas, en Rusia se lamentaba como una pérdida territorial, demográfica y de autoridad internacional. Dentro de la propia Rusia, la independencia de la Federación de Rusia de la Unión Soviética se veía como un mal chiste. Ahí radica una de las razones de la profunda impopularidad de los «reformistas democráticos», hecha ya patente en las elecciones parlamentarias de 1993 y 1995, las cuales, de otro modo, dirían poco sobre cómo deseaban los rusos ser gobernados.

Aunque se suele pensar en la Guerra Fría como en una contienda económica y política sin confrontación militar directa, la caída del muro de Berlín reveló que, cuando los sistemas y las expectativas de carácter económico colapsan, muere gente de manera tan inexorable como en una guerra a fuego. Los indicadores socioeconómicos de la última década del siglo en Rusia remiten, de hecho, a un país que acababa de perder una guerra. A principios de los noventa, durante la etapa más inmediata al colapso comunista, la esperanza de vida de la antigua Unión Soviética y de Europa del Este cayó en picado. Se estima que, solo en Rusia, entre 1989 y 1995, hubo entre 1,3 y 1,7 millones de muertes prematuras. La esperanza media de vida se desplomó de 70 años en 1989 a 64 en 1995. Entre las causas inmediatas, se encontraría un aumento importante de los suicidios, así como del abuso de alcohol y de otras drogas, que condujo a una avalancha de enfermedades cardiovasculares y hepáticas. Las principales víctimas eran mujeres y hombres de mediana edad; estudios más detallados revelaron que ni las privaciones directas ni el deterioro del sistema de salud explicaban estas muertes.[11] Más bien, había que buscar el origen en la presión psicológica que quizá había producido la conmoción de un desplazamiento económico agudo. Tras la desintegración de la Unión Soviética, 25 millones de rusos se vieron viviendo, de repente, en un país extranjero. Habían quedado abandonados en la diáspora, expatriados de forma involuntaria, al haberse contraído las fronteras de su país. Se destruyeron carreras profesionales y lazos personales, y las familias quedaron arruinadas en lo económico y devastadas en lo moral. El país se pasó anegado en el caos y en el crimen casi una década entera. La «traumatología», que no la «transicionología», sería la ciencia apropiada para investigar la experiencia que se vivió durante aquellos años, en los que el mundo ruso cambió de forma drástica. Cualquier plan de vida y expectativa quedaron irremediablemente hechos añicos. Como recoge en sus memorias Vladímir Yakunin, amigo y aliado de Putin, antiguo agente de la KGB y presidente de Ferrocarriles Rusos entre 2005 y 2015: «Se dio un sentimiento de dolor y de pérdida, por el que mucha gente comenzó a volver la vista atrás, con añoranza, a la época comunista, el cual los otros países nunca han llegado a captar con precisión». Aunque rechaza la nostalgia de la Unión Soviética, procede a afirmar que «cualquiera que no trate de comprender la Rusia de entonces, la de los duros años posteriores a 1991, tendrá problemas, en mi opinión, para entender una gran parte de lo que Rusia es hoy».[12] De forma similar, nadie que, a día de hoy, describa el final de la Guerra Fría como el triunfo de las más altas aspiraciones morales de la humanidad tendrá capacidad para dar sentido al giro de la Rusia actual, hacia una beligerancia antioccidental que es vindicativa antes que estratégica.

En Occidente, es frecuente agrupar la muerte del comunismo y el final de la Unión Soviética como si fueran una sola cosa. Sin embargo, para la mayor parte de los rusos, no solo para los leales a Putin, se trataría de dos historias diferentes. La mayoría de ellos se sintieron felices de que el comunismo soviético y la dictadura del partido estuviesen muertos y bien muertos, pero la indeseada e inesperada desintegración de la Unión Soviética les rompió el corazón, porque ese había sido su país, el lugar donde habían nacido, su patria. La rabia contenida por el expolio nacional explica por qué muchos antiguos soviéticos están, en lo esencial, de acuerdo con la afirmación de Putin de que el final de la URSS fue «la mayor catástrofe geopolítica» del siglo XX.[13]

Según el líder disidente y activista anti-Putin Alexéi Navalny, «se ha vendido al pueblo ruso la idea de que hay que renunciar a una vida normal en pos de una confrontación estúpida e inútil con Occidente».[14] Y tiene razón, pero con un matiz; el Kremlin, qué duda cabe, ha persuadido a muchos rusos de que el colapso de la URSS estuvo, de algún modo, orquestado por el pérfido Occidente en el nombre de una imprecisa «normalidad».

La naturaleza absolutamente pacífica del colapso de 1989-1991 hizo que resultara aún más traumático. Se trata de una paradoja apenas apreciada en Occidente. La Unión Soviética había sido destruida sin sufrir ningún ataque ni librar combate alguno. Una superpotencia militar capaz de hacer desaparecer toda forma de vida del planeta había desaparecido como por arte de magia. Los misiles nucleares que habían amenazado a la humanidad con el apocalipsis se mostraron inútiles ante la implosión del sistema. La razón por la que dicho «colapso sin derrota» tuvo un efecto convulsivo semejante en la población queda clara, una vez que recordamos que la identidad soviética había tenido un carácter heroico. No se centraba en aspiraciones quiméricas de futuro, sino en los sacrificios del pasado y en la defensa de la patria. Los recuerdos de la lucha épica del pueblo soviético en la Gran Guerra Patriótica de 1941-1945 radicaban en el corazón de dicha identidad. La torpe planificación y ejecución del fallido golpe de 1991, en teoría llevado a cabo para salvar a la patria, vino a meter el dedo en la llaga. No se llevó a cabo ningún esfuerzo serio para defender el sistema por el que tanta gente había sacrificado tanto. Apenas hubo suicidios entre los responsables,[15] ya que, a lo que parece, no hubo demasiada gente que se sintiera deshonrada por la falta de voluntad de la élite de luchar por la supervivencia de la URSS, quizá porque el dogma comunista en el que presumiblemente se basaba se había transfigurado, por entonces, en un ritual vacío en el que casi nadie creía ya. En cualquier caso, ni un solo funcionario dimitió en señal de protesta cuando Gorbachov aceptó la presión de Yeltsin para disolver la Unión Soviética.

Cuando, a finales de los años veinte, el escritor italiano Curzio Malaparte estuvo en Rusia, observó: «El tormento que oprime a las masas en una revolución es su obsesión con la traición. Las masas revolucionarias son como soldados siempre temerosos de que sus dirigentes los traicionen [...]. No sienten tanto que hayan sido derrotados por el enemigo como que sus dirigentes los han traicionado [...]. Sienten la traición casi antes de verla venir».[16] Más de seis décadas después, en 1991, puede que algunos rusos hayan percibido el final del comunismo como un agravio, pero son muchos más los que percibieron la traición de sus dirigentes, quienes, sin haber sufrido una derrota militar, permitieron que la Unión Soviética se cayese en pedazos.

Los soviéticos habían perdido la Guerra Fría sin librar batalla alguna. Se trataba de una humillación que apenas podía sofocarse con el discurso occidentalizante de la victoria compartida de toda la humanidad. La necesidad de explicar el insondable misterio del colapso sin derrota hizo que las teorías de la conspiración causaran furor en la Rusia poscomunista, inclusive entre las élites políticas e intelectuales.[17] El fracaso histórico del sistema comunista, obviamente una causa de primer orden del colapso soviético, se intenta disimular una y otra vez con historias recurrentes sobre las traiciones internas y la interferencia extranjera en los asuntos rusos. El auge de la China comunista como una gran potencia tras la caída del comunismo vendría a probar, en teoría, que la implosión de la Unión Soviética, lejos de revestir una inevitabilidad histórica, sería la consecuencia no pretendida de una serie de torpes movimientos políticos. El problema no había sido el comunismo, sino la debilidad y la ingenuidad de Gorbachov y de otros dirigentes soviéticos de primer orden. En la Rusia actual, es probable que la de «ser ingenuo» suponga la acusación más fulminante que se puede dirigir a un político; mucho peor que la de ser un corrupto o un cacique. En el concepto de «ser ingenuo» se incluye la creencia de que es posible llevar a cabo una acción política inocente, sin segundas intenciones, o de que quienes antes fueran enemigos puedan convertirse, de alguna manera, en amigos íntimos.

Culpar a la ingenuidad de que Moscú perdiera el estatus de superpotencia, que con tanto esfuerzo se había ganado, va en paralelo a abrazar un cinismo y una ferocidad sin principios como el camino para la resurrección geopolítica de Rusia. No parece una forma particularmente prometedora de forjar un futuro mejor. En diciembre de 2011, en el punto álgido de las protestas contra el Kremlin en las calles de Moscú, después de haber acusado a Hillary Clinton de incitar a los manifestantes a que derrocaran al Gobierno, Putin le dijo a sus seguidores: «Todos estamos curtidos en esto. Todos nos damos cuenta de que quienes lo han organizado actúan de acuerdo con un escenario bien conocido, en su propio interés político de mercenarios».[18] El descontento nacional en Rusia es consecuencia de un complot estadounidense. Para la mayor parte de los rusos, la lección más destacable del inesperado final de la Unión Soviética podría ser que la historia es el resultado de una serie de operaciones encubiertas. Por lo que se ve, el verdadero motor de la historia no son las masas revolucionarias, sino los servicios de inteligencia clandestinos, tanto en el Este como en Occidente.

A diferencia de los europeos del Este, los rusos no podían reconciliarse con el colapso del sistema gracias a la imagen de la autoridad comunista como fruto de una ocupación extranjera. Para ellos, el comunismo no era una imposición externa, de manera que, a la anomalía de la descomposición de la URSS, vino a sumarse el hecho de que esta implicaba asimismo la victoria de unos antiguos comunistas sobre otros. El cabecilla de la revolución, Borís Yeltsin, había sido, hasta tiempos bastante recientes, miembro del politburó del Partido Comunista. Aunque, a partir de 1991, casi todo comenzó a cambiar en Rusia, la clase dirigente siguió siendo a grandes rasgos la misma. Quienes se beneficiaron más notablemente del final del sistema comunista no fueron los anticomunistas, sino los antiguos comunistas.

Bajo ciertas circunstancias, los rusos podrían haber estado gustosos de ver la derrota del comunismo como una victoria propia, incluso aunque ellos, a diferencia de los polacos u otros, no fueran liberados del dominio extranjero. Sin embargo, tendría que haberse dado una mejora milagrosa de su nivel de vida, o bien la condición de que su vasto imperio se hubiera preservado. Esto último es lo que había ocurrido durante los años veinte, cuando los bolcheviques, al tiempo que utilizaban el lenguaje del comunismo y construían un Estado unipartidario, consiguieron conservar una gran parte, aunque no todo, del imperio de los Romanov. Pero el milagro de cambiar el sistema político al tiempo que se mantiene la mayor parte del territorio estatal no se repetiría en los noventa. Con respecto a la mejora significativa del nivel de vida de los rusos, esta también quedó pospuesta. Una razón importante por la que el cambio de régimen no gozó de demasiada popularidad fue que vino acompañado de una terrible pérdida de territorio y de población. Los rusos se quedaron conmocionados al ver cómo su otrora grandioso Estado se convertía en un pordiosero internacional, empequeñecido geográfica y demográficamente, dependiente de la buena voluntad de Occidente para su supervivencia. Como resultado, rechazaron secundar la historia interesada de los hechos de 1989-1991, de factura occidental, como la de una victoria sin perdedores. Lo que distinguía a los monarcas del Antiguo Régimen, como Luis XIV, de un tirano moderno y populista como Napoleón era que, en tanto aquel oprimía al pueblo, este lo hacía a la vez que lo forzaba a decir que era libre.[19] Los rusos conocieron una experiencia similar a partir de 1991. Desde su punto de vista, Occidente les exigía, mientras su país colapsaba ante ellos, que celebraran la milagrosa «liberación» de Rusia de las cadenas del mandato soviético. Esta pantomima liberal se siguió representando, con un rostro mucho más impasible, durante unos años. Pero la crisis económica de 1998 y el bombardeo de Yugoslavia por la OTAN, al que Rusia se había opuesto enérgicamente, hizo reventar la pretensión occidental de que el final de la Guerra Fría había supuesto una auténtica victoria compartida, de la que también había participado el pueblo ruso. El resentimiento tan profundo ocasionado por todas estas decepciones, antes que la mera fuerza gravitacional del presunto ADN autoritario del país, es lo que explicaría por qué «Putin ascendió al poder, determinado a no forzar la democracia en Rusia».[20]

REVENTAR LA NARRATIVA OCCIDENTAL

El discurso de 2007 de Putin en Múnich fue como una declaración de independencia de la línea narrativa autocomplaciente ideada por los vencedores de la Guerra Fría. Los rusos no habían vivido la disolución de la Unión Soviética, el 25 de diciembre de 1991, como una liberación. No se había tratado de un triunfo compartido, sino de una debacle humillante que solo habían celebrado sus enemigos mortales. Al reconocer, sin eufemismos, que la victoria del liberalismo sobre el comunismo había representado la derrota definitiva de Moscú en la Guerra Fría, Putin estaba rechazando públicamente la interpretación oficial de Occidente de los hechos de 1989-1991. Puede parecer un gesto trivial, pero era de una congruencia extraordinaria. Al hablar abiertamente de la trágica «derrota» de Rusia, Putin se zafaba de las garras de aquellos miembros del clan Yeltsin que habían facilitado su ascensión al poder, los cuales eran vistos, en general, como colaboradores moralmente comprometidos con Occidente. Al hablar de tal forma, pronto se lo aclamó como al libertador de su pueblo; de lo que lo liberaba era de la hipocresía liberal. Dio a sus patriotas la prerrogativa de dejar de hacer como si «la transición» estuviera mejorando la vida de los rusos. A principios de la década de los 2000, los había liberado con éxito de la degradante escala de valores *made in América* posterior a 1991.[21] En 2014, la bravuconería a pecho descubierto de la anexión de Crimea se celebró como el establecimiento firme de la independencia de Rusia, frente a las estrecheces morales del mundo unipolar dirigido por Estados Unidos.

En el imaginario de los impulsores de la democracia occidental, Rusia, como todos los países que salían del comunismo, quería imitar a Occidente porque de hecho quería ser como Occidente. En teoría los rusos ansiaban unas elecciones libres y limpias, la separación de poderes y una economía de mercado, porque esperaban que así ellos mismos gozarían de libertad y prosperidad, como sus vecinos occidentales. Sin embargo, aunque los occidentales, en su optimismo excesivo, acertaban al pensar que Rusia, después de 1991, estaba predestinada a imitar a Occidente, se equivocaron al asumir que el deseo del mimo de convertirse en el modelo es lo único que subyace a la imitación. No hay duda de que Rusia estaba debilitada, pero las élites, con excepción de un puñado de liberales socialmente aislados y en absoluto representativos, no estaban preparadas para aceptar el tipo de subordinación moral que se exige a los imitadores de ún modelo reconocido como superior.[22] De hecho, muchos de los miembros de esa élite soñaban en secreto con la venganza, y no por cuestiones de provecho estratégico. Como escribió el historiador alemán de la cultura Wolfgang Schivelbusch en su esclarecedor libro *The Culture of Defeat*, «los perdedores imitan a los ganadores casi como en un acto reflejo». Lo que ocurre es que no tiene por qué tratarse de una imitación deferente; su razonamiento es que «al prestatario no le interesa el alma, el espíritu o la identidad cultural del acreedor.[23] Por el contrario, la esencia de las políticas de imitación puede ser competitiva y conflictiva. El vencido puede coger prestadas las estrategias, los procedimientos, las instituciones y las normas del enemigo, por no mencionar el robo de sus avances en cuanto a armamento nuclear, con el objetivo a largo plazo de obtener las herramientas de la victoria y volver las tornas en contra de los antiguos vencedores.

Después de las controvertidas elecciones de 2011-2012, el Kremlin dejó de ver la imitación de la democracia occidental como una estrategia provisional con la que eludir la presión de Occidente para que llevase a cabo una reforma institucional en serio o apuntalar los apoyos internos, a base de marginar a los rivales políticos y de poner a prueba la fiabilidad de los funcionarios nacionales. Lo que ocurrió dos décadas después del colapso de la Unión Soviética, sin embargo, no fue que Rusia abandonara las políticas de imitación. Lo que puso en marcha fue una reorientación, pasando de simular el orden occidental a parodiar el aventurerismo internacional de Estados Unidos. Con un movimiento semejante, el Kremlin reconvertía la imitación de Occidente en una declaración de guerra contra este. Se trataba de un desplazamiento natural, ya que la guerra, como han explicado muchos de los más distinguidos teóricos militares, es «la más imitativa de todas las actividades humanas».[24]

Los medios, los modos y los objetivos del conflicto son los objetos de imitación más comunes en tiempos de guerra. Un ejemplo elocuente, que además nos ofrece un trasfondo fundamental para el tema de este libro, es la imitación timorata que hizo Estados Unidos, a finales de los setenta y principios de los ochenta, del apoyo clandestino que ofreció Rusia a los movimientos insurgentes del tercer mundo a finales de los sesenta y principios de los setenta. Al prestar ayuda militar a los muyahidines, Washington le dio a Moscú, con plena consciencia, un «Vietnam propio».[25] Puesto que Rusia había ayudado a concebir lo que acabó siendo Vietnam para Estados Unidos, la derrota militar más desmoralizante desde la Segunda Guerra Mundial, se forjó esta operación, de manera explícita, como una respuesta de ojo por ojo que el Kremlin tardaría en olvidar; resulta probable que ya entonces se tuviera en cuenta que Moscú planearía perpetuar el ciclo de venganza, pero que se ignorase con total insensatez.[26]

Una de las versiones de la imitación en tiempos de guerra consiste en la réplica de las estrategias del enemigo. Otra, que es en la que nos vamos a centrar, implica sostener un espejo en el que el enemigo pueda ver la inmoralidad y la hipocresía de su propio comportamiento. Dicho reflejo es una forma irónica y agresiva de imitar los objetivos del rival y sus modos de conducta. El objetivo es quitar a Occidente la máscara del liberalismo, para mostrar que Estados Unidos, lejos de una imagen propia confeccionada con mimo, también se mueve en el ámbito internacional de acuerdo con las leyes de la jungla.

Según la perspectiva de Moscú, para Occidente era deseable la desintegración de la Unión Soviética, así como del Pacto de Varsovia, y había conspirado para conseguirla. Putin, en respuesta, prometió pagar con la misma moneda. Bajo su mandato, el Kremlin ha estado conspirando para desintegrar la alianza occidental y la OTAN, fin para el que las operaciones de espionaje han sido esenciales. El hecho de que sus argumentos anti-OTAN y anti-Occidente se vean reproducidos desde la Casa Blanca, con independencia de que haya detrás chantajes y pagos en negro o no, parece un indicador significativo de que el reflejo constituye una táctica geopolítica efectiva. El actual presidente estadounidense repite en sus intervenciones públicas la opinión, de un cínico antiamericanismo, de que las operaciones internacionales de Estados Unidos no implican ningún respeto por el bien de la humanidad.

La primera vez que el Kremlin probó a poner un espejo delante a Occidente fue varios años antes de las elecciones de 2011-2012. En febrero de 2008, un año después del polémico discurso de Múnich, Putin se refirió al reconocimiento de Kosovo por parte de Occidente como un «precedente terrible», que «da de lado a todo el sistema de relaciones internacionales que ha prevalecido no solo durante décadas, sino durante siglos, y está, sin duda, preñado de consecuencias impredecibles». Los poderes occidentales que reconocían a Kosovo «no calculan en su justa medida lo que están haciendo»; a lo que añadía: «A fin de cuentas, se trata de un arma de doble filo, con la que se pueden acabar cortando cualquier día».[27] Y así sucedió pocos meses después, cuando Rusia ocupó Osetia del Sur y Abjasia tras la guerra de Osetia del Sur de 2008. Paladeando la ironía, Moscú justificó esta intervención mediante la adopción de la clara y brillante retórica liberal de Estados Unidos y la invocación de los derechos humanos, una despreciativa parodia de los motivos de las intervenciones internacionales de Washington que se repitió con la anexión de Crimea.[28] Como observó con acierto un periodista:

> Para justificar las políticas rusas en Siria y en Ucrania, Putin y sus socios recurren de manera explícita a argumentos utilizados por la administración Clinton en Kosovo. Si la OTAN puede colarse en la guerra civil yugoslava, ¿por qué no va a poder hacer Rusia lo mismo en Siria? De hecho, se trata de un Estado aliado, con el que

tiene tratados de protección. Y, si el genocidio kurdo perpetrado por Sadam Husein fue una razón para derrocarlo por medios violentos, ¿por qué no iba Rusia a proteger a los rusos étnicos, como ha afirmado hacer en Georgia y Ucrania?[29]

En los noventa, Rusia erigió réplicas Potemkin de las instituciones occidentales, como el Tribunal Constitucional, porque hacer como si compartiese las aspiraciones liberal-democráticas era un modo de dar agrado y congraciarse con el poder dominante en aquella época, con sus dirigentes. Es probable, por supuesto, que fuera el único modo de sobrevivir en un mundo dominado por Occidente. A medida que Putin fue consolidándose en el poder, Rusia pasó a imitar aquel modelo con un estilo mucho más combativo. La nueva forma de imitación vengadora del Kremlin estaba orientada a desacreditar al sobrestimado modelo occidental y hacer que aquellas sociedades dudasen de la superioridad de sus propias normas e instituciones. La promesa de la hegemonía del liberalismo consistía en que un mundo organizado en torno a la imitación de Occidente sería un mundo liberal receptivo a los intereses estadounidenses. Putin presentó una reescritura radical de esta narrativa, al transformar la imitación de Occidente en una herramienta para desbaratar el orden internacional al que Estados Unidos se había esforzado tanto en dar forma desde el final de la Segunda Guerra Mundial.

SIMULAR LA DEMOCRACIA PARA CONSOLIDAR EL PODER

En los últimos días del régimen comunista, millones de rusos reclamaban un cambio. Muchos de ellos estaban abiertos a la promesa de la democratización, pero la mayoría de la gente corriente, siete décadas después de la Revolución, sentía aprensión hacia lo que un cambio de régimen y una ruptura histórica pudieran traer consigo. Se tenía un miedo razonable a que las élites soviéticas presentaran combate, lo que habría convertido en un baño de sangre el abandono de la historia por parte del pueblo. Por fortuna, no ocurrió así. Una de las razones es que el obsequio final de Marx a las élites soviéticas fue el persuadirlas no solo de que el capitalismo se había diseñado para el enriquecimiento depredador de una minoría, sino, además, de que la democracia occidental constituía un sistema delineado, con la mayor de las astucias, para mantener el dominio de clase. Vista bajo el cinismo de una luz tal, la democracia no tenía nada que ver con la responsabilidad de los políticos ante la ciudadanía; por el contrario, la ilusión democrática de la responsabilidad servía para enmascarar y preservar la autonomía de una clase política gobernante que, en su conjunto, estaba lejos de ser elegida en unas elecciones limpias y plurales.

No hay duda de que, en los años noventa, la vieja nomenklatura comunista siguió conformando el grueso de la clase dirigente. Los vagos recuerdos que conservaba de un marxismo de libro de primaria le proporcionaron un manual de instrucciones para la construcción del capitalismo y la democracia en la Rusia poscomunista. En lugar de temer el *kabuki* de la democracia fingida, las élites preparacionistas del país lo recibieron con los brazos abiertos. Cierto es que los movimientos de protesta en las calles les causaban desagrado, pero impulsaron la mascarada electoral como un ingenioso método para gobernar sin el costoso recurso a la represión, y con la promesa tácita de que podrían legar todo su poder y privilegios a sus descendientes. La democracia de pantalla también ayudaba a las élites postsoviéticas a socializar de forma hipócrita con unas indulgentes élites internacionales y a poner a sus familias y su dinero a salvo fuera de Rusia. Quienes visitaban el país, en aquella década de los noventa, se quedaban sorprendidos de encontrarse con gente que sentía nostalgia del antiguo régimen, en especial por la seguridad con la que habían vivido, mientras que la vieja élite, que había descubierto una oportunidad de oro, hablaba con entusiasmo de la «democracia», así como del «capitalismo». De este modo, se planteaba la cuestión de si simular la democracia ayudaría a democratizar Rusia o, en su lugar, serviría para perpetrar el autoritarismo ruso, junto con su oligarquía.

El científico político moscovita Dmitri Furman se mostraba convencido, en los textos que escribió en el contexto de la desintegración del país y de un alarmante vacío de poder, de que, mientras que la única democracia que los rusos podían esperar obtener a corto plazo era una democracia imitativa, a largo plazo, el fingimiento de la democracia acabaría por inculcar hábitos democráticos, con independencia de la voluntad de las élites gobernantes. Como observaba Perry Anderson, Furman «veía la democracia como un atributo definitorio de una era en particular de la historia de la humanidad, como el alfabetismo, las armas de fuego o los trenes lo habían sido en otra época»; en su opinión: «No había forma de saber cómo se vestirían, comerían, vivirían, trabajarían o temerían los rusos en el futuro, pero se podía predecir con cierta seguridad que elegirían a sus gobernantes en las urnas, decidirían por mayorías y garantizarían los derechos de las minorías».[30] Sin embargo, al tiempo que era optimista sobre el desarrollo a largo plazo, Furman albergaba profundos temores cuando se trataba del futuro inmediato de la transición democrática.

A diferencia de los optimistas occidentales y occidentalizantes, no veía la desintegración de la URSS tanto como una oportunidad de oro que como un obstáculo importante para el proceso de democratización paulatina del territorio antes controlado por la Unión Soviética. Fue en dicho contexto que concibió el famoso concepto de «democracia imitativa». Para él, las sociedades se aplican a las políticas de imitación cuando no son capaces de poner en marcha, en la práctica, las normas que ensalzan en la teoría. Se trata de una definición que implica que la «democracia imitativa» surgirá en aquellos países en que las condiciones sociales y culturales para la democracia sean escasas, pero en los que no existe ninguna alternativa a esta, en la forma de una especie de centro de convalecencia, que no sería una fase necesaria en todo proceso de democratización, sino un tipo distintivo de régimen, como el zarismo o el comunismo, aunque sin duda más efímero. En las democracias imitativas, la política es una brega constante entre las formas democráticas y el fondo ademocrático. Sea como fuere, Furman creía que la fachada democrática, en última instancia, debido a las expectativas psicológicas a que daba lugar, impulsaría el surgimiento y la estabilización de un Gobierno con responsabilidad electoral. Por lo tanto, según su teoría, las sucesivas revoluciones de colores —en particular, la Revolución Rosa de Georgia y la Revolución Naranja de Ucrania—[31] que sacudieron el espacio postsoviético a principios del siglo XXI habrían sido la continuación lógica de la democracia imitativa. Podía llevar décadas, pero el pueblo acabaría por salir a la calle para protestar contra los regímenes que violaban sin pudor las normas a las que se adherían públicamente.

Gleb Pavlovski no era un teórico de la democracia imitativa. Muy al contrario, fue uno de sus más prominentes practicantes. La historia de su vida parece una novela de Dostoievski. Nació en Odesa en la misma fecha en que Stalin moriría dos años más tarde. Fue un inconformista que se uniría al movimiento disidente en la década de los setenta. Pasó un tiempo en prisión y logró llegar a acuerdos no siempre admirables con el poder soviético. Para él, la tecnología política, concebida como el arte de hacer realidad las apariencias, era el único camino para superar la crisis de gobernabilidad ocasionada por la excesiva debilidad del Estado ruso postsoviético. No se veía a sí mismo tanto como alguien que sirve al poder que como alguien que crea la ilusión de que existe el poder. Para este asesor político, la imitación de la democracia sería una estrategia para ayudar al inacabado Estado de la Rusia poscomunista y a quienes se encargaban de dirigirlo a sobrevivir en ausencia de un aparato burocrático bien financiado y con un personal profesionalizado, adecuado a los tiempos y capaz de ejecutar las decisiones que se tomasen.

En 1994, Pavlovski creó la Fundación para las Políticas Efectivas (FEP por sus siglas en inglés), un laboratorio de ideas que desempeñó un papel crucial en la campaña presidencial de Yeltsin de 1996 y en las posteriores victorias de Vladímir Putin de 2000 y 2004, así como, por último, en la elección de Medvédev en 2008. Después de los fiascos electorales de 2011 y 2012, la tecnología política perdió el lugar prominente que detentaba en el arte del gobierno. En la actualidad, el Kremlin parece mostrar poco interés en crear la ilusión de una contienda política «ganada» por un Putin triunfante. Pero, con todo, dirigir la mirada a la época dorada de tecnólogos políticos como Pavlovski puede ayudarnos a indagar en las causas y consecuencias de la falsa occidentalización que caracterizó la primera década en el poder de Putin.

En el escandaloso *thriller* político *The Politologist*, publicado en 2005 y escrito en la mejor tradición del realismo conspirativo, Alexander Prokhanov, entonces líder de la oposición patriótica rusa y en la actualidad uno de los leales a Putin, ofrece el retrato psicológico más siniestro y al mismo tiempo más profundo del tipo de tecnólogo político ruso representado por gente como Pavlovski.[32] Se trata de alguien que parece salido del infierno; talentoso, cínico, desleal, ambicioso y lleno de codicia. Hace gala al mismo tiempo de una gran creatividad y de una gran capacidad para el engaño; es rehén de su propia pasión por manipular a otras personas; es un ingeniero social consumado, pero también una herramienta de la política del Kremlin. También es una figura trágica; confundido, temeroso e inseguro, el tecnólogo político se ve como el salvador de la democracia rusa. Otros lo ven como su enterrador.

Lo que distingue a los consultores políticos occidentales de los tecnólogos políticos rusos es que los primeros trabajan estrechamente con los medios independientes; su pericia implica el ejercicio de la influencia sobre aquellas nuevas organizaciones que no pueden controlar de forma directa. Los tecnólogos políticos realizan una labor diferente, pues son especialistas en manipular los medios con dependencias políticas. Los consultores políticos de Occidente son expertos en ganar votos para los candidatos; los tecnólogos políticos al estilo ruso también lo son, aunque van un paso más allá, puesto que también están versados en el «recuento creativo» de los votos. En unas elecciones, un consultor político trabaja para una de las partes concurrentes y hace todo lo que puede para que esta obtenga la victoria. Los tecnólogos políticos rusos no están tan interesados en la victoria del partido para el que trabajen como en la victoria del «sistema». Su objetivo no es maximizar, sin más, el recuento de los votos en beneficio de un cliente, sino obtener unos resultados electorales que estén lo más cerca posible del porcentaje electoral planeado de antemano por el Kremlin, para un candidato o una lista de partido dados.

En el apogeo de su influencia, los tecnólogos políticos se encargaban de mantener la ilusión de la competencia en la política rusa. Tal y como explicaba Andrew Wilson, «los tecnólogos políticos postsoviéticos» se verían «a sí mismos como metaprogramadores, diseñadores de sistemas, encargados de tomar decisiones y de ejercer el control, todo en uno, raudos a aplicar cualquier tecnología disponible para la construcción de la política en su conjunto».[33] La función que detentaban en la política rusa, como ideólogos e iconos de la democracia dirigida, recuerda a la de los *gosplan apparatchiks* de la economía soviética. Se desenvolvían en

> un mundo de «clones» y «dobles»; de «recursos administrativos», «medidas activas» y *kompromat* [«información comprometida»]; de partidos que concurrían a elecciones, pero no tenían equipo, afi-

liación ni despacho [...]; de infiltrados bien remunerados que se alzaban como los más clamorosos opositores al régimen; de un nacionalismo pelele; y de falsos golpes de Estado.[34]

Los tecnólogos políticos eran, y en cierta medida aún son, los enemigos intransigentes de las sorpresas electorales, del pluralismo de partidos, de la transparencia política y de la libertad de unos ciudadanos bien informados para participar en la elección de sus gobernantes.

También desempeñan una variedad de papeles institucionales de forma simultánea. Con su tocado de eminencia gris, Pavlovski urgió al Kremlin a adoptar nuevas leyes con las que se crearía un cuerpo conocido como Cámara Pública, destinado a controlar las ONG de Rusia, así como a marginar y desbancar a cualquier organización de este tipo que se atreviese a reivindicar la autonomía del Estado. Ayudó a llevar a cabo esta acción como experto en política, para, a continuación, en su carácter de comentarista político independiente, explicar al público lo acertada que era la política iniciada por el Kremlin. En última instancia, se acabó convirtiendo en miembro de la Cámara Pública. Así, el círculo se cerraba.

Tal y como lo entendía Pavlovski, la democracia de la Rusia poscomunista era, en primer lugar, una tecnología para gobernar con comodidad una sociedad que era básicamente ingobernable, sin la necesidad de ejercer una violencia física excesiva. Como es obvio, se veía como un emulador de las maneras occidentales, pero no tenía ningún interés en el modelo idealizado de democracia que, según creía, los occidentales, en particular los estadounidenses, predicaban con aires de superioridad moral. Quería hacer lo que ellos hacían y, por eso mismo, no prestar atención a las instrucciones que apuntaban. Presumía de ver a través del bombo mediático y del espejismo de la realidad; de comerse el caramelo y tirar el envoltorio, por parafrasear al consejero de Putin y jefe de Pavlovski, Vladislav Surkov. Pavlovski aprendió sus trucos de la democracia «realmente existente», tal y como él la entendía, no de la idealización de los libros de texto, celebrada por unos políticos infantes. Asumía que tenía más que aprender de un cínico asesor político como Paul Manafort que de las teorías quijotescas sobre la responsabilidad gubernamental.

Para discernir la compleja naturaleza de los juegos de imitación poscomunistas, también es de extrema importancia entender las relaciones recíprocas de los tecnólogos políticos y los consultores de Occidente que acudieron a Rusia para colaborar en la «construcción de la democracia». En el momento posterior a las injerencias del Kremlin en las elecciones presidenciales estadounidenses de 2016, la comentarista Anne Applebaum culpó a Paul Manafort de haber importado la tecnología política rusa, concebida en los laboratorios de la KGB, a la política estadounidense; si bien la historia real no es tan tendenciosa. Los rusos aprendieron, como mínimo, algunos de sus trucos sucios de los consultores estadounidenses que acudieron a instruirlos en la mercadotecnia política. Desde luego que Stalin y otros dirigentes soviéticos eran mentirosos consumados, pero rara vez se preocupaban de dirigir su mendacidad a la política electoral. Por consiguiente, se puede decir que, antes de importarla de Rusia, Estados Unidos había exportado allí una sofisticada forma de democracia de la posverdad.

Los tecnólogos políticos rusos captaron, de inmediato, el cometido fundamental que tenía la aplicación de las técnicas publicitarias en las campañas electorales de las democracias contemporáneas. Se da forma a mensajes subliminales para poner en suspenso la facultad crítica del votante, para desprestigiar a los rivales, magnificar los miedos y recurrir sin moderación a las promesas excesivas, para, así, incrementar el número de votos del candidato o del partido al que se quiere impulsar. Los encargados de evaluar a los candidatos no son colegas que han trabajado con ellos durante décadas, sino que los eligen libremente unos votantes poco informados y manipulados con facilidad, que los vieron por primera vez hace tan solo unos pocos meses, en la televisión; algo que expone el conjunto del proceso «democrático» a manejos entre bambalinas, justo lo que los tecnólogos políticos dedujeron y apreciaron. El documental de Rachel Boynton *Our Brand is Crisis*, estrenado en 2005, muestra de forma muy clara el modo en que los consultores políticos estadounidenses promueven la democracia en países que salen de regímenes autoritarios, a los que exportan «las artes mezquinas que se utilizan en ocasiones para organizar los procesos electorales».[35] Aunque la película se centra en Bolivia, sus conclusiones pueden aplicarse sin ningún problema a la Rusia poscomunista.

El giro antiestadounidense que han dado las autoridades rusas, las cuales tomaron prestados, sin reserva alguna, los ardides y las estratagemas de campaña de los consultores políticos estadounidenses, constituye un ejemplo nefasto de lo que Hannah Arendt denominó el «efecto boomerang».[36] Los consultores políticos venidos de Estados Unidos instruyeron a los tecnólogos políticos rusos en las artes mezquinas que se utilizan en ocasiones para organizar los procesos electorales, con las que se avala la legitimidad popular del poder del Kremlin, que ahora se vuelve, con un éxito evidente, contra la propia democracia estadounidense. Tras haber aprendido los trucos mentales jedi de los que los publicistas políticos estadounidenses fueron precursores, es probable que los rusos que hayan orquestado las operaciones encubiertas para influir en los comicios estadounidenses no se dejen impresionar por las afirmaciones de que están violando la sagrada integridad de la democracia estadounidense.

Resulta tentador ver la «democracia imitativa» —o «democracia dirigida», como el Kremlin gustaba de llamarla— nada más que como una cínica estratagema de las élites poscomunistas para privar al pueblo de representación política. Pero una charla con el propio Pavlovski nos ofrece un panorama mucho más complicado de sus orígenes.[37] El colapso del comunismo fue, a la vez, el colapso del

Estado soviético, lo que dejó a la sociedad rusa sin cabeza, sola, arrojada de nuevo a las redes no oficiales, y, en comparación con el medio siglo anterior, deformada. Incluso aunque las élites rusas hubieran creído en la representación política, no habrían podido identificar a los grupos sociales a los que había que representar. Un Gobierno representativo suponía una sociedad menos machacada por las décadas de dominación comunista y configurada de un modo más claro de lo que estaba Rusia en la época posterior a 1991.

Desde el punto de vista de Pavlovski, la democracia imitativa fue una respuesta al desafío sin precedentes de reproducir la confianza popular en la autoridad política en el seno de una sociedad desmoralizada, desorganizada y recelosa, en la que las élites estaban acumulando una riqueza extraordinaria de un modo misterioso. Gazprom, una descomunal empresa de gas natural controlada por el Gobierno, y el Canal Uno del servicio de televisión del Estado ruso eran las únicas fuerzas organizadas que mantenían unido al país. Así pues, la democracia imitativa no es algo tan sencillo como la ocurrencia de un grupo de cínicos. Se trataba, más bien, de una estrategia desesperada, nacida de la consternación.

Al examinar las encuestas de opinión que se hicieron durante la campaña de reelección de Yeltsin en 1996, Pavlovski descubrió con asombro que la polaridad democracia-autoritarismo, que los observadores occidentales trataban de imponer en la política rusa, no existía en la mente de los votantes del país. Lo que la gente quería era una combinación de democracia y autoritarismo, un Gobierno poderoso, que pudiera mantener unido el territorio ruso y recuperar su estatus de gran potencia, al mismo tiempo que un Estado que respetase a la ciudadanía y no se inmiscuyese en su vida privada. Pavlovski decidió poner todo su empeño en construirlo. Un Estado así no tendría por qué hacer gala de una competencia espectacular en el arte de la gobernanza, ya que la mayor parte de los rusos no concibe la política como una vía para mejorar sus vidas, pero debía proyectar una imagen pública imponente.[38] Su proyecto no se limitaba, sin más, a ayudar al sucesor elegido por Yeltsin a acceder al poder. Para él, las elecciones presidenciales de 2000 eran como una oportunidad caída del cielo para reinventar el Estado ruso. El objetivo consistía en dar vida a un régimen político en el que la legitimidad de quienes detentaban el poder no derivase tanto de la habilidad de los gobernantes para representar al pueblo y ofrecer unos resultados palpables como de la imposibilidad de imaginar cualquier alternativa posible al liderazgo político dado, incluso aunque las políticas adoptadas por un dirigente de larga duración cambiasen de cuando en cuando, de forma impredecible.

Para explicar qué lo inspiró para diseñar esta estrategia, Pavlovski suele contar una historia sobre una votante cualquiera, a la que entrevistó durante el periodo previo a los comicios de 1996, la cual dijo que su candidato favorito era Guennadi Ziugánov, candidato del Partido Comunista, pero que iba a votar a Yeltsin. Cuando él le preguntó por qué no votaba por Ziugánov, ella respondió que «cuando Ziugánov sea presidente, lo votaré».[39] Al parecer, a menudo sucede que la gente apoya a los gobernantes, o al menos los acepta, no por lo que hagan, sino por el despacho que ocupan o por los cargos que ostentan. En Rusia, la «popularidad» es consecuencia y no causa del poder que se detenta. En lugar de representar los intereses del pueblo, las elecciones registran la voluntad de los votantes de rendirse a los cargos en funciones que sean capaces de marginar a cada uno de los aspirantes a ocupar su puesto.

La ausencia prefabricada de alternativas plausibles hace que la «popularidad» de Putin sea imposible de medir en términos absolutos, aunque los altibajos se pueden rastrear a lo largo del tiempo. Ciertamente, la aceptación pública de su autoridad, durante la primera década en que ostentó el poder, dependía tanto de la prosperidad y la estabilidad que consiguió tras una década de miseria y confusión como de la impresión, inoculada por los tecnólogos políticos, de que no había alternativa.[40] La gente lo percibía —como lo haría en cualquier nación—, y aún hoy desconfía de los «liantes» políticos, persuadida, como está, de que es mejor perder el *statu quo* que tener que enfrentarse a cualquier otro cambio experimental.[41] Parece que esta es la mentalidad que reconcilia a quienes apoyan a Putin con la fórmula de legitimación por falta de alternativas a este.

EL PAPEL DE LAS ELECCIONES AMAÑADAS

En una ocasión, cuando trataba de explicar la Revolución rusa a lady Ottoline Morrell, el filósofo inglés Bertrand Russell observó que, aunque terrible, el despotismo bolchevique parecía la forma adecuada de gobierno para Rusia. «Si se pregunta a sí misma cómo debería gobernarse a los personajes de Fiódor Dostoievski, lo comprenderá» fue su poco sutil argumento. Para explicar el reciente rebrote de autoritarismo en Rusia, muchos comentaristas aducen una cultura política autoritaria, supuestamente hostil a la democracia liberal.[42] Pero, con independencia de la importancia del determinismo cultural, semejante análisis no recoge el papel que desempeñan las elecciones amañadas del sistema político de Putin. No se trata de una falla menor, ya que es imposible, tal cual, explicar la Rusia de hoy sin tener en cuenta la manipulación electoral.

Aunque comparar los comicios de la Rusia poscomunista con los juicios simulacro de la Unión Soviética de Stalin puede, en un primer momento, parecer exagerado, resulta ser bastante revelador. Por qué los héroes de la Revolución estuvieron dispuestos a confesar crímenes que no habían cometido, así como el modo en que esta pantomima judicial contribuyó a reforzar el poder de Stalin, constituye un misterio capital para comprender la década de los treinta, expuesto de manera impecable en el libro de Arthur Koestler *El cero y el infinito*.[43] Los juicios simulacro estaban destinados a que el torturado demostrase una lealtad y un amor universales al torturador. En el régimen relativamente blando de la actualidad, quienes están perseguidos por razones políticas se muestran desafiantes y siempre pueden pagar a un buen abogado. El resultado es que los juicios no constituyen un espectáculo tan inspirador para el público en general. Para compensarlo, el Kremlin recurre a elecciones simulacro. Para comprender esto, deberíamos preguntarnos por qué iba a necesitar Putin convocar elecciones, si tan solo una minoría de rusos creía de veras que el país se estaba transformando en una democracia y casi nadie fuera de Rusia pensaba que de hecho lo fuera.[44] ¿Y por qué organizó en el Kremlin unas elecciones amañadas de un modo tan flagrante que nadie podía dudar de que, de hecho, lo estaban (al excluir a candidatos potencialmente atractivos, por ejemplo), ni de que era el Gobierno ruso el que se encontraba detrás? Lo que hace tan fascinante esta mascarada democrática es que el engaño, en realidad, no era el objetivo.

En el periodo 2000-2012, Putin confeccionó un régimen político en el que las elecciones eran tan carentes de sentido como indispensables. Unos comicios «fruto de la ingeniería», como ha recalcado Julia Ioffe, «algo que todo el mundo en Rusia, con independencia de su discurso o de sus convicciones políticas, sabe y acepta».[45] Las sospechosas invalidaciones de firmas e inhabilitación de los candidatos, el relleno de las urnas, el recuento erróneo de votos, el monopolio de los medios, las campañas de difamación… han sido la sustancia de todos los procesos electorales de Rusia durante las tres décadas que han seguido al comunismo.

Así, a comienzos del siglo XXI, la mayor parte de los rusos sabía que, en lo que se refería a las elecciones, hecha la ley, hecha la trampa. El Kremlin tenía el monopolio de la cobertura televisiva de la política, así como decidía a qué fuerzas políticas podían financiar los empresarios rusos. Pero la mayor parte de la gente tenía la sensación de que, si el proceso electoral fuera, de verdad, libre y justo, Putin habría salido elegido de todas formas, debido a la prosperidad y estabilidad que ofrecía. Bastaba con que la mayoría de los votantes se reconciliaran con una espiral de corrupción, desigualdad, e injusticia, y con unas elecciones cuyos resultados estaban decretados de antemano. Además, al hacer que todo esto pareciera «normal», el Kremlin podía retratar a los pretendidos reformistas como peligrosos y utópicos soñadores. Aun habiendo definido a Putin como «la más siniestra figura de la historia rusa contemporánea», un importante portavoz del movimiento por los derechos humanos de Rusia admitía hace unos años, a regañadientes, que «Putin habría ganado las campañas de 2000 y 2004, aunque quizá no con un margen tan amplio e indecoroso, incluso si no se hubiesen manipulado los votos y el Gobierno no hubiera recurrido de forma ilegal a lo que llama "recursos administrativos"», y aunque los candidatos hubieran tenido de verdad el mismo acceso a los votantes por medio de la televisión y de la prensa escrita.[46]

Sin embargo, Putin no habría podido obtener y mantener el poder que detenta sin recurrir de forma periódica a unos comicios amañados. Puede que esta paradoja sea el secreto mejor guardado de la Rusia poscomunista. Ningún historiador trata las elecciones periódicas como un acontecimiento relevante, ni mucho menos destacado, en la historia de la Unión Soviética. No hay un ruso que recuerde nada sobre los resultados electorales bajo el comunismo. Por contraste, la historia de la Rusia poscomunista es, en un sentido fundamental, la historia de sus procesos electorales y del profundo viraje político que estos reflejan y ayudan a forjar. Y, aun así, las elecciones de la era de Putin han sido antidemocráticas en el sentido más básico. Más que a dar a los ciudadanos activos una voz en el ejercicio del poder, estaban destinadas a incrementar la influencia del Kremlin sobre los ciudadanos esencialmente pasivos.

En el acercamiento al poder que el Kremlin llevó a cabo entre 2000 y 2010, las elecciones de ingeniería cumplían con varias funciones importantes para las que unos comicios justos, incluso aunque Putin las hubiera ganado de todas formas, no habrían servido. Las elecciones amañadas de Rusia eran una imitación claramente inadecuada de la democracia occidental; pero, ni se trataba tan solo de una fachada decorativa, ni iba destinada a persuadir a unos despistados supervisores occidentales de que Rusia estaba, poco a poco, haciendo la transición a la democracia o a ofrecer argumentos con los que Occidente pudiera convencerse de que Rusia era una democracia de algún tipo. En su lugar, las elecciones amañadas eran el engranaje que hacía funcionar la maquinaria con la que Putin ejercía y mantenía el poder.

Lo primero de todo, tal y como Pavlovski había previsto, las elecciones periódicas ayudaron a asentar y a inculcar, de manera regular, la idea de que no había alternativa al poder de Putin. Una encuesta de 2007 realizada por Levada-Center recogió que el 35 por ciento de los encuestados decía «confiar» en Putin porque «no encontraban que hubiera nadie más con quien contar».[47] Los que se mostraban escépticos en aquella época tenían razón en preguntarse lo que los resultados electorales decían sobre el poder de acaparar votos de Putin, dado que jamás se permitió que ninguna alternativa seria apareciera siquiera en las papeletas. De hecho, la votación de 2011 vino a confirmar la tesis de que la popularidad de Putin reflejaba una «inercia pública», así como una «falta de alternativas».[48] Y precisamente de eso se trata. Si los votantes están convencidos de que no hay una alternativa viable al liderazgo actual, se adaptarán con actitud fatalista al *statu quo*. Algo que explica el hecho de que los tecnólogos políticos del Kremlin dedicasen tanto tiempo a descalificar y marginar a cualquier alternativa mínimamente plausible a Putin, así como a asegurarse de que este solo compitiera con oponentes de conveniencia, a todas luces sin gancho, como Vladímir Zhirinovski o Guennadi Ziugánov. El exagerado temor que mostraban ante contrincantes relativamente débiles, sin una base política independiente, refleja la inseguridad que sentían en cuanto a la capacidad de Putin para controlar el favor popular. Querían asegurarse de que ninguna contraélite de ningún tipo tuviese siquiera la posibilidad de conformar o levantar una base electoral. El desencanto y la frustración a que el sistema daba lugar entre la población no se podía barrer mediante las meras intimidación y fuerza bruta. En lugar de ello, la decepción con el Gobierno debía gestionarse con astucia, a base de incrementar los problemas de acción colectiva que lastraban a los oponentes al régimen. Unos comicios fraudulentos proveían el «lugar» o el contexto en el que podía ejercerse una gestión tan espinosa, incluidas las escisiones periódicas de los bloques electorales políticamente hostiles, la constitución y volatilización cíclica de coaliciones rivales y la purga regular de potenciales competidores creíbles antes de que adquiriesen ímpetu.

Las elecciones amañadas también ofrecían una oportunidad periódica al partido que ostentaba el poder para reinventarse. Al acuñar nuevos eslóganes e incluso presentar nuevas caras, el partido de Putin, Rusia Unida, podía presentarse como una fuerza de estabilidad y de cambio al mismo tiempo.[49] La premisa básica de la mercadotecnia política descansa en la apreciación de que el vendedor solo puede captar la atención del comprador si le ofrece productos nuevos de tanto en tanto o, al menos, los reinventa para que parezcan novedosos. Como ha observado el gurú francés de la mercadotecnia Jacques Séguéla: «La gente vota por el espectáculo, no por costumbre. Todas las elecciones son dramatúrgicas».[50] Algo que, en el caso ruso, resulta ser de una verdad estrepitosa.

Por otra parte, las elecciones amañadas también se encontraban en el corazón del contrato constantemente renegociado de Putin, no con el pueblo, sino con las élites regionales. En ausencia de un auténtico partido del poder, como lo sería el Partido Comunista de China, o de una burocracia bien organizada y eficiente, los comicios constituían el principal instrumento para controlar a la élite política del país, así como para reclutar a nuevos efectivos, al tiempo que se minimizaban los riesgos de divisiones peligrosas en las propias filas. Las *vybori bez vybora* o «elecciones sin opciones» de Rusia eran como unas maniobras militares con el equipo completo o como el entrenamiento para un «combate» real, con disparos y objetivos simulados inclusive, así como la certeza de que el bando del Gobierno saldría victorioso. Las elecciones amañadas servían, pues, para calibrar la disposición de las fuerzas de choque, a la vez que para evaluar qué líderes regionales eran competentes y fiables y cuáles no. A los representantes locales no solo se les exigía lealtad, sino además que demostraran tener la capacidad de ejercer el control, mediante unos resultados electorales que resultaran convenientes. La capacidad que tuvieran para inflar las urnas o para falsificar los conteos podía ponerse a prueba sobre el terreno, al igual que la de forzar a estudiantes o a trabajadores del sector público a acudir a la mesa electoral. A través de las elecciones amañadas, el régimen reunía información sobre qué representantes y sobre qué miembros del partido en las categorías inferiores estaban cumpliendo el papel que tenían asignado, así como, por contra, sobre cuáles estaban haciendo una chapuza.

Durante la primera década del siglo xxi, las elecciones periódicas sirvieron, de igual modo, para demostrar, es decir, para exagerar, la unidad nacional de Rusia, para escenificar la coherencia y la solidaridad imaginarias del país de Putin. De acuerdo con la Constitución rusa, la organización del Estado es de tipo federal, mientras que, según la retórica del Kremlin, se trataría más bien de una corporación muy centralizada, y, desde la perspectiva de cómo se ejerce el poder en la mayor parte del país, de una entidad fracturada, desunida y feudalizada de un modo caótico. Las elecciones fraudulentas de Rusia fueron esenciales no solo para disciplinar a los componentes locales de Rusia Unida y construir un espacio político en el que Putin y su círculo dominante pudieran aparecer como la única opción plausible, sino que también daban un estímulo psicológico a la idea de la unidad de la nación, de otro modo dudosa, en un momento en el que muchos rusos veían las fronteras presentes del país como temporales, cuando la mayoría no se identificaba con la fiesta nacional de Rusia, o ni tan siquiera sabían lo que se hacía en dicha fecha, y cuando la única experiencia colectiva que la gente podía recordar con orgullo era la victoria soviética sobre el nazismo. En la llamada periódica al proceso electoral, a diferencia del resto de los días del año, se convocaba a los ciudadanos rusos para que marcharan al unísono, para hacer algo juntos. Incluso cuando se trataba de elecciones amañadas y ya se conocía el resultado de antemano, los votantes de las regiones más lejanas de todo el país acudían a los comicios. Es presumible que no solo lo hicieran para demostrar lealtad al líder, sino además a la unidad de este espacio político, de una diversidad excepcional. El mapa geográfico de Rusia presenta una vasta e ininterrumpida masa de tierra, como un montón de remiendos de varios colores mal cosidos, mientras que el mapa electoral convierte estos retales, de manera simbólica, aunque breve, en un todo político coherente. Para los rusos de a pie, bajo el encanto de la demolición repentina de la casa soviética, en la que nacieron, las elecciones amañadas, en las que el 95 por ciento de los chechenos, e incluso más, vota a Putin y al partido gubernamental, Rusia Unida, suministraban la confortación psicológica de que el país mantenía la integridad territorial, aunque fuese de forma deshilachada y con tiranteces en las costuras.

Otra función más de las elecciones amañadas durante la primera década de Putin era trazar una línea entre la «oposición leal» y lo que el Kremlin veía como una quinta columna de enemigos y traidores. En semejante contexto, la batalla política más importante de Rusia no involucraba, como también ocurre ahora, a un grupo de manipuladores del poder en busca de la aprobación del pueblo, sino a una minoría enriquecida, junto con una gran cantidad de representantes de poca importancia en busca de la aprobación de los poderosos. El registro de un partido o de un candidato independiente en la Comisión Electoral equivale a un permiso para desempeñar actividades políticas. Los comicios, en este sentido, presuponen una decisión política calculada sobre dónde trazar la línea entre una oposición inocua, que se legaliza, y una más peligrosa, que quedaría proscrita. El que la Comisión deniegue el registro a una coalición política funciona como una advertencia clara; financiar o apoyar a una facción ilícita se entiende como un sabotaje al sistema. El mayor desafío para los adversarios de Putin no ha sido ganar unos comicios, sino algo tan simple como conseguir registrarse para participar en ellos.[51] Visto desde la perspectiva del Kremlin, las elecciones celebradas durante la primera década del siglo XXI han constituido una ocasión ideal para purgar y renovar la lista de los candidatos y partidos autorizados de la oposición.

Por último, y para dar la vuelta al famoso tópico que pende sobre la cabeza de Putin, las elecciones amañadas le servían, más que para imitar a la democracia, para imitar al autoritarismo; algo que indica que los comicios simulacro de la era de Putin tenían un carácter demostrativo análogo, aunque fuera, de nuevo, de un modo vago, al de los juicios simulacro de la era de Stalin. Las elecciones fingidas permitían a Putin poner sobre el tablero su habilidad para manipular la acreditación, las candidaturas…, para controlarlas y obtener los resultados previstos, y, de este modo, hacer gala de sus credenciales autoritarias, de un modo paradójico, en tanto que se trataba de alguien que podía dejarlo todo atado y bien atado. Unas elecciones amañadas, cuya manipulación era conocida, no solo constituían un acto de desafío de cara a las pretensiones occidentales de «supervisar» la transformación política de Rusia después de 1991, sino que también era el modo más barato y más sencillo que tenía el régimen para expresar su falta de miedo ante las revoluciones de colores, como las que tuvieron lugar en Georgia, en 2003, o en Ucrania, en 2004, ya que un amaño tan descarado retaría a los ciudadanos descontentos a asomar la cabeza desde su escondite y desafiar al régimen de forma abierta. Si nadie protestaba ante una manipulación tan impúdica de los resultados electorales, la conclusión no podía ser otra que la de que la sociedad aceptaba con obediencia al poder imperante.

Manipular los comicios también permitía al Gobierno emular un poder autoritario que en realidad no poseía y, con ello, reforzar el titubeante control que mantenía sobre el país o, como mínimo, darse un mayor margen de respiro. Dispuesto a evitar la más mínima apariencia de debilidad y consciente de que el apoyo popular puede inflarse de forma artificiosa, mediante la ilusión del poder, el equipo de Putin tuvo predilección por unos despliegues teatrales, que no requerían de demasiada escenificación, pero que otorgaban a los espectadores una percepción exagerada de lo que era capaz el Gobierno. Lo que simulaba la democracia dirigida, en otras palabras, no era «democracia», sino «dirección». Amañar unos comicios no requería más que una modesta capacidad administrativa; desde luego, resultaba más fácil celebrar unas elecciones de ingeniería que dar una educación de calidad a la juventud chechena. Manipular el voto, en un país en el que las «elecciones» de la era soviética aún rondaban en la memoria, como el símbolo de un poder arrollador, permitía a un régimen corrupto, incapaz de afrontar los problemas del país o de diseñar y aplicar políticas de interés público, imitar un cierto grado de autoridad autocrática e investirse de un aura de omnipotencia y de omnisciencia. En la primera década de Putin en el poder, la organización de seudoelecciones era algo así como ponerse una piel de cordero para demostrar que se es un lobo.

El amaño electoral era el instrumento que permitía a Putin y a su camarilla gobernar sin tener que afrontar los enormes desafíos que implica el gobierno de un país asolado por una cantidad tal de problemas aparentemente inabordables. Unas elecciones así se adaptaban bien a la naturaleza de un régimen que ni explotaba a las personas —como en la industria de exportación de la China actual—, ni trataba de «rehacerlas» —como en la antigua Unión Soviética—, sino que más bien las aplacaba con unas relativas prosperidad y estabilidad, para luego dejarlas de lado, al tiempo que se amasaban riquezas astronómicas por la venta de los recursos naturales de Rusia al extranjero. En el corazón de la razón de Estado de Putin se halla el ocultamiento de la incapacidad en lugar de la cimentación de la capacidad, lo que le ha permitido ejercer un poder sin control con el mínimo recurso a la fuerza. Como aseveraba Furman, «no hay zar o secretario general que haya disfrutado nunca de tanto poder social con tan poca base en el miedo».[52] Dentro del marco «democrático» en el que pretendía moverse, Putin no podía meter a cien mil personas entre rejas para asegurarse un poder sin control; pero sí podía arrestar a unos pocos y asegurarse de que otros agitadores potenciales captaran el mensaje.

En 1953, consternado por el modo en que el Gobierno comunista de Alemania del Este había reaccionado a una protesta de los trabajadores, Bertolt Brecht escribió un poema titulado *La solución*, en el que sugería que, si el Gobierno estaba tan decepcionado con el pueblo, bastaba con que disolviese al pueblo existente y eligiese a uno nuevo. A efectos prácticos, esto es lo que las autoridades rusas han estado haciendo. Cada pocos años, recurren a medidas administrativas para conformar y seleccionar a un público de votantes del agrado del Gobierno. Más que a la representación de los votantes, las elecciones amañadas estaban destinadas a exagerar la eficacia del poder ante un público tan intimidado como apaciguado.

LA TRAMPA DE LA IMITACIÓN

Es cierto que, siguiendo a Furman, la democracia imitativa está más expuesta a autosubversiones de lo que sus arquitectos de Moscú creyeron inicialmente. Según este autor, cuando un Gobierno promueve la ilusión de que los ciudadanos eligen a los gobernantes, lo que hace es sentar las bases para futuras revoluciones de colores.

La novela de 2010 de Alexéi Slapovski *Pohod na Kreml'* (La marcha hacia el Kremlin), se inicia con el asesinato accidental de un poeta por parte de un policía. La madre de aquel, sin saber a quién acusar o qué hacer, recoge el cadáver y acuna al hijo muerto entre los brazos y camina, casi inconscientemente, hacia el Kremlin. Los amigos del hijo y varios desconocidos la siguen. Alertadas por las redes sociales de que algo ocurre, empiezan a llegar más personas. La mayoría no tienen plena seguridad de por qué han salido a la calle; no forman parte de una plataforma común, no las une un sueño ni un líder, aunque se mantienen unidas por la convicción de que «basta ya». Se sienten emocionadas por el hecho de que, por fin, algo esté ocurriendo. Las fuerzas especiales no consiguen detenerlas. La marcha acaba por alcanzar el Kremlin, y entonces… todo el mundo regresa a casa.[53]

Estos sucesos tuvieron parangón en la realidad en diciembre de 2011 en Rusia. Ese año, Moscú fue testigo de la mayor protesta desde 1993. No fue la muerte de un poeta, sino la manipulación de los comicios legislativos, la chispa que prendió la mecha de la cólera popular. Aunque los manifestantes compartían una característica importante con los desafectos caminantes de la novela de Slapovlski, y es que parecían haber salido de ninguna parte, cogiendo a todo el mundo por sorpresa, incluidos quizá a ellos mismos. Se trataba de un conglomerado casi inimaginable de liberales, nacionalistas y gente de izquierdas, los cuales es probable que nunca hubieran intercambiado una palabra, y que, durante algunas semanas vertiginosas, se atrevieron a empezar a imaginar la vida sin Putin. Cuando le preguntaron si el Kremlin estaba sorprendido por el desarrollo de los acontecimientos, Yuri Kotler, un funcionario veterano de Rusia Unida, respondió: «Bueno, imagínese que su gato se le acerca y empieza a hablar. En primer lugar, es un gato que habla. Después, el Gobierno ha estado alimentándolo todos estos años, dándole agua, caricias..., y ahora resulta que habla, y que pide cosas».[54] La tecnología política, con base en la convicción de que la «democracia» no era más que una estrategia no violenta para sostener a la élite en el poder, quedaba puesta a prueba por parte de una población que, por algún motivo, creía que la democracia daba a la gente el derecho a reclamar.

En retrospectiva, el estallido de las protestas en Rusia parece haber sido inevitable e imposible al mismo tiempo. Nació a partir de un sentimiento de orgullo herido, no por un deterioro del nivel de vida.[55] Lo que había enfurecido a los manifestantes era el modo desvergonzado y absolutamente descarado en que Medvédev y Putin decidieron, en privado, intercambiar cargos en 2008. Ciertamente, a nadie le había sorprendido la decisión de Putin de volver al Kremlin en 2012, temeroso de que las constricciones del constitucionalismo de estilo occidental estuvieran empezando a amenazar los intereses de Rusia tal como él los entendía. Todo el mundo sabía que Rusia solo hacía como si fuera una democracia. Lo que había dado impulso a las manifestaciones, por lo tanto, no fue una repentina comprensión de que el Kremlin hiciera ingeniería con los resultados electorales; lo que llevó a los manifestantes a salir a las calles de Moscú fue la arrogante ruptura del entendimiento político que hasta entonces había tenido lugar. Desde el colapso de la Unión Soviética, los votantes de la Federación de Rusia habían hecho como si eligieran a sus gobernantes y, a cambio, estos hacían como si gobernaran por mandato del pueblo. Al tomar la decisión de reclamar la Presidencia tal que si fuera una propiedad personal, Putin despreció tal representación. El modo despreocupado en que se hizo no era tanto una violación de la voluntad popular como una afrenta al amor propio popular. Como resulta obvio, la opinión pública no le dio demasiadas vueltas. Las protestas invernales de 2011-2012 parecieron venir a confirmar la afirmación de Furman sobre la inestabilidad interna de las democracias falsificadas, pues constituían una tentadora prueba de la predicción de que los regímenes efímeros de este tipo llegarían a su fin cuando el «verbo» democrático se hiciera «carne» y un electorado desadormecido tomase las calles para echar abajo la desfasada maquinaria autoritaria.

Sin embargo, las esperanzas de Furman de que la democracia saliera de su letargo nunca se materializaron. En los años que siguieron, la simulación de la democracia por parte de Rusia no se metamorfoseó en el triunfo de la fachada democrática sobre el aparato autoritario que operaba entre bambalinas, sino que ocurrió más bien al contrario. Como en la novela de Slapovski, los manifestantes se fueron a casa.

Entre 1991 y 2011, aproximadamente, la simulación de las formas democráticas occidentales habían sido la estrategia de bajo coste y del mínimo esfuerzo del Kremlin, para exagerar la reputación del poder de un Estado que en realidad tenía una debilidad crónica, así como para blindar la riqueza de los adeptos al régimen. En la primera década posterior al comunismo, la democracia trampantojo fue un arma defensiva, para tranquilizar a los prosélitos poco informados de Occidente y hacer que Rusia pareciera respetable en sus tratos intermitentes con europeos y estadounidenses. La línea oficial, urdida también para consumo occidental, era que el país estaba tratando de convertirse en una democracia, pero que le estaba llevando más tiempo del previsto, sin más. Tal era el mensaje implícito en el discurso de toma de posesión de Putin en 2000:

Hoy es, en verdad, un día histórico, y quiero poner una vez más el acento en ello. De hecho, por primera vez en la historia de nuestro país, en la historia de Rusia, el poder supremo del país se transfiere del modo más democrático y sencillo posible, a través de la voluntad popular, de forma legal y pacífica. El cambio de poder es una garantía del sistema constitucional, una prueba de su fortaleza. Desde luego que no es la primera prueba, ni, como es obvio, la última, pero es una prueba, al fin y al cabo. Es un hito en las vidas de todos nosotros, del que nos hemos probado merecedores. Hemos demostrado que Rusia se está convirtiendo en un Estado democrático moderno. La sucesión pacífica del poder es un ingrediente de la estabilidad política con el que hemos soñado, al que hemos aspirado, que hemos buscado.[56]

Es cierto que la ascensión de Putin a la presidencia fue pacífica, pero la aserción de que el poder se transfirió por la voluntad popular es un cuento para no dormir. Fue el equipo de Yeltsin el que lo eligió, después de haber ayudado a reprimir un levantamiento contra aquel, orquestado por el entonces primer ministro Evgeny Primakov y apoyado por gobernadores electos independientes, así como por Yuri Skuratov, el fiscal general que estaba investigando en la familia y en el entorno del entonces presidente por corrupción. Tras haber demostrado su fidelidad, al proteger con habilidad a los allegados al régimen de la campaña anticorrupción lanzada por sus rivales políticos, se sirvió a Putin la presidencia en bandeja de plata. En aquel momento, esto fue algo perfectamente obvio, por lo que lo único que demostraba la genuflexión de este ante «la voluntad del pueblo» era lo cómodo que el Kremlin había llegado a estar con la hipocresía democrática.

En el contexto de las cumbres internacionales, la fachada democrática investía a Rusia con la vaga aura de un poder moderno. Pero los dirigentes rusos, aterrorizados ante la oleada global de las revoluciones de colores, que comenzaron con la Revolución Rosa de Georgia, en 2003, y la Revolución Naranja de Ucrania, en 2004-2005, fueron comprendiendo que simular la democracia podría, con el tiempo, llegar a desestabilizar a un régimen que lo hacía de un modo tan flagrante y deliberado.

La primera década de la presidencia de Putin coincidió con la segunda fase de la imitación de Occidente por parte de la Rusia poscomunista. Durante este periodo, la legitimidad de la camarilla en el poder estuvo basada en que unas elecciones cuya manipulación es demostrable contaban con la aquiescencia tácita del pueblo. Esta especie de legitimidad ambigua se hizo insostenible durante las protestas por las elecciones legislativas de 2011. La cifra absoluta de protestantes no era elevada, pero contaban con un apoyo considerable según las encuestas de opinión, y el Kremlin estaba bajo la amenaza de un receso económico, que amenazaba su capacidad para gestionar el descontento público. En cuanto Putin volvió a ocupar el cargo presidencial, en la primavera de 2012, comenzó la búsqueda frenética de una nueva fórmula de legitimidad, con la que poder sustituir a la de las «elecciones amañadas sin protestas». Una batida que llevó directamente a la anexión de Crimea, hecho que llenó las calles de Moscú con vítores, en lugar de protestas, y a la subsiguiente guerra indirecta y sangrienta en el este de Ucrania. La adhesión rusa de la península supuso el movimiento de mayor trascendencia, si bien no el último, en la transformación del régimen de Putin que siguió a las protestas. Lo que comenzara con las concentraciones contra Putin de Ocupa Abay en 2012[57] se acabó convirtiendo en las celebraciones en su favor de Reocupa Crimea en 2014.

Lo que motivó el órdago improvisado de Ucrania por parte de Putin no fue tanto el miedo a los buques de guerra de la OTAN situados en el mar Negro como a que el desencanto de los moscovitas pudiera llegar a igualar a los movimientos de protesta, que él suponía teledirigidos, de Kiev. Como recuerda en sus memorias el embajador estadounidense en la Federación de Rusia Michael

McFaul, Putin no parece haber dudado nunca de que las manifestaciones callejeras de 2011-2012 en contra del Gobierno, al igual que las que tuvieron lugar en Ucrania, primero en 2004 y más tarde en 2013-2014, habían estado orquestadas y financiadas por Occidente. Asimismo, creía que el objetivo era, cuando no un cambio exhaustivo de régimen, al menos apartar a su persona del poder. Según McFaul, «en el mundo de Putin, las masas nunca actuaban por sí mismas; eran meras herramientas, instrumentos o palancas que manipular». Por supuesto, «veía a Estados Unidos como un impulsor de cambios de régimen en todo el mundo, Rusia incluida».[58] También lo había preocupado la indecorosa disposición de su propia élite para colaborar con los manifestantes en 2011-2012, incluido personal del Kremlin. La conclusión que extrajo no fue tan solo, como Furman, que aquel régimen democrático solo en apariencia fuese vulnerable, sino, además, que Occidente conspiraba con malevolencia para explotar dicha vulnerabilidad. Casualmente, los dictámenes que hace suelen remitir a la idea del publicista ruso del siglo xx Iván Ilyin, quien mantenía que el objetivo de Occidente siempre ha sido «desmembrar Rusia para ponerla bajo su control, desmantelarla y, en última instancia, hacerla desaparecer».[59] De acuerdo con Ilyin, la contención que había seguido a la Segunda Guerra Mundial no configuraría el desarrollo de una nueva estrategia occidental frente al comunismo soviético, sino que se trataba de la política histórica de Occidente con respecto a Rusia, en la que se observaba la promoción de una forma democrática de gobierno en aquel país, inapropiada cultural y geográficamente, y que solo podía tener como resultado su debilitamiento. Tras unas elecciones en 2011 y 2012, que fueron, desde el punto de vista político, vergonzosas y estresantes, la emulación de las instituciones y eslóganes propios de Occidente dejó de ser el método preferente del régimen para guarecerse de la influencia occidental. Ahora, debía pasar a la ofensiva, no para reclamar su posición como superpotencia mundial, sino simplemente para sobrevivir. A este fin, incluso llegó a soñar con destruir el orden liberal creado por Estados Unidos a partir de 1989. El apoyo estadounidense a la Primavera Árabe en 2010-2012 y, en especial, la intervención militar de la OTAN en Libia, confirmó los peores temores del Kremlin, según los cuales, Estados Unidos constituiría un poder revolucionario con el que la Rusia de Putin no podría coexistir en paz jamás. Con todo, el desarrollo de los acontecimientos fue inesperado. Para subvertir la hegemonía occidental, Rusia no abandonó la estrategia de imitación de Occidente, sino que la remodeló, la redirigió y la militarizó.

Un tío cabreado en muletas

En un discurso realizado el 8 de enero de 1962, cuyo contenido se mantuvo en secreto durante más de cuarenta años, el dirigente soviético Nikita Jruschov anunciaba, a sus colegas del Kremlin, que el mundo soviético había sido tan formidablemente sobrepasado, en el enfrentamiento entre las superpotencias, que la única opción de Moscú era tomar la iniciativa en los asuntos internacionales. Quizá, dentro de unas décadas, los archivistas del futuro saquen a la luz un discurso similar, este bajo la autoría de Putin ante su círculo de allegados, en febrero de 2014. Fue por esas fechas que decidió conmocionar a Occidente con la anexión de Crimea y la demostración de que podía salirse de rositas; un movimiento relámpago que también le permitió hacer sombra y difuminar el hecho humillante de que Rusia había perdido Ucrania. Y, lo que resulta más sorprendente, consiguió contener la hemorragia que sufría el apoyo popular del régimen. Parte de la retórica que imperó en el momento podría dar a entender que el nacionalismo étnico ruso desempeñó un papel importante en la decisión de anexionar Crimea. Y es cierto que los ironistas del Kremlin debieron de disfrutar de lo lindo el giro poético de los acontecimientos, con Moscú acudiendo al rescate de una «nación oprimida». Pero hay que recordar que Putin es, en cierta medida, un ser soviético, y por mucho que culpe a Occidente, es asimismo consciente de que el nacionalismo étnico fue de una importancia trascendental en la desintegración de la Unión Soviética.

Los estudios acerca del comportamiento imitativo en el mundo animal han descrito el camuflaje contra los depredadores, con el que los animales susceptibles de ser presas modifican su apariencia para fundirse con el paisaje y hacerse invisibles, con el fin de evitar que los depredadores puedan localizarlos. Se trata de un concepto de gran utilidad para comprender la primera fase de la democracia imitativa rusa, la de los noventa y principios de los 2000. Al fingir el deseo de amoldarse al modelo político occidental, el Gobierno ruso pudo mantener el poder de restructurar la economía, a menudo con propósitos corruptos, en unos momentos en que sufría de unas inmensas debilidad y vulnerabilidad. Pero una estrategia de supervivencia tal no es capaz de transmitir una sensación de victoria; puede pasar por democracia a los ojos de unos observadores miopes, y de esta forma ser una buena herramienta de supervivencia, pero no sirve para ponerse en pie ante Occidente o para invocar el excepcionalismo nacional como una fuente de legitimidad política.

La anexión de Crimea fue, en lo fundamental, una campaña de relegitimación de un sistema que estaba perdiendo credibilidad. El procedimiento consistía en demostrar que Moscú podía desafiar a Occidente con impunidad. El espectáculo de una violación inesperada de las leyes internacionales vino a sustituir al espectáculo de una violación inesperada de las leyes de la democracia. Las pequeñas pero exitosas guerras libradas en terrenos como Crimea resultaron tener mucha más rentabilidad política que ganar unas elecciones amañadas. El desafío desvergonzado por parte de Putin a las leyes y a las expectativas occidentales dio a su régimen un impulso mayor del que pudiera proporcionar el nacionalismo étnico o cualquier ventaja estratégica obtenida por una «devolución» de Crimea a su patria originaria. Frente a quienes «persiguen un solo objetivo, el de destruir Rusia como nación —tal como dijo Putin en el discurso por la victoria electoral de 2012—, hemos demostrado que nadie nos puede imponer nada; nadie».[60] La anexión de Crimea fue una prueba de lo dicho. Putin había puesto en escena el drama de la soberanía. Se trataba de una obra con un solo actor, para la que los aplausos del público fueron estruendosos. Restaurar la fuerza y la autonomía de Rusia, significar su independencia de hecho de la influencia occidental, sigue siendo en la actualidad el tema fundamental del discurso público de Putin. «Los esfuerzos por contener a Rusia han fracasado; afróntenlo —repetía en 2018—. Nadie nos ha escuchado. Escuchen ahora.»[61]

Tal combinación de hipersensibilidad y agresividad da a entender que las aventuras geopolíticas de Rusia desde 2012 han estado, y siguen estando, motivadas por la profunda inquietud que causa a sus dirigentes la debilidad del país de cara a Occidente. Rusia carece de poder blando, está desprovista de una economía competitiva, el nivel de vida medio, subvencionado con petrodólares, está estancado y se desploma, y la población envejece y mengua. Los hombres y mujeres comunes sienten desconfianza ante una élite desconectada de la sociedad. Así que encontrar un modo de afirmar el poder del Estado en el sentir popular sigue siendo el dilema central de quienes gobiernan. El Kremlin ha tomado consciencia de que el combustible emocional es tan importante para su legitimidad como el combustible de los hidrocarburos. Viene a cuento recordar la primera entrevista de Putin tras asumir la presidencia, en la que declaró que «hay una dura competición no solo en el ámbito del mercado, sino entre los gobiernos mismos, en el escenario internacional. Y lamento decirlo, ya que es algo preocupante, pero no estamos entre los primeros puestos de la clasificación».[62] Así pues, Putin se encomendó a sí mismo, desde el principio, la tarea de reavivar el papel de Rusia como uno de los jugadores principales, en ese «gran juego» del que se había expulsado a Moscú, de malas maneras, en 1991. La guerra de Osetia del Sur de 2008 no fue sino un ensayo general, ya que la persecución de este objetivo mediante el aventurismo en política exterior se empezó a llevar en serio solo a partir de 2012.

No hay que desprender de la relativa debilidad de Moscú como poder internacional que no hubiera que tomar en serio a Rusia, ni que el intento de recuperar parte de su importancia internacional —abasteciendo de seguridad a al-Ásad y de gas a Alemania— careciera de relevancia. Pero, en contraste con China, Rusia no se puede definir como un poder emergente en el sentido clásico. El peso internacional que tiene es mínimo en comparación con la influencia que una vez ejerció, a través de la Unión Soviética, y aunque ha tenido éxito en la mejora de su posición a corto plazo, las perspectivas a largo plazo como un peso pesado internacional se pueden cuestionar. La anexión de Crimea ha acrecentado la legitimidad de Putin, pero la intervención en Siria ha dejado indiferente a la mayor parte de los rusos, y la implicación del país en África y Latinoamérica, aún menor, pero costosa y en aumento, es apenas conocida o apreciada por la mayor parte de la población. Sea como fuere, no se puede dudar de la capacidad del Kremlin para aguar la fiesta en el escenario internacional.

Cierto es que el poder relativo es frustrantemente difícil de medir en la actualidad, debido a lo que el columnista David Brooks ha llamado «la sublevación de los débiles».[63] La apabullante superioridad militar de Estados Unidos ha hecho que sus antagonistas, en lugar de postrarse en una sumisión dócil, hayan adoptado distintas formas de guerra asimétrica, las cuales llevan el combate, de forma eficaz, sobre terrenos en los que la preeminencia bélica de Washington queda anulada. De acuerdo con un destacable estudio de Harvard, la parte más débil de las guerras asimétricas —los investigadores medían la «fuerza» según el número de soldados y la magnitud de la potencia de fuego— libradas entre 1800 y 1849 logró sus objetivos estratégicos solo en un 12 por ciento de las ocasiones. Por contraste, en las guerras que estallaron entre 1950 y 1998, la parte más débil prevaleció de forma deslumbrante en un 55 por ciento de las ocasiones.[64] Por lo común, la explicación que se ofrece para este encumbramiento de la parte más débil es que, sobre todo en la segunda mitad del siglo XX, aquella no ha necesitado derrotar, ni mucho menos destruir, al enemigo, sino tan solo resistir, casi siempre en su propia tierra como escenario. Basta con sabotear la maquinaria del enemigo y esperar a que un adversario nominalmente superior acabe invadido por la desgana ante el conflicto. El protagonista de la guerra moderna parece ser, por el momento, el saboteador, no el conquistador.

En la confrontación que mantiene con Occidente, Rusia es, sin duda, la parte más débil. Sin embargo, ha utilizado con eficacia sus tácticas de sabotaje para hacerse con la iniciativa y, de ese modo, definir y conformar los conflictos de acuerdo con sus propios intereses y con su perspectiva internacional. El éxito que ha tenido al aprovecharse de las relativas pasividad y desafección de Occidente, una postura que supone un precedente de la presidencia de Trump, resulta innegable. El mareante juego del Kremlin, con escaladas y reducciones de las escaladas en el este de Ucrania y con la intervención militar en Siria, demuestra que Putin ha hecho del obstruccionismo y de la impredecibilidad sus armas favoritas.

Hasta el momento de la anexión de Crimea, las políticas de imitación de Rusia se habían centrado en emular a las instituciones propias de Occidente, con la celebración de elecciones en destaque; una estrategia que tuvo el efecto indirecto, inesperado e indeseado de sembrar la esperanza de la transparencia y de la responsabilidad gubernamental en el imaginario público, algo que se podía utilizar para criticar y atacar a un Gobierno que se sostenía mediante unas elecciones amañadas. Una situación que abrió la puerta, en el frente doméstico, a que este fuera objeto de rumores que hablaban de hipocresía, de la insultante brecha entre la pretensión de que se respetaba a los votantes y la inexistencia de una sociedad política genuina, en la que se tratase a los ciudadanos con dignidad; una situación que desembocó, en última instancia, en las masivas manifestaciones contra la manipulación electoral de 2011-2012, cuya consigna era la de *dostoinstvo* o «dignidad civil», utilizada por quienes protestaban para desacreditar la fórmula de legitimación en la que el régimen había descansado hasta el momento.

A partir de 2012, el Kremlin desechó cualquier intento de dar sostén a la legitimidad nacional mediante la imitación de la democracia de estilo occidental. Se siguieron manipulando los comicios electorales, pero estos dejaron de ser el pilar de la popularidad y de la autoridad del régimen. El traslado de las políticas de imitación al terreno internacional se traduciría en que el Kremlin iba a ahorrarse, en adelante, el descontento público y las acusaciones de hipocresía por no dar cuerpo a su pretendida democracia. El nuevo objetivo era desacreditar el orden internacional dominado por Occidente, a base de evidenciar la hipocresía en la que se fundamentaba. El tono de este nuevo acercamiento resultaba sarcástico; se mantenía que Estados Unidos defendía las leyes internacionales con palabrería, mientras que actuaba de acuerdo con la ley del más fuerte. En respuesta a las protestas occidentales por la anexión de Crimea, Putin respondía con chascarrillos. «Dicen que estamos violando las leyes internacionales. Lo primero de todo, está bien que por lo menos se acuerden de que las leyes internacionales existen; más vale tarde que nunca.»[65] Lejos de recibir una lección de las multitudes de Moscú en rebelión, era Putin, seguido por ellas, quien iba a dar una lección a Occidente. Al insistir en el excepcionalismo cultural y político de Rusia, el nuevo enfoque también proporcionaba una base moral para rechazar sin miramientos todos esos sermones condescendientes que Occidente había estado dando a Rusia desde 1991. Como le dijo a un periodista extranjero un oficial del ejército ruso retirado, orgulloso de que Putin hubiera restaurado el prestigio de Rusia, mediante la anexión de Crimea y el apoyo bélico a los separatistas de Donetsk frente al Gobierno ucraniano: «Lo que yo quiero es una idea rusa para el pueblo ruso; *no que los estadounidenses nos muestren cómo hemos de vivir.* Quiero un país fuerte, del que poder estar orgulloso, y me gustaría vivir y ver que todo vuelve a tener un cierto sentido».[66] Gracias a Putin, Rusia ha dejado de recibir lecciones de Estados Unidos, es decir, ha dejado de ser «una democracia imitativa con complejo de inferioridad».[67] Ese sentimiento no se ha desvanecido en modo alguno, pero el Kremlin ya no va a afrontarlo llevando a cabo una simulación de la democracia. Por contra, va a recurrir a «una audaz agresividad, que oculta su flaqueza, y con la que se pretende vengar un profundo resentimiento, pero también sobrevivir a toda costa».[68]

Media década antes, en 2007, el mismo año en que Putin diera aquel discurso de Múnich que dejó a todo el mundo con la boca abierta, Nikita Mijalkov, el aclamado director ruso y simpatizante reconocido del primero, había rodado una película fascinante, *12*, un *remake* del clásico de Sidney Lumet de 1957, *Doce hombres sin piedad*, en forma de preludio de la siguiente y más agresiva fase de la imitación rusa de Occidente, que no comenzaría en serio hasta unos años después de las protestas del invierno de 2011-2012, las cuales, como venimos razonando, llevaron por un terreno tortuoso a la anexión de Crimea.

En la película de Lumet, se celebra un juicio contra un chico puertorriqueño de dieciocho años que ha apuñalado a su padre hasta la muerte. Si se lo declara culpable, será ejecutado. Con la voluntad de terminar la deliberación lo más rápido posible, once miembros del jurado acuerdan que la culpabilidad del chico es evidente a todas luces, mientras que el decimosegundo, interpretado por Henry Fonda, permanece firme ante la estampida y proclama que tiene «una duda razonable», con lo que se da comienzo a un proceso en el que se irán analizando las pruebas de cargo, hasta que, después de un prolongado tira y afloja, se absuelve al acusado.

Doce hombres sin piedad aparece de forma regular en las listas de las mejores películas de Hollywood de todos los tiempos y es una expresión clásica del liberalismo estadounidense, una sinfonía de alabanza al poder de los individuos libres que luchan por la verdad y contra los prejuicios étnicos y de clase, un tributo cinematográfico a la argumentación racional, al valor de las pruebas y a la justicia desinteresada. Producida en los inicios del macartismo, sigue siendo una poderosa defensa, al tiempo que hace gala de un estilo impecable, de los valores liberales estadounidenses.

12, que también fue un éxito entre su público objetivo, eminentemente nacional, configura una expresión artística de la lucha de la Rusia poscomunista por utilizar la imitación de Occidente para declarar su independencia de este. La película gira en torno a un joven checheno al que se acusa de haber asesinado a su padre adoptivo, un oficial de las Fuerzas Especiales que se había llevado al chico consigo a Moscú, debido a que habían asesinado a los padres de este en la guerra chechena. Como en el filme original de Lumet, la película comienza con una reunión del jurado, compuesto exclusivamente de hombres, en la que, a grandes rasgos, hay acuerdo en declarar culpable al acusado. También aquí, uno de ellos se muestra reticente y plantea dudas; los miembros del jurado dan información personal propia y comienzan a examinar de nuevo las pruebas.[69] No son los argumentos, sino la experiencia concreta de cada uno, lo que modificará sus puntos de vista. No es la verdad, sino la compasión, lo que los pone en el camino de la justicia. Pero la conclusión de este *remake* ruso es muy distinta de la de la película original. Lo que importa en la versión de Mijalkov no es la justicia en un sentido abstracto, sino el destino individual del chico. Se hace claro que liberarlo se traduciría en que los auténticos asesinos lo busquen y lo maten. De manera que el personaje al que interpreta el propio Mijalkov —un antiguo agente de la KGB que trata de parecerse a Putin y de hablar como él— contextualiza la elección ante el jurado. Las opciones que tienen son mantener al chico inocente en prisión para salvarle la vida, o bien hacerse cargo ellos mismos de protegerlo si se lo exime de culpa y se lo libera. No sorprenderá que la única persona dispuesta a encomendarse a esta tarea ingrata sea el antiguo agente de la KGB.

El niño checheno es un huérfano abandonado de la era posimperial, condenado a la ruina en el todos contra todos del mundo globalizado, a menos que un protector heroico acuda a salvarlo en el último minuto. Putin declararía que, tras haber visto el *remake* de la película de Lumet que había hecho Mijalkov, en su residencia suburbana de Novo-Ogarevo, junto con el autocrático presidente checheno, Ramzán Kadýrov, se le «escapó una lágrima».[70] El análisis de las lágrimas de Putin pudiera ser el último refugio del kremlinólogo desocupado;[71] pero, desde la perspectiva de Putin, si se nos permite especular a voluntad, la irónica adaptación rusa que había hecho Mijalkov del clásico panegírico estadounidense al liberalismo capturaba la dramática elección que afrontaba el país; si Rusia no acababa con una globalización liderada por Estados Unidos, la globalización liderada por Estados Unidos acabaría con Rusia.

Sin embargo, para emprender tal desafío, Rusia requería de una estrategia distinta a la que había estado siguiendo hasta 2012. En los años que siguieron a 1991, la imitación de Occidente había sido una forma de sobrevivir a la crisis, a base de adular a quienes ostentaban la hegemonía internacional. La mímesis fue una respuesta natural a la caótica incertidumbre de los tiempos, cuando el propio Kremlin vacilaba en cuanto a los objetivos estratégicos que quería perseguir. Copiar las formas organizativas de los poderes occidentales, de quienes el Gobierno dependía para la supervivencia a corto plazo, era completamente lógico. Pero la conformación a un modelo foráneo impidió a Rusia recuperar el estatus protagónico que había tenido en la historia mundial. La verdadera soberanía no era un asiento en el Consejo de Seguridad de la ONU, ni tampoco se iba a recuperar mediante una generosa invitación a unirse a la Organización Mundial del Comercio. El respeto en el ámbito internacional resulta inútil si no refleja nada más que la bondad ajena; hay que obtenerlo mediante la capacidad política, el dinamismo económico, la fuerza militar y la identidad cultural. El arsenal nuclear de Moscú, aunque formidable y atemorizante, no basta para obtener el tipo de respeto internacional que Putin tan obviamente anhela; el resumen de la línea oficial a partir de 2012 podría ser: «No me gustaría que mi país perdiera su originalidad, su identidad. Quisiera que las raíces culturales, que las raíces espirituales de Rusia [...] se preservaran».[72] La nueva estrategia rusa constaba de dos elementos; un giro conservador que la alejara de una occidentalización fingida, en el interior, y una serie de nuevas y agresivas iniciativas de imitación en el exterior. «Democracia soberana» había pasado a significar el derecho y el poder de dar un grosero portazo en la cara a Occidente.

El presunto retorno del Kremlin a los valores conservadores tradicionales, que venía a señalar y a sellar el repudio al liberalismo occidental, no fue del todo inesperado. *El fin de la historia y el último hombre* de Fukuyama nunca fue un superventas en Rusia, mientras que *El choque de civilizaciones*, de Huntington, sí. Los intelectuales nacionalistas rusos respaldaron con entusiasmo la afirmación final del profesor de Harvard de que «la fuente de conflictos fundamental en el mundo actual no será principalmente ideológica ni económica. La mayor causa de división entre los seres humanos y la fuente principal de conflictos será cultural».[73] En una línea similar, uno de los principales objetivos del proyecto de arquitectura estatal de Putin, ya incluso desde que accedió al poder, ha sido un Estado fuerte, cuya integración segura en la economía global solo sea posible si sus tradiciones nacionales, su política interna y su sociedad civil quedan selladas, en algún modo, frente a influencias externas.

Desde el punto de vista de Putin, una fuente importante de la vulnerabilidad del régimen radica en la dependencia de Occidente por parte de la élite cultural y financiera. Él lo controla todo en Rusia, excepto lo que importa de verdad, a saber, el precio de los hidrocarburos, el sentimiento popular —su popularidad cayó significativamente entre 2018 y 2019—[74] y, en cierta medida, la lealtad de la clase adinerada. Su ascendiente sobre una élite económica que ha deslocalizado la mayor parte de sus empresas es sustancial pero, con todo, limitado. Esto explica por qué, al inicio de su presidencia, la renacionalización de unas clases empresariales con carácter de trotamundos fue uno de sus principales objetivos. La prolongada pena de cárcel que cumplió el oligarca, ahora en el exilio, Mijaíl Jodorkovski; la guerra de Osetia del Sur de 2008, o la indignante fanfarronería y rudeza con las que suele desdeñar las normas tácitas sobre cómo deben comportarse, en teoría, los dirigentes mundiales entre gente de bien estaban destinadas a escandalizar a Occidente, con el objetivo de apuntalar, frente a sólidas fuerzas compensatorias como la digitalización de las comunicaciones,[75] la economía nacional y la autonomía cultural y política del resto del mundo. La guerra de Putin contra la homosexualidad, con la intención de convertir a los conservadores rusos, furiosos ante la decadencia occidentalizante, en una mayoría favorable a Putin, así como la anexión de Crimea, llevada a cabo para entusiasmar a los nacionalistas rusos, al tiempo que cundía el pánico en el Occidente, pueden parecer no tener nada que ver si se contemplan desde la distancia. Pero salieron de las páginas de un mismo manual de estrategia, agresivo y aislacionista.

Ha corrido mucha tinta sobre el viraje conservador de la política rusa, pero este giro a la derecha bien visible resulta difícil de comprender sin tener en cuenta el agresivo aislacionismo ruso. La interpretación más corriente es que la causa de que Rusia haya decidido convertirse en adalid de la revolución conservadora se encuentra en las preferencias autoritarias de sus dirigentes. En las teorías de este calado, la versión de Putin del conservadurismo ruso se atribuiría a la influencia de pensadores como Iván Ilyin o Aleksandr Duguin. Pero, con independencia de ocasionales referencias al primero, lo cierto es que el presidente ruso no se amolda fácilmente a la imagen de un dictador ideológico. Hasta donde sabemos, no es un ávido lector, a diferencia de Stalin, por ejemplo. Casi todos sus biógrafos concuerdan en que él es «fundamentalmente soviético»; sus gestos retóricos provienen menos de una tradición eslavófila resucitada que de una «imitación irónica» de los principales temas de conversación de los enemigos de la Unión Soviética. De hecho, cuando el Kremlin culpa de algo a Occidente en la actualidad, recurre a los mismos términos que Occidente cuando trataba de ridiculizar a los soviéticos en los años veinte; Occidente ha perdido la fe en Dios, trata de destruir a la familia con la promoción del amor libre y con un relativismo que todo lo corroe. Al darle la vuelta a la tortilla de este modo, Rusia se posiciona como defensora y salvadora de la Vieja Europa, traicionada por un Occidente en decadencia. Por contra, el «conservadurismo eslavófilo» del que se hace eco, sin embargo, es más bien superficial.

La razón estriba en que, incluso aunque los dirigentes rusos prediquen el archiconservadurismo, la sociedad rusa es de todo menos conservadora. Por ejemplo, el matrimonio, en la Rusia actual, es menos estable que en la era soviética, y eso que las tasas de divorcio del país eran ya notoriamente elevadas. En la actualidad hay cincuenta y seis divorcios por cada cien matrimonios, un indicador deficiente pero revelador de que el tradicionalismo y la fidelidad matrimonial menguan.

Sin embargo, las tasas de divorcio no son lo único tan elevado como en Occidente, sino que sucede tres cuartos de lo mismo con los abortos, que son más frecuentes, aunque no tan escandalosamente como lo eran en la Unión Soviética en los setenta y en los ochenta. Asimismo, se ha reducido el número de personas que acude a la iglesia. De manera que, ¿cómo explicamos el supuesto giro conservador de Rusia?

Solo podemos hacerlo si comprendemos que los líderes rusos no solo están obsesionados con la pesadilla de la desintegración territorial, sino también, al igual que sus homólogos de Europa del Este, con el espectro del declive demográfico.

Entre 1993 y 2010, la población rusa mermó de 148,6 millones a 141,9 millones. Los indicadores demográficos de Rusia, medidos de distintas formas, se parecen a los de muchas de las sociedades más pobres y menos desarrolladas del mundo. En 2009, se estimó que la esperanza general de vida hasta los quince años era más baja que en Bangladesh, Timor del Este, Eritrea, Madagascar, Níger y Yemen. La esperanza de vida de un hombre adulto en Rusia se estimó inferior a la de Sudán, Ruanda o incluso a la de una Botsuana devastada por el sida. Aunque las cifras de las mujeres rusas serían relativamente mejores que las de los hombres, la tasa de mortalidad de una mujer en edad de trabajar en 2009 era algo más elevada que la de una mujer en edad de trabajar en Bolivia, el país más pobre de América del Sur. Veinte años antes, la tasa de mortalidad entre las mujeres en edad de trabajar era un 45 por ciento inferior a la de Bolivia.[76]

No son, pues, los clásicos eslavófilos de la biblioteca del Kremlin, sino la exclusiva combinación rusa de unas tasas de mortalidad africanas y unas tasas de natalidad europeas, lo que mejor explica el giro conservador de la retórica política del Kremlin.[77]

Dicha oratoria también era un requisito para dar cierta forma ideológica a la mayoría de Putin, así como para ayudar al Kremlin a trazar una línea entre los rusos patriotas y los traidores liberales, quienes, en su imagen del mundo, estarían bajo el control de las embajadas extranjeras. Pero se trataría de un uso utilitario de una serie de eslóganes, antes que de una convicción moral, y el control que con él se puede ejercer sobre el comportamiento es desdeñable y fugaz. La paranoia en torno a los complots organizados desde el exterior, por contraste, tiene un efecto de mayor alcance.

En la enfebrecida imaginación política del Kremlin, el declive demográfico no es solo el destino no deseado de Rusia, sino también una perversa conspiración de Occidente. En 1994, en los Laboratorios Wright, en Ohio, predecesores del actual Laboratorio de Investigación de las Fuerzas del Aire de Estados Unidos, a un empleado con demasiada imaginación se le ocurrió desarrollar una «bomba gay».[78] La idea que subyacía a este hipotético dispositivo psicoquímico era que, al rociar feromonas femeninas sobre las fuerzas enemigas, los soldados sentirían atracción sexual los unos por los otros, lo que llevaría a los soldados enemigos, asaltados por la pasión, a hacer el amor y no la guerra.

No hace falta decir que la ridícula propuesta de una bomba gay nunca pasó de la fase de «idea brillante»; sin embargo, los dirigentes rusos hicieron como si de verdad se hubiera llegado a lanzar en 1991. «Mi relación con las manifestaciones de homosexuales y con las minorías sexuales en general es sencilla —explicaba Putin en una ocasión, para concluir que—; está relacionada con mis atribuciones oficiales y con el hecho de que uno de los principales problemas del país es la demografía».[79] En la mente de Putin, la crisis demográfica de Rusia reflejaría una crisis moral internacional. Seguir a Occidente en el momento actual significa «reconocer el derecho de todas las personas a […] la libertad de pensamiento y de opiniones políticas, así como a la privacidad, pero también aceptar sin reparos que el bien y el mal son iguales».[80]

Resulta imposible comprender la serie de leyes represivas que se han aprobado en Rusia en tiempos recientes, incluida la legislación contra la «propaganda homosexual»,[81] sin entender que lo que está en juego es el espectacular impacto que la occidentalización de la sociedad rusa ha tenido en la tensa relación entre generaciones, en particular dentro de la élite rusa. Una de las principales fuerzas que corroyeron la legitimidad del comunismo fue el alcance limitado de la transmisión de los privilegios de las élites soviéticas a su propia descendencia. Para asegurarse, los vástagos de la nomenklatura tenían la distinción de *zolotaya molodyozh* o «juventud dorada», y todo el mundo estaba al tanto de sus privilegios, pero no podían heredar de forma legal el estatus de sus padres. Semejante vulneración residual de la tendencia, fuertemente arraigada en la naturaleza humana, a favorecer a la propia descendencia constituía una de las debilidades fundamentales de un régimen que se basaba en la idea igualitaria de que las oportunidades vitales no pueden depender del estatus social de la familia en que uno nace.

Tras haber escapado por fin a tales constricciones en 1991, las élites poscomunistas de Rusia se lanzaron con gran entusiasmo a dar a su prole un espaldarazo en la competición social por la obtención de poder, riqueza y prestigio. A menudo, lo hacían enviándolos a estudiar a otros países. El problema era que muchos de estos afortunados jóvenes decidían no regresar, y aquellos que volvían lo hacían habiendo adquirido hábitos y creencias diferentes, ajenos a Rusia.

Comprender la psicología de las élites nacionales de los antiguos países comunistas es comprender la paradoja de que en el mismo momento en que estas élites recobraron la oportunidad de favorecer a sus descendientes, estos comenzaron a sacudirse la influencia de sus padres. Tras haberse «sincronizado» con el marco normativo de Occidente, la prole educada en el extranjero de la élite había dejado de estar «coordinada» con las expectativas normativas de su país de origen, en el que se había formado la generación anterior. Así, uno de los dogmas antioccidentales del Kremlin, detrás del que están sus intentos de recuperar a las clases empresariales que residen en el extranjero, consiste en la acusación de que Occidente está robando a los hijos de las élites rusas. Los dirigentes del país temen que Rusia, como en la época imperial, acabe gobernada por unos ciudadanos nativos contaminados por la cultura occidental, los cuales podrían llegar a conspirar para evitar que los grupos privilegiados actuales sigan viviendo del modo al que están acostumbrados. Si, para Occidente, 1968 fue la revolución de los jóvenes contra los valores y el modo de vida opresivo de sus padres, 2010 fue para Rusia una protesta de los padres contra los valores sociales y culturales, irreconocibles para ellos, de sus hijos educados en Occidente.

A día de hoy, está de moda la interpretación de que las políticas de Putin son un intento de restaurar la influencia geopolítica de la Unión Soviética, si no la Unión Soviética en sí misma.[82] Otros analistas enfatizan el papel de Rusia como un poder conservador que aspira a conformar Europa a su propia imagen, para llevar a cabo su cruzada contra la decadencia moderna.[83] Los medios occidentales reciclan, a menudo, las alarmantes declaraciones de Aleksandr Duguin, la estrella del pop del eurasianismo ruso. El Kremlin hace cacareos conservadores y trata de investirse de un aura imperial, pero las políticas de Putin apenas tienen que ver con el expansionismo o el imperialismo tradicionales de Rusia. Y quienes lo apoyan no piensan en dar la espalda al racionalismo o al individualismo modernos para abrazar una visión idealizada de las comunidades de campesinos medievales y la unidad orgánica de la vida rural tradicional. Las semejanzas entre el antiamericanismo de Putin y la hostilidad eslavófila del siglo XIX al *zapadnichestvo* u «occidentalización» son, pues, superficiales en el mejor de los casos. Es más, para alguien que creció en los tiempos de la Unión Soviética, no hay forma de que el etnonacionalismo sea un factor tan decisivo como tantos analistas alegan. Y aunque el presidente ruso recurriera a la retórica nacionalista para justificar la anexión de Crimea, también está muy al tanto de que el nacionalismo destruyó la Unión Soviética, por lo que las celebraciones que hace de un tipo de homogeneidad étnica que haría reventar asimismo la Federación de Rusia no deben de ir demasiado en serio.

Putin no sueña con conquistar Varsovia o con reocupar Riga. Por el contrario, las políticas que lleva a cabo, hay que repetirlo, son la expresión de un agresivo aislacionismo, un intento de consolidar su propio espacio civilizacional, y personifican una reacción defensiva a la amenaza que suponen para Rusia la interdependencia de la economía globalizada y la interoperabilidad digital, así como la difusión, a lo que parece imparable, de las normas socioculturales de Occidente. En tal sentido, la política del Kremlin refleja una tendencia general que puede observarse en la actitud de otros actores globales en el curso de las distintas crisis financieras que se han ido sucediendo desde 1980, propensos al aislamiento, al refuerzo de las fronteras y al rechazo de la globalización. De un modo superficial, es cierto que las acciones de Putin recuerdan a la política imperial rusa del siglo XIX, pero se explican mucho mejor como parte de una resistencia mundial, propia del siglo XXI, a una globalización sin restricciones, abierta al movimiento empresarial, pero infragobernada. No se impide salir del país a los rusos que pueden permitírselo, pero Putin, de un modo no muy diferente a Trump, quiere aislar al país del Occidente liberal, algo que para él es más importante que la anexión de los territorios adyacentes. Al amenazar con semejante crudeza a Occidente, incluso puede albergar la esperanza de forzarlo a «pagar el muro», es decir, invertir grandes sumas en cerrarse a las ciberinjerencias de Putin en Estados

Unidos y en la política europea. Tales ataques, entre otras cosas, representan un intento destinado al fracaso de resucitar las fronteras informativas entre Estados, en un momento en el que los gobiernos de todo el mundo están perdiendo el monopolio del espacio informativo nacional, como resultado, por ejemplo, de las mejoras graduales del traductor de Google.

Por supuesto, se puede especular con paralelismos históricos que expliquen la voluntad de Putin de cerrar Rusia. Siempre que el país se ha abierto al mundo, parece haber llegado un punto en el que se desataba el pánico y los dirigentes autoritarios del país regresaban histéricos al aislacionismo, con espíritu vengativo. Algo así ocurrió después de la victoria de Rusia sobre Napoleón en el siglo XIX. En 1946, Stalin lanzó una conocida campaña contra el cosmopolitismo, y se envió a cientos de miles de soldados soviéticos a los gulags, porque el régimen temía que hubieran visto demasiadas cosas en Europa. Quizá hoy estamos siendo testigos de algo similar, aunque sin el mismo carácter asesino. Hay que decir que Stalin tenía una ideología y una misión, por no mencionar su apetito por el asesinato en masa, algo que no tiene parangón en el sistema de Putin. No obstante, es justo decir que el Kremlin sigue convencido de que la supervivencia del régimen depende de socavar la hegemonía internacional del Occidente liberal.

LA IMITACIÓN COMO DESENMASCARAMIENTO

En 2012, al mismo tiempo que el Kremlin descubría el peligroso potencial subversivo de la imitación de las instituciones propias de Occidente, comenzaba a valorar la utilidad de imitar la política exterior de Estados Unidos como un arma ofensiva, además de como un modo de deslegitimar el orden mundial liberal. Un ejemplo clásico de la imitación con objeto de minar al enemigo sería el plan de los nazis para hacer que la libra británica colapsara, a base de inundar el Reino Unido con billetes falsos.[84] No obstante, se trata de algo muy diferente a «sostener un espejo» para forzar al rival a ver su propia brutalidad e hipocresía. Las políticas de Rusia posteriores a 2012 muestran cómo se puede utilizar la técnica del reflejo, de mano de la parte más débil, para atacar, confundir y desmoralizar a un adversario cuya superioridad salta a la vista.

El ejemplo reciente más espectacular de este tipo de imitación agresiva es la decisión de los propagandistas del Estado Islámico, con una gran comprensión de los medios de masas, de uniformar a los prisioneros a los que iban a ejecutar con monos naranjas.[85] La repugnante pantomima supone un intento consciente de imitar la humillación de los prisioneros musulmanes por parte de Estados Unidos en Guantánamo. Lo que querían los yihadistas era ofrecer una imagen-espejo del modo en que Estados Unidos viola la dignidad humana más básica de los prisioneros musulmanes. Resulta obvio que creían que una mímica cruelmente despreciativa, como era esta, pondría de relieve la vacuidad de las proclamas de superioridad moral de Occidente.[86]

Desde 2014 Putin ha recurrido de forma repetida a esta parodia violenta de la política exterior estadounidense, para revelar al mundo la hipocresía congénita de Estados Unidos. Puesto que la hipocresía sirve para evitar el conflicto, al esconder creencias que pueden ser insultantes y dolorosas, los ataques dirigidos a ella indican, a menudo, un deseo de luchar. Por eso el cambio de Rusia de la simulación a la burla —de falsificar la responsabilidad democrática en el interior a sostener un espejo ante la actitud de Estados Unidos en el ámbito internacional— es tan peligroso. Se podría decir que el cambio fue posible solo porque una serie de poderosas fuerzas internas nunca habían llegado a interiorizar la aspiración a ser como Occidente de un modo genuino.

El discurso de Putin de marzo de 2014, en el que anunciaba la anexión de Crimea, es un buen ejemplo de imitación agresiva, una alocución oficial en la que robaba pasajes de los discursos de distintos dirigentes occidentales, en los que se justificaba el desmantelamiento del territorio serbio en Kosovo, y los aplicaba al caso de Crimea.[87] Así, lo que la mayoría de los observadores occidentales tomaron como el primer paso en el intento de Putin de restaurar el imperio moscovita vino a justificarse, de forma explícita, con la retórica del presidente estadounidense Woodrow Wilson, que ensalzaba el derecho fundamental a la autodeterminación de los pueblos.

Se puede decir que el signo distintivo de la emulación de la política exterior es que su cometido consiste en mostrar la absurdidad del mal original. Al investir los propios actos violentos con una retórica idealista, copiada palabra por palabra de la de Estados Unidos, Moscú aspira a desenmascarar la Era de la Imitación y mostrarla como la Era de la Hipocresía Occidental. Los valores de los que Occidente tanto alardea, como la autodeterminación de los pueblos, solo son un disfraz para sus intereses. Así, todo el sistema internacional posterior a la Segunda Guerra Mundial vendría a colapsar si otras naciones comienzan a imitar al «auténtico» Occidente. Podría incluso pensarse que Putin comenzó a imitar al Estados Unidos de Bush por razones similares a las de quienes impelieron a Charlie Chaplin a imitar a Adolf Hitler en *El gran dictador*, quería debilitar y desmoralizar a la nación contrincante, sosteniendo un espejo en el que las pretensiones de los dirigentes enemigos quedasen al desnudo. No intentamos decir que la táctica del espejo sea necesariamente efectiva desde un punto de vista estratégico, solo que está destinada a socavar la imagen que tiene el enemigo de sí mismo, así como a mostrar lo inmerecido de su pretendido buen nombre en el resto del mundo. Sí es cierto que, al pretender arrancar la máscara liberal de Occidente y exponer la hipocresía que esconde, el espejo tiene más el sabor de una venganza retrospectiva que de una política orientada al futuro.

El objetivo principal de la política exterior del Kremlin en la actualidad es desenmascarar el pretendido universalismo de Occidente como una tapadera para promover sus propios y estrechos intereses geopolíticos. El arma más efectiva en esta campaña para desvelar la irredimible mala fe del enemigo es la imitación sarcástica. A lo que parece, el Kremlin cree que esta imagen-espejo de las fechorías estadounidenses, reales o imaginadas, es la forma más elevada de pedagogía. Como la venganza, de la que es una variante, puede saber «más dulce que la miel», pero también hace que el mundo resulte un lugar mucho más peligroso.

En respuesta a las protestas occidentales por las agresivas intervenciones de Moscú en el exterior, los rusos han afirmado en repetidas ocasiones que tan solo están haciendo a Occidente lo que Occidente les ha estado haciendo reiterada e insultantemente a ellos. Un ejemplo menor, pero revelador, es la ley Dima Yákovlev, que lleva el nombre de un niño que murió a causa de la negligencia criminal de sus padres adoptivos estadounidenses, que se elaboró de manera explícita para poner un espejo ante la estadounidense ley Magnitsky —destinada a perseguir a extranjeros acusados de corrupción y violaciones a los derechos humanos, como los funcionarios rusos implicados en la muerte de un auditor del mismo nombre, crítico con el régimen, en la prisión, en Moscú, en 2009—. La ley Dima Yálovlev, a modo de reflejo, imponía sanciones a los ciudadanos estadounidenses que estuvieran «involucrados en la violación de los derechos humanos y de las libertades de los ciudadanos rusos».[88] La lista de los ejemplos es interminable. Al igual que la OTAN violó la integridad del territorio serbio en 1999, Rusia hizo lo propio en Georgia en 2008; del mismo modo que unos bombarderos de largo alcance estadounidense volaron sobre un área cercana a la frontera rusa, unos bombarderos rusos de largo alcance vuelan ahora cerca de las fronteras estadounidenses; de igual forma que Estados Unidos ha puesto en una lista negra a algunos rusos prominentes, impidiéndoles la entrada a su territorio, el Kremlin ha puesto en una lista negra a algunos estadounidenses prominentes, impidiéndoles la entrada a Rusia; tanto como Estados Unidos y Europa celebraron el desmantelamiento de la Unión Soviética, celebra Rusia el Brexit y el potencial desmantelamiento de la Unión Europea; mientras que Occidente ha apoyado a ONG liberales dentro de Rusia, esta financia a grupos de extrema derecha y de extrema izquierda en Occidente para minar la OTAN, bloquear los programas defensivos de misiles de Estados Unidos, debilitar el apoyo a las sanciones y socavar la unidad de Europa; puesto que Occidente, tal y como lo ve Rusia, miente de forma descarada a esta sobre los planes de expansión de la OTAN y la intervención en Libia sancionada por la ONU, Rusia miente de forma descarada a Occidente sobre las incursiones militares que lleva a cabo en Ucrania, y así como Estados Unidos envía ayuda militar a Ucrania, (tradicionalmente en la esfera de influencia de Moscú, Rusia ayuda al ejército de Venezuela, tradicionalmente en la esfera de influencia de Washington. El resultado final de esta generación de imágenes-espejo es un recelo profundo, un pensamiento conspiranoide y la pérdida de cualquier base para el entendimiento común.

Esto nos conduce a las acusaciones de injerencia rusa en las elecciones presidenciales estadounidenses de 2016, algo que el Kremlin ha negado de manera oficial, aunque incongruente, mientras que los miembros del servicio de espionaje estadounidense lo afirman de forma categórica. Es bien sabido que Estados Unidos se ha entrometido en los comicios de otros países con regularidad,[89] entre los que también se incluye un importante caso en Rusia; las elecciones de 1996 que volvieron a dar la presidencia a Yeltsin. Es muy probable que, sin la ayuda de un equipo de asesores políticos estadounidenses y, en especial, sin el préstamo del FMI que Clinton le consiguió y que llegó en la víspera de los comicios, Borís

Yeltsin hubiera perdido las elecciones de 1996.[90] Si Rusia iba a llevar a cabo una política agresiva de imitación frente a Estados Unidos, resultaba de una lógica aplastante para el Kremlin procurar inmiscuirse en un proceso electoral estadounidense. Puesto que Putin ve a las entidades «privadas» estadounidenses que se implican en las elecciones rusas como un brazo del Estado americano,[91] no va a dedicar ni un minuto a la indignación que se muestra en Estados Unidos porque Rusia ande jugueteando con los asuntos internos del país. De hecho, el recurso al espionaje para seleccionar y hacer públicos, de forma encubierta, una serie de correos electrónicos comprometedores para el Partido Demócrata, con la negación del Kremlin, sería, desde la perspectiva rusa, una represalia de ojo por ojo por lo que juzgan que Washington le ha hecho a Moscú, de manera clandestina y, a lo que parece, sin el más mínimo remordimiento. De acuerdo con las agencias de espionaje estadounidenses encargadas de evaluar la intromisión rusa en la campaña presidencial de 2016, «Putin señaló públicamente que la divulgación de los papeles de Panamá y el escándalo del dopaje de los Juegos Olímpicos formaban parte de los esfuerzos de Estados Unidos por difamar a Rusia», lo que podría sugerir que Rusia, a su vez, «recurre a la divulgación de información para desacreditar la imagen de Estados Unidos y presentar a este país como hipócrita».[92] La pregunta que plantean los rusos es por qué filtrar los papeles de Panamá sería algo bueno, mientras que piratear los correos electrónicos del Partido Demócrata sería algo malo, por muy arbitraria que la comparación pueda parecer desde un punto de vista occidental. Interferir, de forma encubierta y con desmentidos, en las elecciones estadounidenses fue, supuestamente, el modo de Putin de corregir las relaciones asimétricas entre Washington y Moscú a que se había dado lugar al final de la Guerra Fría. En lugar de sostener una fachada democrática poco sólida en Rusia, el Kremlin decidió mostrar al mundo que la democracia estadounidense no era más que una fachada poco sólida en sí misma. Por eso no le causó demasiado rubor el que su injerencia electoral fuese «conocida», a pesar de negar formalmente que hubiera tenido lugar. En otras palabras, Rusia estaba interfiriendo en las elecciones estadounidenses, no tanto porque quisiese que Donald Trump fuera elegido, sino porque hacerlo, hacer lo que Estados Unidos le hacía, era una forma barata para Moscú de reclamar aquel estatus prescrito de potencia mundial con la que había que contar. Como declaró a *The New York Times* Nina Jrushchova, profesora de Política Internacional en la New School for Social Research de Nueva York y bisnieta del primer ministro soviético Nikita Jruschov: «Esta operación fue para decirles a los estadounidenses: "Estáis tan jodidos como lo estamos los demás, cabrones"».[93]

Como gran parte de la política exterior antiestadounidense de Putin, el valor de las interferencias del Kremlin en los comicios del país fue más de expresión y represalia que instrumental o estratégico. Putin quería comunicarles a los líderes occidentales, entre otras cosas, que debían temer un mundo poblado de copias del Occidente «real».

EL ALIADO CIEGO DE LA IMITACIÓN SUBVERSIVA

En marzo de 2014, el Gobierno de Estados Unidos elevó la voz indignado, hasta imbuido de inspiración poética: «En virtud de la falsa narrativa que Rusia está hilando para justificar las acciones ilegales que lleva a cabo en Ucrania —se leía en el comunicado de prensa emitido por el Departamento de Estado—, el mundo no había visto venir de aquel país una ficción tan deslumbrante desde que Dostoievski escribiera que «la fórmula de dos más dos igual a cinco no deja de tener su atractivo».[94] Aunque Washington no fue el único Gobierno en dejarse llevar por el afán literalizante. El

domingo 2 de marzo de 2014, tras haber hablado con el presidente Putin, la canciller alemana Angela Merkel llamó por teléfono al
presidente Obama y, según la información que después se filtró, le
dijo que dudaba de que el presidente ruso estuviera en contacto
con la realidad. Más en concreto, de acuerdo con Merkel, Putin
«vive en otro mundo».[95] La confrontación entre Rusia y Occidente ya no consistía en quién vivía en un mundo mejor y a quién
pertenecía el futuro; ahora se trataba de quién habitaba en la realidad y quién lo hacía en un mundo simulado.

Washington parecía conmocionado; Rusia negaba hechos obvios. Los funcionarios estadounidenses no conseguían entender
por qué Putin declaraba que eran «"grupos de defensa ciudadana",
y no las fuerzas rusas, quienes se han hecho con infraestructuras e
instalaciones militares en Crimea»,[96] o por qué negaba que el país
no tenía nada que ver con el pirateo de los correos electrónicos del
Partido Demócrata. ¿Qué sentido tenía hacer tales afirmaciones,
cuando la televisión e internet estaban llenas de imágenes de cómo
las fuerzas especiales rusas capturaban edificios públicos en Crimea
y cuando el FBI había identificado al oficial de inteligencia que
había realizado el pirateo? Las mentiras de Putin parecían absurdas
en la era de la transparencia involuntaria. Así que, ¿por qué los
oficiales rusos mentían de forma tan descarada cuando sabían a la
perfección que las mentiras se pondrían al descubierto pocas ho-
ras después de que las hubieran pronunciado? La grosera mendacidad de Putin iba contra dos asunciones básicas de la *Realpolitik*, a saber, que «la mentira solo es eficaz si la víctima cree que es probable
que el mentiroso esté diciendo la verdad» y que «nadie quiere que
lo llamen mentiroso, incluso aunque sea por una buena causa».[97]

Las mentiras de Putin en torno a la presencia de tropas rusas
en Crimea tenían la forma de declaraciones toscas, expuestas con
desgana. No ocurría sino que no temía que lo llamasen «mentiroso». La razón era que las expresiones occidentales de sobresalto e

indignación hacían imposible pasar por alto la impotencia práctica de Occidente ante las fechorías, solo apenas veladas, de Rusia. En los años noventa, la propia Rusia había experimentado el efecto frustrante de una indignación que no conduce a ningún sitio; le había llegado el turno a Estados Unidos.

La estrategia de Putin de negar de plano la responsabilidad de Rusia por cualquiera de las acciones de las que se la acusaba no puede entenderse como un mero embuste. Más bien recuerda, en gran medida, a cierto tipo de comportamiento del que hacen gala los criminales reincidentes, quienes, cuando reciben la sentencia de prisión, muestran con orgullo su desprecio a las reglas y normas civilizadas, así como que su reputación en el submundo marginal depende de su negativa a colaborar lo más mínimo con las autoridades penitenciarias. En el argot del mundo criminal ruso, tal comportamiento se conoce como *otritsalovo*, que se puede traducir a grandes rasgos como «obstrucción» o, mejor aún, como «ley del silencio».

Pero la falsedad de Putin también servía a otro propósito. Cada contraataque provocado por su comportamiento descaradamente mendaz era, desde su perspectiva, un modo de recordar al mundo, en particular a Estados Unidos, lo a menudo que Occidente había mentido a Rusia en el pasado. El objetivo no consistía tanto en lograr una ventaja estratégica como cambiar el estado mental y la imagen propia del principal enemigo, es decir, que los estadounidenses recordasen de un modo doloroso lo que con tanto interés habían olvidado. Hacer un eco explícito del comportamiento del enemigo en un contexto tal implica, en todos los casos, un comentario peyorativo sobre el original.

James Jesus Angleton, director del servicio de contraespionaje de la CIA entre 1954 y 1975, estaría menos escandalizado por el comportamiento de Putin que sus sucesores al cargo de las agencias de espionaje estadounidenses en la actualidad. Él estaba convencido de que «el engaño es un estado de la mente, así como la mente del Estado». Dedicaba el tiempo libre a trabajar en su jardín de orquídeas; lo que más le fascinaba era que «en la mayoría de las especies de orquídeas, no son las más aptas sino las más engañosas las que sobreviven». La cuestión es que la mayor parte de las orquídeas están demasiado esparcidas por la selva como para que el viento transporte el polen de unas a otras, de modo que dependen de los insectos o de los pájaros para este servicio crucial. Pero, puesto que no ofrecen ningún alimento o nutriente a estos transportadores, las orquídeas deben engañarlos para perpetuar la especie. El cuidado de las orquídeas y el desenmascaramiento de los espías dobles soviéticos hicieron a Angleton creer que «la esencia de la desinformación es la provocación, no la mentira».[98] Al negar la bien documentada presencia de las fuerzas especiales rusas en Crimea y en el este de Ucrania, Putin no mentía, provocaba, es decir, aguijoneaba, pinchaba, se mofaba de Occidente, para inducir una respuesta irracional, balbuceante. Trataba de desestabilizarlo y desmoralizarlo, para forzarlo a afrontar los límites de su poder.

Tras la anexión rusa de Crimea, los analistas occidentales se obcecaron con la «guerra híbrida» del Kremlin, la amalgama sin precedentes de recursos militares, informativos y otros para romper la voluntad política del enemigo. Vinculaban, en sus análisis, las nuevas maniobras a los manuales de estrategia soviéticas. Sin embargo, erraban; la guerra híbrida era el resultado de la ingeniería inversa. Los rusos hacían a Occidente aquello que, con razón o sin ella, este les había hecho a ellos; habían reconstruido con meticulosidad el modo en que los occidentales, según lo veían, hubieron orquestado las revoluciones de colores y confeccionaron un manual para organizar otras similares. Igual que Occidente ha apoyado a ONG liberales, los rusos decidieron financiar a grupos de extrema derecha y de extrema izquierda en territorio occidental. A partir de 2012, los dirigentes rusos llegaron a la conclusión de que la mayor de las debilidades de las políticas del país, en el periodo posterior a la Guerra Fría, había sido el no haber imitado al Occidente «real». Si se examinan de cerca, las imitaciones de las democracias occidentales que se llevaron a cabo fueron superficiales, cosméticas. Así que ahora estaban decididos a imitar en serio la hipocresía occidental. Mientras que, con anterioridad, Rusia había estado obsesionada con su propia vulnerabilidad, ahora descubría la de Occidente, y ha puesto a funcionar todos sus recursos para mostrársela al mundo. La paradoja es que los dirigentes rusos, de mentalidad conspiranoide, al actuar según sus convicciones conspiratorias, han logrado hacer que muchas personas por todo el mundo vean la política internacional como una inmensa conspiración.

La novela corta absurda del satírico ruso Víktor Pelevin *Operacija «Burning Bush»* («Operación *Burning Bush»*)[99] recoge esta forma de entender la historia mundial, como una serie de complots y maquinaciones en la clandestinidad. En ella se cuenta la historia de un humilde profesor ruso de inglés, dotado con una poderosa voz, al que reclutan para una operación especial de espionaje, a saber, hablar con George W. Bush a través de un implante que le han puesto al presidente en los dientes. Las instrucciones del Kremlin son que el profesor se haga pasar por Dios y convenza al cuadragésimo tercer presidente de Estados Unidos para invadir Irak. En un momento posterior de la novela, descubriremos que la CIA había llevado a cabo una operación similar en los ochenta, consistente en que el espíritu de Lenin convenciera a Gorbachov para iniciar la perestroika, desencadenando una serie de acontecimientos que llevarían a la desintegración de la Unión Soviética. Lo que me hiciste en el pasado, yo te lo voy a hacer a ti.

Las razones de Rusia para reflejar en un espejo la hipocresía occidental van más allá del deseo de venganza. El Kremlin también espera reproducir, al menos superficialmente, la simetría entre Rusia y Estados Unidos, perdida al término de la Guerra Fría. Tal esperanza en recuperar esa paridad malograda con Estados Unidos, más que la restauración del estatus perdido de Moscú como superpotencia mundial, es lo que explica el recurso de Rusia a modos asimétricos de contienda, los cuales ya han probado en el pasado su eficacia como recurso de los poderes más débiles contra otros más fuertes. Washington vivió el final de la Guerra Fría como una victoria y como una reivindicación, mientras que para Moscú se tradujo en desorientación, en desmoralización y en la pérdida del estatus de superpotencia. Así, Rusia fue un país derrotado incluso antes de que Putin decidiera admitirlo. En lugar de dos potencias victoriosas, que se pueden mirar cara a cara, como había ocurrido en 1945, a partir de 1989-1991, un ganador autocomplaciente dirigió la renqueante recuperación de un perdedor aturdido por la humillación geopolítica y la amputación territorial. Sobre esta asimetría, de una inestabilidad inherente, se corrió el velo, sin corregirla, del hilo argumental poco convincente de una victoria sin perdedores.

Algo que para los analistas educados en la Guerra Fría es muy difícil de entender es que Putin no ataca al orden mundial de factura estadounidense en nombre de ninguna alternativa ideológica u organizacional. A diferencia del comunismo, el autoritarismo no es una ideología; no se trata más que de una forma de gobierno que se puede amoldar a distintos marcos ideológicos. De manera que Putin arremete contra las democracias liberales sin ninguna pretensión de amoldarlas a los estados autoritarios de estilo ruso; los ataques al orden liberal internacional se sustentan en razones pedagógicas, se trata de hacer un apunte y dar a Occidente una lección, de revelar su hipocresía y su vulnerabilidad oculta, de hacer a sus defensores aún más débiles. El no ideológico Putin supone un desafío al orden internacional de un modo muy parecido al del profundamente ideológico Estado Islámico, y con la misma falta de realismo y premeditación para alcanzar una meta positiva. Lo suyo es la subversión por emulación. En otras palabras, el reciente giro de Rusia hacia el aventurismo exterior constituye un ejemplo clásico de imitación utilizada como un arma para subvertir al imitado, con el objetivo de destruir la reputación de Estados Unidos, la comprensión que de sí misma tiene esta nación como modelo a imitar. Pero ¿con qué fin?

Puede que Putin esté jugando una mala mano con mucha habilidad, pero el hecho sigue siendo que se puede saber que la mano es mala. Así, se plantea la pregunta de por qué Estados Unidos tiene semejante obsesión con la Rusia de Putin, cuando es la ascensión de China lo que está reconfigurando el paisaje geopolítico del siglo XXI. Responderla puede servir de ayuda para explicar por qué Putin, por el momento, se siente victorioso en su guerra de imitación.

El recelo ante un posible choque es un factor, claro. Pero podemos encontrar la pista de una dinámica más profunda en un clásico de la literatura rusa, *El doble* de Dostoievski, la historia de un funcionario de segunda que acaba en un manicomio tras encontrarse con su doble, un hombre que es igual que él y habla igual que él, pero que muestra todo el encanto y la autoestima de los que el torturado protagonista carece por completo, y quien, poco a poco, se va convirtiendo en «él».

En lo que se refiere a Rusia, Occidente se siente como aquel protagonista en presencia de su doble. Aunque hay que señalar que existe una diferencia importante entre la novela y la realidad en la que vivimos. En la obra de Dostoievski, el doble parece ser la persona que el protagonista siempre ha querido ser; Rusia se ha convertido para Occidente, por contra, en el doble en el que teme convertirse. Mientras que, hace unos años, la población occidental percibía a Rusia como una pieza de museo perteneciente al pasado, ahora parece más bien un viajero en el tiempo que viene del futuro. Estadounidenses y europeos han empezado a temer que lo que ocurre en la Rusia actual acabe tomando forma en los países occidentales el día de mañana.[100] Las políticas de imitación han quebrado la sensación de que vivimos en una realidad común, aunque han aumentado el miedo a que nos estemos haciendo cada vez más parecidos —es decir, igual de faltos de principios y de cínicos— de lo que nunca antes hubiéramos creído posible.

En los días de la Guerra Fría, el historiador Robert Conquest insistía en que «una actitud orientada a la ciencia ficción puede ser de gran ayuda a la hora de comprender la Unión Soviética. No se trata exactamente de si es buena o mala; los soviéticos no son buenos ni malos en el sentido en que nosotros definimos estos términos. Resulta más provechoso verlos antes como marcianos que como personas iguales a nosotros».[101] A día de hoy, este consejo parece anticuado. En la actualidad, hemos llegado a comprender no solo que los rusos son más parecidos a los occidentales de lo que Conquest afirmaba, sino además que los occidentales son más parecidos a los rusos de lo que él mismo se hubiera permitido imaginar.

Durante las dos primeras décadas que siguieron al comunismo, Rusia fue un ejemplo clásico de un país no democrático que funcionaba tras la fachada institucional de la democracia, un régimen político en el que se celebraban elecciones con regularidad, pero en el que el partido en el poder nunca corría el riesgo de perder el poder. Al menos en cierto sentido, sigue siendo así en la actualidad. En el sistema de Putin, las elecciones seudocompetitivas sirven más para desincentivar a los ciudadanos que para capacitarlos. Así que el relato de las elecciones rusas dirigidas desde arriba ofrece una ilustración históricamente vívida del modo en que unas instituciones y prácticas que, en origen, estaban destinadas a emancipar a los ciudadanos de los caprichos de unos gobernantes que no tenían responsabilidades hacia ellos podían reconvertirse en instituciones seudodemocráticas, las cuales, de hecho, privarían a los ciudadanos del derecho al voto; lo que nos lleva de vuelta a la «imitación contagiosa». Los occidentales, desilusionados con sus propias democracias, están comenzando a ver que los sistemas políticos por los que se rigen no son mucho más genuinamente democráticos que el ruso. Un estudio reciente ha revelado que, en la última década, la confianza en la democracia ha decaído en las sociedades occidentales desarrolladas y que la desconfianza hacia este sistema político es más elevada entre la población más joven.[102] Un pilar central de la política antioccidental de Putin es abonar estas semillas de duda, dando a los ciudadanos estadounidenses y europeos incluso más razones para dejar de creer que la celebración periódica de elecciones redundará en el beneficio público. Que la voz del pueblo se escuchara con el referéndum del Brexit, por ejemplo, no significa que se hubieran valorado de antemano las consecuencias de dicha decisión. Es discutible que la injerencia rusa en las elecciones occidentales haya tenido una influencia importante en los resultados. Pero ahora Occidente comparte los miedos de polarización, ingobernabilidad y desintegración que siguieron en Rusia a la Guerra Fría. También en este caso, la relación imitador-imitado, del modo en que se entendía en el momento inmediato al colapso comunista, parece haberse invertido de forma brutal.

El espejo de Putin conforma una «medida activa». No está diseñado tanto para prestar un reflejo preciso como para desalentar la moral. El propósito principal del Kremlin, a la hora de inmiscuirse en las elecciones estadounidenses, consiste en revelar que la competencia electoral occidental, erigida en torno al poder manipulativo del dinero, desfigurada por una polarización política creciente y vacía de significado, debido a la ausencia de auténticas alternativas políticas, se parece a las elecciones dirigidas rusas más de lo que a los occidentales les gustaría pensar. Así, Putin trata de acabar con la narrativa de la victoria de Occidente a la que se dio forma después de 1989. La expansión mundial de la democracia no indicaría la liberación de unas masas ilustradas de la dominación de la élite, sino la manipulación de la ciudadanía por parte de unas fuerzas oscuras que actúan entre bastidores. Los esfuerzos del presidente ruso han venido instigados por un cambio radical en la percepción del papel de las redes sociales en la política. Mientras que, en los eufóricos días iniciales de la Primavera Árabe, las redes sociales se consideraban unas «tecnologías liberadoras»[103] y Facebook, Google y Twitter se veían como el síntoma del inminente futuro democrático del mundo, hoy se las asocia con una fragmentación asociada a la posverdad, con la polarización y con el final venidero de la democracia.

La Rusia poscomunista ilustra cómo un puñado de gobernantes sin responsabilidad ante la ciudadanía y llevados por el afán de lucro han conseguido, a pesar de las rivalidades internas, mantenerse en la cúspide de la fragmentada sociedad del país, sin necesidad de recurrir a unos niveles de violencia sobre las masas de consideración histórica. El economista Gabriel Zucman calculaba, en 2015, que el 52 por ciento de la riqueza rusa se encontraba fuera del país.[104] La de este modelo político, ni liberal, ni autoritario, ni explotador de la mayoría conformada por la clase obrera, en un sentido marxista, ni represivo de la totalidad de las libertades individuales, en un sentido liberal, es una imagen del futuro que no debería dejarnos dormir por las noches. Se trata de una pesadilla que el Kremlin trata de inocularnos.[105]

Lo que preocupa a tantos liberales occidentales no es el miedo a que Rusia gobierne el mundo, sino a que el mundo se gobierne del modo en que se gobierna ese país en la actualidad. Lo que resulta perturbador es que Occidente ha comenzado a recordar a la Rusia de Putin más de lo que estamos preparados para reconocer; el parecido incluye una tendencia a ver el descenso en espiral de la democracia como el resultado de una conspiración orquestada por sus enemigos. Como muchos otros países, Estados Unidos siempre ha tenido una mentalidad conspiranoide. Algunos investigadores incluso mantienen que el mito del excepcionalismo nacional es una puerta abierta al pensamiento conspiranoico. Si una nación tiene una cierta misión, es lógico asumir que sus enemigos tratarán de hacer que fracase.[106] Pero, si bien las teorías de la conspiración estuvieron destinadas a establecer las bases de la política estadounidense, en la actualidad forman parte de todo el espectro político, con más justificación en unas ocasiones que en otras.

Aunque las políticas alimentadas por el resentimiento de Moscú, por muy gratificantes que puedan resultarle al liderazgo del Kremlin en lo emocional y por mucho que satisfagan los deseos reivindicatorios, no llegan al nivel de una estrategia ponderada a largo plazo. De hecho, es posible que las políticas de mímica irónica y de ingeniería inversa de la hipocresía estadounidense puedan estar empujando al mundo, poco a poco, hacia el desastre.

La imitación agresiva asume, con talante autorrealizador, que todo espacio para la confianza entre Rusia y Occidente está lastrado de forma irremisible. Se resta importancia a las explicaciones alternativas de por qué Occidente no ha sido capaz de vivir según sus propios ideales, como la de una planificación deficiente o una coordinación hecha a salto de mata y carente de profesionalidad, para achacar el comportamiento poco servicial de Estados Unidos a una implacable mala fe. El desenmascaramiento de la hipocresía atribuye al adversario intenciones maliciosas, antes que ingenuidad, autoengaño, luchas burocráticas internas o incompetencia. Desde luego que la distinción entre los pretextos públicos y los motivos ocultos es una cuestión de simple sentido común, pero el centrarse de manera obsesiva en ella, como parece hacer Putin, es entrar en terreno resbaladizo.

Esta forma obsesiva de poner el acento en la hipocresía de Occidente ha impulsado el aumento de una mezquindad sin objeto estratégico por parte del lado ruso. Puesto que, detrás de cualquier invocación que haga de Estados Unidos a los ideales humanitarios, Rusia solo ve cinismo, y lo que busca es probar que no volverá a ser tan ingenua como lo fue cuando al creer en la promesa de dos caras de Estados Unidos de no expandir la OTAN hacia el Este, se ha abocado a practicar un menosprecio altanero por los valores humanitarios más elementales, como si deshacerse de cualquier tipo de inhibición moral en el asedio de Alepo, por ejemplo, la convirtiera en un homólogo digno del amoral Estados Unidos, cuya supuesta villanía adora denostar.

Apoyarse en la denuncia de la hipocresía del enemigo para justificar los propios actos de agresividad hace posible atacar al orden mundial existente, sin necesidad de ofrecer ninguna otra alternativa positiva que se pudiera poner en marcha. No se trata de la fórmula de una política exterior seria, que sirva para encauzar los limitados medios hacia unos objetivos alcanzables. Es cierto que Putin puede hacer desaires a Estados Unidos e irse de rositas o parodiar la política exterior de este para poner al descubierto la hipocresía que encierra, pero no hay forma de que pueda sacar algún beneficio para el desarrollo de Rusia de todo eso. Rusia se hizo más rica y más estable bajo su mandato entre 2000 y 2008, porque tenía disposición para equilibrar el deseo de limitar la influencia occidental, aunque sin aislar por completo a Rusia, y llevar a cabo una cooperación lucrativa con Occidente. A partir de 2012, dicho equilibrio se perdió. El resultado ha sido una política de mirar hacia atrás más que hacia delante, orientada a grandes rasgos a meter el dedo en el ojo a Estados Unidos. Las intervenciones en Siria y en el este de Ucrania, con las que se buscaba demostrar que Rusia puede hacer cualquier cosa que haga Estados Unidos, han enredado al cuerpo militar ruso en una serie de combates sangrientos, los cuales no parecen ni aportar gran cosa a la seguridad de la propia nación, ni tener un fin claro ni una estrategia de salida.

El intento de Rusia de justificar los actos de agresión en el exterior como meras réplicas de las acometidas occidentales ha dado lugar a una situación en la que, en busca de su propia salvaguardia, Occidente está empezando a imitar, a su vez, las acciones rusas. En noviembre de 2016, por ejemplo, el Parlamento Europeo adoptó una resolución destinada a contrarrestar la propaganda rusa. En ella se declaraba:

> El Gobierno ruso recurre a una amplia variedad de herramientas e instrumentos, como […] canales de TV multilingües [como, por ejemplo, RT], agencias de seudonoticias y servicios multimedia [como Sputnik] […] o redes sociales y troles de internet, para contravenir los valores democráticos, dividir a Europa, conseguir el apoyo de su ciudadanía y dar la impresión de que los vecinos orientales de la Unión Europea han acabado por ser Estados fallidos.[107]

Con base en dichas alegaciones, el Parlamento pidió a los estados miembro que reaccionasen. Es muy probable que los gobiernos europeos respondan del mismo modo, es decir, con políticas que, en resumidas cuentas, vengan a replicar a la legislación de «agentes extranjeros» de Rusia, incluidas las restricciones a la propiedad extranjera de los medios que se adoptó hace unos años, como respuesta a las presuntas actividades subversivas de Occidente en el territorio de la Federación de Rusia. La política de sanciones de Estados Unidos, aunque está dirigida contra aquella, también contribuye a la desarticulación de la estructura de comercio internacional abierto que la propia Rusia quiere destruir.

La teoría de la convergencia de la Guerra Fría postulaba que el desarrollo tecnológico terminaría con la escisión entre capitalismo y socialismo, al dar a todas las sociedades industriales un mismo formato, una predicción que parece estar cumpliéndose, por razones distintas y en un sentido irónico. De hecho, Rusia y Estados Unidos han comenzado a parecerse el uno al otro. Sin embargo, esta vez es el segundo el que se está remodelando en virtud de las líneas sugeridas por el espejo de Putin, una imitación inversa que no se agota en lo sorpresivo. Puede que lleve al Kremlin algunas sonrisas pasajeras, pero es improbable que asegure la estabilidad y la paz internacionales. Más bien, es lo más factible que acabe por alimentar una escalada de rivalidades que haga aumentar la violencia. A diferencia de la Unión Soviética, la Federación de Rusia no puede esperar que acabe derrotando a Occidente. Como mucho, puede albergar la esperanza de romperlo en pedazos, como ocurrió con el bloque soviético y con la propia Unión Soviética entre 1989 y 1991. Que el resultado sea un mundo estable en el que los intereses de Rusia queden protegidos parece algo imposible de imaginar.

3

La imitación como desposesión

Dicen «Estados Unidos primero», pero lo que quieren decir es «Ahora le toca a Estados Unidos».

Woody Guthrie

En la fascinante novela de Agatha Christie *Asesinato en el Orient Express*, de 1934,[1] el conocido inspector Hércules Poirot resuelve el misterioso asesinato de un malvado pasajero estadounidense, cuyo cadáver ha aparecido en el tren con múltiples puñaladas. Tras una rigurosa investigación, no solo descubre que todos los pasajeros tienen motivos personales para desear la muerte del supuesto Samuel Ratchett, sino que, además, todos ellos han colaborado de forma consciente, turnándose para apuñalar a su presa.

En los dos capítulos anteriores hemos examinado el conjunto de las causas corresponsables de la extraña muerte de lo que se conocía como el orden liberal internacional,[2] analizando los resentimientos, las aspiraciones y las artimañas de los populistas de Centroeuropa y de Putin. Pero hay que decir con claridad que no han estado solos en la tarea. De hecho, no hace falta ser un detective, como Poirot, para darse cuenta de que el actual presidente de Estados Unidos ha sido su leal cómplice.[3] Los motivos de este para dar la espalda a los aliados del país, rechazar los tratados multilaterales e intentar destruir las instituciones internacionales creadas por Estados Unidos después de la Segunda Guerra Mundial son motivo de controversia. Pero, sean estos cuales fueren, se trata de un cómplice clave en el apaleamiento fatídico de la «hegemonía liberal» que ha caracterizado la política internacional durante las tres décadas transcurridas desde 1989.

Aunque la conspiración criminal es fascinante, en este caso no nos preguntamos, siguiendo el camino marcado por Poirot, por qué Trump hace lo que hace, sino por qué una franja importante de la población estadounidense y del sector empresarial, así como la mayoría de los líderes republicanos, se han alineado de forma tan acrítica con el proyecto de desmantelamiento de lo que el historiador neoconservador Robert Kagan, con buenos motivos, llama «el mundo creado por Estados Unidos».[4]

Para responder a estas preguntas, más políticas que criminológicas, no basta con examinar la revolución Trump desde un estrecho marco conspiratorio y exclusivo de Estados Unidos. Para llegar al fondo del fenómeno, que podría parecer accidental e inexplicable, puede ser útil situarse en el contexto de los diversos movimientos y tendencias antiliberales existentes en otros lugares del mundo. El tema común que se repite en los casos de Centroeuropa, Rusia y Estados Unidos y que permite hacer un análisis comparativo fructífero tiene que ver con las políticas de imitación y sus consecuencias no intencionadas. Trump también llegó al poder a base de explotar la desilusión y el resentimiento surgidos en la Era de la Imitación unipolar.

La disposición a flirtear con el nacionalismo blanco de la que hace gala también ha contribuido al apoyo popular con el que cuenta. Pero queremos ampliar el foco y preguntarnos cómo ven sus seguidores al resto del mundo. ¿Por qué tantos ciudadanos de la potencia occidental dominante, con un presidente elegido «de manera legal y legítima», han llegado a desconfiar de países que veían a Estados Unidos como una nación ejemplar y para los que la democracia liberal era el modelo a imitar? Es relativamente sencillo explicar el resentimiento de los imitadores hacia el imitado, en especial cuando la jerarquía moral implícita en la relación imitativa se ve acentuada por la falta de alternativas, la supervisión moralista y el éxito dudoso. Pero ¿qué lleva al imitado a estar resentido con sus imitadores?

Se trata de una pregunta que levanta otras tantas: ¿por qué para los seguidores de Trump la «americanización» del mundo es una catástrofe para Estados Unidos? ¿Por qué creen que Estados Unidos no ha obtenido beneficios notables, sino que ha salido perdiendo con el papel fundamental que ha tenido en el comercio internacional, las organizaciones internacionales y la Alianza Atlántica? ¿Y por qué tantos estadounidenses han apoyado a un presidente que describe la división de Occidente y la desglobalización de la economía estadounidense como la venganza de Estados Unidos tras décadas de humillación nacional?

Trump ha mantenido un nivel nada despreciable de apoyo entre sus conciudadanos, incluso tras haber atacado a los principales aliados del país y haber apoyado públicamente a dirigentes que critican a Estados Unidos de la forma más estridente. Aún más misterioso es el hecho de que muchos estadounidenses acepten o incluso celebren el liderazgo de un hombre que, en un extraordinario acto de inversión imitativa, parece copiar la retórica pública de la que hace gala el nativismo xenófobo de Centroeuropa y el beligerante antiamericanismo del Kremlin. ¿Cómo se explican estas rarezas?

EL EJE DEL RESENTIMIENTO

Un gran obstáculo para apreciar en condiciones la importancia política de Donald Trump es que se trata de un personaje torpe, oportunista y grosero, con el que ningún analista comparte ninguna sensibilidad ética o estética. La ofensa que causa a la moral y a los gustos de los analistas cultos los lleva a practicar la venganza literaria y retratarlo como un loco y un idiota patológico. Pero esta actitud burlona impide indagar en las causas del sorprendente éxito político de Trump.

Ubicar la revolución Trump en el contexto de un motín internacional contemporáneo contra la democracia y el internacionalismo liberales nos ayudará a ver más allá. Nos centraremos en cómo encaja el movimiento Trump en la cultura global de la queja y del victimismo, canalizada y manipulada por los líderes de los antiguos países comunistas, en particular por parte de Viktor Orbán y Vladímir Putin. Este abordaje no explica la era Trump en su totalidad, pero puede ayudar a entenderlo a él, no como una leve desviación de un pretendido orden de normalidad que se va a restablecer cuando él se vaya, sino como la figura política radicalmente transformadora que es en realidad. Será muy difícil dar marcha atrás a los cambios que ha traído Trump, porque no se fundamentan en el comportamiento ruin y delictivo de un individuo, sino en una revuelta mundial contra lo que se ve como un imperativo de imitación liberal, de la que él no es más que, entre otras, una expresión de mal gusto.

Debido a que Trump es antiintelectual, hasta rozar el analfabetismo, y errático a la hora de hacer declaraciones políticas, los comentaristas liberales también asumen que no tiene un proyecto político coherente sobre el que haya que teorizar y al que haya que oponerse. Pero la visión del mundo puede ser más intuitiva que ideológica o filosófica. Y la estrategia puede ser de tipo instintivo, en lugar de lúcida y pensada. Esto ofrece otro razonamiento a nuestro planteamiento comparativo. Lo que explica que Trump conserve la popularidad son las excéntricas ideas que tiene sobre el lugar de Estados Unidos en el globo, no sus conspiraciones de vodevil ni sus planes de enriquecimiento personal. Y su visión del mundo, más intuitiva que ideológica, se hace más nítida si se comparan sus declaraciones y sus acciones con las de sus homólogos poscomunistas, para ver que parten de un resentimiento compartido hacia el reordenamiento unipolar del mundo a partir de 1989.

A la vez que desprecia de forma instintiva a los aliados de Estados Unidos, el presidente es reacio a criticar a los gobernantes autoritarios, incluidos los de Rusia y Centroeuropa, que atacan el modelo de democracia liberal estadounidense para recabar apoyos internos. No se trata solamente de que se lleve mejor con los «dictadores» duros que con los aliados «blandos», como él mismo dice,[5] sino que, además, se crece en compañía de gobernantes autoritarios dispuestos a criticar el doble rasero y la hipocresía de Estados Unidos.

Para una clase política habituada a disfrutar del papel de líder mundial, la idea de Trump según la cual Estados Unidos es la mayor «víctima» del mundo resulta difícil de asimilar. Tanto si Trump resulta ser una figura histórica de categoría mundial como si no, bien podría ser, como apunta el columnista Gideon Rachman, «el tipo de hombre de Estado instintivo [...] que aprovecha e incorpora fuerzas que él mismo solo entiende a medias».[6] El reto no consiste en desenterrar las pruebas de una confabulación, sino en destapar las fuentes del poder actual del iliberalismo. Tenemos la sensación de que se está produciendo un cambio profundo en la atmósfera y la arquitectura política globales, y que alguien con semejante capacidad de perturbación ostente la presidencia de Estados Unidos forma parte de ello. Si Napoleón representaba el espíritu heroico del mundo a lomos de su caballo, Trump podría ser el espíritu de la era antiliberal en Twitter.

Si no fuera por la afinidad electiva con una revuelta antiliberal más amplia, nos veríamos tentados de tachar la presidencia de Trump de golpe de suerte, sin el apoyo de la mayoría ni importancia histórica a largo plazo. Pero sería un error. Los cambios que ha provocado en la concepción que Estados Unidos tiene de sí mismo y en su reputación en el mundo no solo son radicales, sino que también reflejan el mismo espíritu de resentimiento provinciano que vemos en Centroeuropa, contra un mundo cosmopolita que invita pero que no deja entrar. Además, al igual que sus almas gemelas, Orbán y Putin, Trump rechaza rotundamente la imagen tradicional de Estados Unidos como nación ejemplar. Por eso se ha mostrado en contra, con un apoyo popular considerable, de una arrogancia que se remonta a la fundación del país, es decir, la idea de que «el mundo consagrará e imitará [...] nuestro ejemplo».[7] Así pues, la revolución de Trump representa mucho más que un cambio de política; registra y presagia una transformación difícilmente reversible en la forma en que Estados Unidos se define a sí mismo y a su función histórica.

Aunque no hay que sobrestimar la capacidad de reflexión que pueda tener, parece que Trump se ha propuesto «normalizar» a Hungría, a Rusia y a otros regímenes iliberales de una forma distinta a como lo hicieran otros presidentes, los cuales alentaban a estos países a adoptar las normas liberal-democráticas, mientras que él, por el contrario, alienta a Estados Unidos a copiar a aquellos. Incluso se podría decir que ha orquestado un «cambio de régimen» a la inversa, al destruir tantas normas informales que, poco a poco, está rediseñando la constitución de Estados Unidos de acuerdo con criterios iliberales. Y si su programa interno es un reflejo del de Hungría, su programa internacional sigue de cerca el de Rusia. Además, ha celebrado el posible desmantelamiento de la Unión Europea y flirtea con la retirada del país de la OTAN, el sueño del Kremlin que convertiría a Trump y a Putin en correvolucionarios, fueran o no coconspiradores.[8]

El aprecio que ha expresado Trump por el iliberalismo de Centroeuropa y la admiración infantil que siente ante la imagen de hombre fuerte de Putin reflejan, sin duda, su malestar particular con la idea, propia del constitucionalismo liberal, de que el Gobierno haya de rendir cuentas. Pero no menosprecia el imperio de la ley solo porque suponga una amenaza personal;[9] sino también porque la idea misma de justicia imparcial hace que Estados Unidos parezca único en la historia, con una moral superior, como un claro ejemplo para el mundo.

¿QUIÉNES NOS CREEMOS QUE SOMOS?

En un artículo publicado en 2013 en *The New York Times*, Vladímir Putin atacaba, con irónica religiosidad, la ingenua leyenda del excepcionalismo estadounidense:

> Es muy peligroso animar a la gente a considerarse excepcional, sea cual sea el motivo. Hay países grandes y pequeños, ricos y pobres, unos con tradiciones democráticas y otros que buscan un camino propio a la democracia. Las políticas de cada uno también son diferentes. Todos somos diferentes, pero cuando pidamos la bendición del Señor, no debemos olvidar que Dios nos creó a todos iguales.[10]

Viene siendo habitual que el dirigente de una nación rival critique el exagerado sentido de excepcionalidad y superioridad moral estadounidense. Lo llamativo, en este caso, es el entusiasmo con el que el ciudadano Donald Trump alabó y repitió la bofetada de Putin a uno de los mitos más apreciados de Estados Unidos. El término «excepcionalismo estadounidense», convino Trump, es «muy insultante y Putin se lo plantea sin rodeos [a Obama]».[11] Este ostentoso apoyo al ataque de Putin, aunque venía provocado por la necesidad de criticar a su antecesor, da una pista importante sobre la visión intuitiva de Trump acerca de la vida política y de las fuentes psicológicas de su atractivo popular.

La centralidad del ataque al excepcionalismo estadounidense en la visión del mundo de Trump se demuestra en la frecuencia y el entusiasmo con los que recurre a él. En 2014, en respuesta a la pregunta de un periodista sobre el significado de esta idea, le planteó dos objeciones. La respuesta, con sus típicas divagaciones y soliloquios, tiene tanto que ver con nuestro argumento que merece la pena citarla con detalle:

> Bueno, creo que en cierta forma es un término muy peligroso, porque oigo a Putin decir: «¿Quiénes se creen que son cuando dicen que son excepcionales?». Puedes sentirte excepcional, pero, si empiezas a echárselo en cara a otros países o a otras personas, entonces creo que se convierte en un término muy peligroso. Pues bien, yo oí a Putin decirle a alguien […]: «¿Quiénes se creen que son cuando dicen que son excepcionales?»; y lo entiendo. Ya sabes, lo que decía era: «¿Por qué se creen tan excepcionales? Tienen asesinatos en la calle. Mira lo que ocurre en Chicago y en otros sitios. Hay un montón de disturbios, todas esas cosas que pasan». Y te puedo decir que hay muchos países en todo el mundo que están muy enfadados con el término «excepcionalismo estadounidense». Países a los que les va mejor que a nosotros; bastante mejor que a nosotros. ¿Estás intentando llevarte bien con el mundo y dices que eres excepcional? Por eso es un término que no me gusta mucho. Lo puedes pensar, pero creo que no hace falta decirlo tanto.[12]

Este monólogo inconexo, repleto de citas de Putin inventadas, apunta a dos buenas razones por las que, aunque parezca sorprendente, Trump está de acuerdo con el presidente ruso en la cuestión del excepcionalismo estadounidense. La primera, que es insultante decir a los extranjeros que tu país es superior al suyo. Decir que Estados Unidos es, con diferencia, el mejor país que haya habido nunca sobre la Tierra es descortés y puede provocar medidas reactivas no deseadas. Se trata de una afrenta gratuita a la sensibilidad nacional de otros países, que complica sin necesidad los esfuerzos de Estados Unidos por conseguir unos resultados favorables en política exterior.[13] En segundo lugar, y de forma algo contradictoria, Estados Unidos ya no es la envidia del resto del mundo y debería dejar de comportarse como si lo fuera. Lejos de ser la luz del mundo, ahora Estados Unidos parece más bien una infraestructura tercermundista que se desmorona. De hecho, el sueño americano se ha convertido en el hazmerreír de todos esos países «a los que les va mejor que a nosotros; bastante mejor que a nosotros».

La famosa indignación del presidente ruso por el hecho de recibir lecciones, en particular, por parte de los estadounidenses, tiene pleno sentido para Trump: «No creo que podamos dar lecciones a nadie». La violencia callejera, más imaginada que real, es una de las razones principales por las que, en su opinión, Estados Unidos debería dejar de dar sermones: «Mira lo que está pasando con nuestro país. ¿Cómo vamos a dar lecciones cuando están disparando a sangre fría a nuestros policías? ¿Cómo vamos a dar lecciones viendo los disturbios y el horror que hay en nuestro propio país?».[14] Al explicar por qué los estadounidenses no pueden dar lecciones a otros países, Trump consigue sonar, al mismo tiempo, calculadamente alarmista y extrañamente modesto. Pero no debemos pasar por alto la naturaleza revolucionaria de esta afirmación, pues con ella anuncia que va a ser el primer presidente de la historia de Estados Unidos en renunciar a la convicción de que el país constituye un modelo de aprendizaje. Recuperar la grandeza de Estados Unidos implica que la nación no represente nada edificante o inspirador; se trata de una jugada inteligente, porque un país que se ciñe con fidelidad a una idea moral va a atraer a imitadores y a aduladores que acarrearán problemas más adelante.

Que Trump presuma de poner a Estados Unidos en primer lugar no es incompatible con el rechazo al excepcionalismo estadounidense. Porque «Estados Unidos primero» supone no preocuparse del bienestar de otros países y maniobrar para superarlos en las negociaciones de comercio internacional, algo que no tiene nada de excepcional. «Ganar» es lo contrario de «predicar con el ejemplo»; esto último, para Trump, es peor que una pérdida de tiempo, es enseñar a otros a superarte.

En el núcleo del radicalismo de Trump está la idea de que la americanización de los demás países, la de los antiguos enemigos en particular, no es buena para Estados Unidos, un tipo de discurso que representa un antes y un después. Entre otras cosas, supone una renuncia total a la idea de que Estados Unidos es una nación de una bondad y una inteligencia excepcionales, así como de que tal excepcionalidad es lo que le otorga el derecho y el deber de extender su influencia fuera de sus fronteras.[15] Trump ha renunciado, de forma explícita, como no lo había hecho ningún otro mandatario estadounidense, a la creencia, de fuerte raigambre, de que Estados Unidos tiene la misión histórica de educar a los habitantes de los otros países en la organización de sus sociedades y de sus vidas.[16] Por lo tanto, es posible que sea el primer presidente de Estados Unidos que nunca, bajo ninguna circunstancia, repita las famosas palabras de Woodrow Wilson: «Sois estadounidenses y debéis llevar la libertad, la justicia y los principios humanitarios allá donde vayáis».[17]

Trump no solo se opone al proselitismo de la democracia y de los derechos humanos; además, a menudo ignora la división entre los países que respetan los derechos humanos y las normas democráticas y los que no lo hacen. Estados Unidos no tiene ninguna misión y no es modelo para nadie, al igual que la historia no tiene un «fin» en el sentido de un objetivo o de un propósito moral. Por eso rechaza de manera sistemática la concepción mesiánica de Estados Unidos y la idea de que sea un referente de la libertad y la justicia para toda la humanidad, un modelo en el que se puedan mirar todos los países en vías de desarrollo.

Tras ganar las elecciones, uno de los críticos más duros de Trump señalaba, sin pretender que sonara como un halago, que «puede que Estados Unidos vuelva a comportarse como una nación normal».[18] No obstante, recuperar la normalidad de Estados Unidos no conlleva la vuelta a la propaganda de la era Reagan. Por el contrario, lo que implica es la reconfiguración de la imagen internacional del país como una nación que no es, en un sentido moral, ni mejor ni peor que cualquier otra. Antes de las elecciones de 2016, Mitt Romney advertía de que, si Trump llegaba a ser presidente, «Estados Unidos podría dejar de ser la luz del mundo», sin darse cuenta, al parecer, de que esa era precisamente la intención de Trump.[19] Al prescindir del contraste entre la inocencia y la decencia de Estados Unidos y la pecaminosidad y la indecencia de los demás países, Trump quiere que el resto del mundo sepa que el país que gobierna no solo es tan poco escrupuloso como cualquier otro, sino que además se ve como tal.

Para él, la normalización significa «la restauración de unos Estados Unidos como un Estado egoísta entre muchos otros estados egoístas».[20] La nación solo puede salir airosa si deja de defender ideales elevados como la democracia y los derechos humanos, destinados a beneficiar a otros países. Los presidentes anteriores manifestaban la creencia en el excepcionalismo estadounidense, pero se trataba de una forma peligrosa de hipnosis autoinducida, de un autoengaño en el que solían caer con frecuencia los inocentes estadounidenses. ¿Qué puede ser más estúpido que comprometer a Estados Unidos a actuar de forma desinteresada en favor de otros países?

Este rechazo del mito del excepcionalismo estadounidense se sustenta en una visión darwiniana de la vida, como una guerra contra todos, despiadada y amoral. Cuando el periodista televisivo Joe Scarborough señaló que Putin «mata a los periodistas que no están de acuerdo con él», la célebre respuesta de Trump fue: «Bueno, creo que nuestro país también mata bastante, Joe».[21] Estados Unidos es un país normal; asesina a gente inocente, como cualquier otro país, y, a menudo, sin motivo.[22]

Trump quiere que Estados Unidos reconozca su falta de inocencia y que, además, la acepte. Comparemos su amoralidad cínica con negaciones similares de la inocencia de Estados Unidos por parte de sus predecesores. Cuando Bill Clinton y Obama despreciaron la idea de la inocencia de Estados Unidos, lo hicieron por razones contrarias a las de Trump. Ambos admitieron graves irregularidades por parte del país que dirigían, pero sin abandonar la idea de que Estados Unidos representaba un ideal moral admirable en su conjunto.

En 1999, por ejemplo, para demostrar que no iba a Ankara a alardear de su propio país, Clinton habló de esta manera a la Gran Asamblea Nacional Turca:

> Tengan en cuenta que vengo de una nación que se fundó sobre la creencia de que todos nacemos iguales, y, sin embargo, en el momento de su fundación, había esclavitud, las mujeres no podían votar, ni siquiera todos los hombres podían hacerlo, solo aquellos que tuvieran propiedades. Sé qué es la materialización imperfecta de los ideales nacionales. En Estados Unidos, hemos recorrido un largo camino desde aquella fundación hasta lo que somos ahora, pero ha merecido la pena.[23]

El sentido retórico de semejante confesión de la imperfección de Estados Unidos era persuadir al público asistente para que imitase ese «largo camino». Si los turcos seguían el ejemplo estadounidense, acabarían superando la discriminación étnica existente en su propia nación. Estados Unidos aún está lejos de alcanzar el objetivo de libertad y justicia para todos. Pero eso no invalida la naturaleza excepcional del país, y lo que hace que sea tan excepcional es precisamente que un presidente estadounidense pueda viajar al extranjero y admitir, de forma abierta, los errores cometidos, sin tener por ello que ponerse en una actitud a la defensiva. Esta sincera admisión de culpabilidad implicaba, de forma indirecta, que los estadounidenses habían avanzado en el camino hacia el perfeccionamiento moral más que su audiencia turca.

Diez años después, Obama pronunció una oda igual de sutil al excepcionalismo estadounidense en El Cairo.[24] Lo que hace de Estados Unidos un lugar único es que sus dirigentes están dispuestos a confesar los pecados del pasado. Esta aplacadora franqueza es lo que ha hecho que el país mantuviera una posición de referente moral de la humanidad. Por eso sus representantes se arrogan el derecho y el deber de decir a los demás qué tareas «deben» llevar a cabo y qué procedimientos «deben» copiar. Para Clinton y Obama, negar la inocencia de Estados Unidos constituía una forma indirecta de defender el controvertido excepcionalismo y, en particular, la posición del país como ejemplo moral para el resto del mundo.

Trump admite los pecados de Estados Unidos por un motivo menos confesional y más perverso. En un mundo despiadado y competitivo, solo los ilusos aspirarían a la inocencia, y solo los perdedores harían una «gira de las disculpas». En ese caso, ser consciente de la propia falta de inocencia no es razón para sentirse culpable o arrepentido. Al contrario, se trata de un síntoma de *savoir faire*. Al fin y al cabo, ¿quién quiere ser el único que sigue las reglas del juego? Para él, rechazar el virtuosismo estadounidense es un primer paso para escapar de la ilusión buenista autodestructiva inducida por el mito del excepcionalismo estadounidense.

El «carisma» de Trump, si puede llamarse así, se basa en gran medida en lo rompedor de sus maneras. Y lo más excepcional de su presidencia excepcional es la negación del excepcionalismo estadounidense que practica.[25] Ha conseguido algo que antes se creía imposible, a saber, reconciliar a los ciudadanos más patrioteros de Estados Unidos con la idea de que el país puede ser «grande» sin ser un líder internacional, sin gozar de superioridad moral, sin tener una inocencia particular y sin ostentar el derecho a dar lecciones a otras naciones. Ha disociado el narcisismo característico de Estados Unidos de la idea de que el país es «especial», en el sentido de una superioridad moral. En un contexto así, es importante destacar que «Solo los miembros más izquierdistas del Partido Demócrata niegan que Estados Unidos esté por encima de otros países»,[26] lo que supone un buen indicador del poder hipnótico de Trump, quien ha conseguido que su base nacionalista piense lo mismo que unos demócratas poco convencidos de su propio liberalismo, sin que se vea obligada a abandonar sus fantasías intolerantes y xenófobas.

El grito de guerra de Trump es: «Necesitamos a alguien que se haga cargo de la *marca* Estados Unidos para que recupere su grandeza».[27] Se trata de un eslogan paradójico, porque tiene el cometido explícito de situar a Estados Unidos en una posición ni por encima ni por debajo de cualquier otro país. Al no tener nada que ver con el excepcionalismo estadounidense, este tipo de «grandeza» no cuenta con precedentes históricos. Trump habla de «recuperar», pero no puede referirse a las décadas de los cincuenta o de los sesenta, cuando Estados Unidos se puso a la cabeza de un mundo devastado por la guerra, resolvió la conflictividad laboral en el entorno de la empresa y «vio el nacimiento de los *beatniks* y de los derechos civiles»,[28] puesto que fue, a todas luces, un punto culminante del excepcionalismo estadounidense. La «grandeza» de Trump es otra cosa. Tiene que ver con la aniquilación de la autoproclamada singularidad estadounidense y la asimilación de Estados Unidos a un mundano resto del planeta. Es algo que debería resultar impactante, ya que «los estadounidenses no suelen pensar que su país sea como cualquier otro».[29] Pero los dirigentes del Partido Republicano, entre otros, han aceptado, en su mayoría, una «normalización» tal de su país, sin oponer demasiada resistencia.[30] Para comprender semejante ausencia de disconformidad, hace falta haber captado en profundidad el secreto de su extraordinario éxito político. ¿Cómo ha podido convencer a los nacionalistas agitabanderas de Estados Unidos para que abandonen la idea de que el país ostenta una superioridad moral frente a otros países?

«MARAVILLOSA DEMOCRACIA»

¿Por qué los estadounidenses estaban preparados para aceptar una visión política tan alejada de las tradiciones culturales más profundas de su país? La elección de una figura tan abiertamente hostil hacia el liderazgo moral de Estados Unidos en el mundo nos sugiere que hay corrientes oscuras que se arremolinan en las profundidades de la opinión pública estadounidense. Cuando, en los ochenta, Trump empezó a recurrir al argumento de que Estados Unidos era una nación «perdedora», nadie le hizo caso.[31] Lo que ha cambiado en estos años no es el pensamiento de Trump, sino la actitud de importantes sectores de la sociedad estadounidense hacia su mensaje. Pero ¿a qué se debe que, de repente, la inverosímil idea de que Estados Unidos es la mayor víctima de la americanización del mundo disfrute de un impulso político nunca visto? Para profundizar nuestra respuesta a esta cuestión, debemos reconsiderar cómo la ocupación de Irak y la guerra contra el terror contribuyeron a preparar a la opinión pública para que simpatizase con el pensamiento radicalmente revisionista de Trump.

Durante la campaña para la presidencia, este criticaba la «peligrosa idea de que podemos crear democracias occidentales en países que no tienen ni experiencia ni interés en convertirse en una democracia occidental».[32] Parece obvio que estaba pensando en Irak. Ya en 2004 había dudado de que aquel país pudiera convertirse en una «maravillosa democracia», y pronosticó, por contra, que «en cuanto nos vayamos, habrá una revolución», en la que el poder acabaría por caer en manos de «el tío más malvado, más duro, más listo y más despiadado».[33] Y, como presidente, ha dejado claro que Estados Unidos iba a parar, de una vez por todas, de impulsar la imitación.[34]

Puede que la idea de que Estados Unidos es quien más tiene que perder con la americanización del mundo sea la intuición más extraña de Trump. Sin embargo, la población fue mucho más receptiva cuando afirmó que Estados Unidos no tenía por qué democratizar Irak de lo que lo había sido cuando dijo que Estados Unidos no tenía por qué haber ayudado a transformar Alemania y Japón en democracias capitalistas funcionales.[35]

Los tiempos cambian, pero un motivo más específico para la diferencia en la respuesta de la gente a estas dos afirmaciones es que, después de 1945, Estados Unidos pudo iniciar e impulsar la democratización de sus antiguos enemigos gracias al dominio económico y militar del mundo, consecuencia de una guerra que había reducido a escombros a los países más industrializados. Desde luego, Estados Unidos ya no tiene una cuota tan desproporcionada del poder mundial. Así pues, el entusiasmo de la población estadounidense por reconfigurar el mundo a imagen y semejanza de Estados Unidos se desvaneció cuando quedó claro que el país ya no tenía la capacidad para hacerlo.[36] Visto desde fuera, además, era inevitable que la democracia liberal de estilo estadounidense perdiera la posición canónica una vez que Estados Unidos ya no tuviera preponderancia mundial. Este declive relativo del poder hizo que imponer los intereses y los juicios de valor estadounidenses al resto del mundo pareciera inútil. No tiene sentido tratar de conseguir aquello para lo que uno no tiene la capacidad. En este sentido, el rechazo «antiestadounidense» de Trump al excepcionalismo es más realista que la creencia de Robert Kagan, típica del país, según la cual «el declive [...] es una opción, no un destino inevitable».[37] De hecho, el destino de Estados Unidos es la decadencia relativa. Las únicas opciones posibles vendrán determinadas por la inteligencia o por la insensatez con la que se gestione este declive.

Cabe recordar también que Trump estaba en lo cierto cuando dijo, en su discurso de toma de posesión, que «la infraestructura de Estados Unidos se ha desgastado y deteriorado».[38] La posibilidad de revestir la política exterior estadounidense con el lenguaje de una misión universal en nombre de la humanidad estaba destinada a fracasar, una vez que Estados Unidos había perdido la confianza en ser la vanguardia de la modernidad. Reconocer que el poder relativo y el prestigio internacional de Estados Unidos estaban en retroceso ayuda a explicar por qué una franja significativa del electorado estadounidense estaba dispuesta a apoyar a un candidato que se burlaba, de forma abierta, de la «vocación» del país de expandir su modelo político y económico por todo el mundo, ya fuera con el ejemplo o por la fuerza.

Después de 1989, muchos miembros destacados del equipo de política exterior de Estados Unidos creían «que era inminente una revolución capitalista democrática mundial liderada por Estados Unidos y con base en su modelo».[39] Este tipo de persistente exceso de confianza no explica la invasión de Irak, pero sí el razonamiento que se utilizó ante la opinión pública para acometerla. Cuando quedó claro que Sadam Husein no tenía armas de destrucción masiva, el Gobierno de George W. Bush pasó a justificar la guerra únicamente por motivos humanitarios de corte liberal, para proteger los derechos humanos de los civiles iraquíes y promover la democracia a punta de pistola. Eran ambiciones que la población estadounidense estaba acostumbrada a respaldar. Los motivos reales de la guerra, como señalaron muchos críticos con el Gobierno, eran otros.[40] Sin embargo sean cuales fueren, la guerra se justificó ante la opinión pública por la obligación moral de extender las normas e instituciones liberales democráticas en todo el mundo.

Regresemos a la actualidad. El mensaje antimisionero de Trump se ve reforzado por el hecho de que la imagen de Estados Unidos en el resto del mundo quedó muy empañada a causa de la respuesta irracional del Gobierno al 11-S, no solo por el fracaso de las guerras, sino también por el maltrato a los prisioneros en Abu Ghraib, documentado fotográficamente, o por la retención arbitraria y aleatoria de personas en Guantánamo durante más de una década. Estos abusos llevaron incluso a que, en partes del mundo donde se veía a Estados Unidos como un referente liberal, se planteasen dudas tanto sobre la «cruzada» estadounidense como sobre la imitabilidad del ejemplo que ofrecían. La disposición de gran parte de los estadounidenses, incluidos muchos liberales, a aceptar el abandono de la superioridad moral por parte de Trump puede explicarse con facilidad por la pérdida objetiva de la superioridad moral de Estados Unidos. Así, en la primera década del siglo xx, el país renunció a gran parte de aquella «influencia del ejemplo» de la que presumía. Trump no provocó un desencanto con el liderazgo mundial de Estados Unidos; más bien, solo tuvo la oportunidad de salir elegido cuando esa hostilidad instintiva, de la que hacía gala, hacia la tradición misionera estadounidense empezó a tener éxito entre un público más amplio.

Esto nos lleva, de nuevo, a la forma en que el año 1989 cambió de un modo drástico la postura de Estados Unidos en política internacional. En las cuatro décadas anteriores, la Unión Soviética no había sido solo el principal adversario militar del país, sino además su antagonista en lo ideológico y en lo moral. En Estados Unidos, tanto la derecha como la izquierda, aunque enfrentadas, defendían visiones de una sociedad liberal como reacción a la pesadilla estalinista. En este sentido, la Guerra Fría moldeó en profundidad la filosofía pública de Estados Unidos. Podría decirse incluso que la Guerra Fría era la filosofía pública de Estados Unidos. La exigente rivalidad con el comunismo soviético marcó, para los estadounidenses, el planteamiento de los principios en los que se fundamentaban las instituciones básicas. Así pues, el liberalismo nacional era, o parecía ser, lo contrario del totalitarismo soviético.

La libertad de expresión y de prensa, así como la libertad de conciencia, se idealizaron precisamente porque el dominio de Moscú las reprimía de forma cruel. En la misma línea, los estadounidenses hacían hincapié en la libertad de movimiento y en el derecho a asociarse, a un juicio justo y a votar en unas elecciones competitivas, en virtud de las cuales, los cargos electos podían ser depuestos. También se enfatizaba la libertad para acumular patrimonio privado, bajo la suposición de que una economía descentralizada y no planificada podía ofrecer la base de la prosperidad y de la libertad política. En 1989, la pregunta era si estos «valores estadounidenses» sobrevivirían a la rivalidad geopolítica que los había hecho vitales desde el punto de vista estratégico.

Resulta irónico que la superpotencia que se impuso en la Guerra Fría fuera aquella que estaba consagrada ideológicamente al valor supremo de la competencia política y económica. Occidente, que siempre había alabado los efectos beneficiosos de la competencia, ya no tenía un competidor con una visión de carácter internacional, que incentivara el esfuerzo por cumplir con los propios ideales, esos que proclamaba públicamente.[41] Al conseguir el monopolio de la condición de superpotencia, Estados Unidos se convertía en el único proveedor de seguridad, pero también de valores políticos. La mayoría de quienes se alegraron por este resultado no se tomaron en serio el pronóstico que comportaba la teoría liberal, según la cual, los proveedores, en una situación de monopolio, al librarse de la presión competitiva, comenzarían a comportarse de manera irresponsable y derrochadora, sin tener en cuenta las consecuencias del modo en que puedan comportase, en particular, para los consumidores de lo que solo ellos ofrecen.

Esta es una de las razones por las que el liberalismo estadounidense, «liberado» de la competencia del comunismo soviético de la Guerra Fría, habría comenzado a perder el rumbo. La democracia y los derechos humanos dejaron de ser un elemento fundamental en la identidad de la nación, porque los estadounidenses ya no definían su filosofía pública en oposición al modelo defendido por un competidor armado hasta los dientes, el cual suponía una amenaza a la propia existencia. Durante la Guerra Fría, los derechos humanos se habían considerado un recurso estratégico. Durante la guerra contra el terror, en cambio, el derecho a no ser detenido de manera arbitraria y el derecho a tener un juicio justo comenzaron a verse como cargas estratégicas, que limitaban en exceso los métodos duros que los dirigentes de Estados Unidos creían necesitar para combatir a los nuevos enemigos yihadistas. Así pues, impulsar los derechos humanos en el resto del mundo resultaba tan sospechoso en política como difundir la democracia.

De la misma manera, la «sociedad abierta» y la libertad de cruzar las fronteras nacionales sin restricciones resultaron ser más una amenaza que una promesa. De la exigencia de Reagan de que la Unión Soviética derribara el Muro, se pasó a la revalorización de las barreras reforzadas y de las fronteras alambradas como el único método posible para proteger al asediado mundo liberal frente a la jungla exterior. Estos miedos fueron los que alumbraron a Donald Trump y a su promesa de salvación a base de muros.

El escaparate estadounidense

Una forma de abordar la paradójica idea de que la imitación supone una amenaza grave para el imitado, que lo deja desorientado y desheredado, alude a la difusión del idioma inglés por todo el mundo. Los populistas centroeuropeos suelen acusar a las élites anglófonas de traicionar a la nación, de reservarse para sí las posibles salidas de emergencia, para, de ser necesario, abandonar a sus compatriotas sin previo aviso. En este caso, vamos a tratar la cuestión desde la perspectiva contraria.

Hace una o dos décadas, los no estadounidenses asumieron que la difusión del inglés significaba que los valores e ideas estadounidenses estaban conquistando el mundo.[42] En su teoría de la justicia lingüística, Philippe van Parijs sugirió que se debería imponer una tasa especial al idioma a los miembros de las comunidades anglófonas, para subvencionar los costes del aprendizaje de inglés de las comunidades no anglófonas.[43] La justificación que daba para este programa de subvenciones era que los hablantes de inglés obtenían enormes beneficios por haberse criado con el inglés como lengua materna.

En cierto modo, es verdad que el inglés estadounidense sirve como «idioma de reserva» mundial, de la misma forma que el dólar estadounidense sirve como moneda de reserva mundial, lo que supone una ventaja injusta para los estadounidenses en cualquier tipo de transacción internacional. Sin embargo, desde que Washington se ha convertido en el centro de la inestabilidad mundial, la idea de que la difusión del inglés supone una ventaja indiscutible para los hablantes nativos parece intuitivamente menos verosímil. Es cierto que los estadounidenses se enorgullecen de que haya gente en todo el mundo que aprenda inglés y que quiera estudiar en universidades estadounidenses, pero es cada vez más obvio que, en un mundo interconectado, la difusión global de ese idioma supone, en muchos casos, una desventaja competitiva para ellos, e incluso representa una amenaza estratégica para la seguridad del país.

Empecemos por lo más obvio. Los estadounidenses tienen menos motivaciones para aprender idiomas que los no estadounidenses. Según una encuesta Gallup, solo una cuarta parte de los ciudadanos de Estados Unidos pueden conversar en otro idioma que no sea el inglés. De esa cuarta parte, el 55 por ciento son hablantes de español, que para muchos de ellos es su lengua materna y no una segunda lengua. El director del Consejo Americano para la Enseñanza de Lenguas Extranjeras afirma que los estadounidenses están «a la cola» mundial en cuanto a la capacidad para hablar una lengua extranjera.[44]

Que el país que en teoría está a la cabeza del mundo ocupe un lugar tan bajo en estas lides tiene consecuencias desafortunadas. La desproporción entre los estadounidenses monolingües y aquellos cuyo idioma materno no es el inglés pero que aun así lo hablan con relativa fluidez es una de las asimetrías de poder más importantes en un mundo en el que la educación es clave para la movilidad social y la adaptabilidad al cambio. Como ha escrito Amin Maalouf, «siempre será una importante desventaja no saber inglés, pero también, y cada vez más, saber únicamente inglés».[45] Con una cultura de los medios de comunicación de carácter provinciano y sin capacidad de introducirse en realidades locales complejas y entenderlas mediante el aprendizaje que proporciona el idioma, los estadounidenses están cada vez más desconectados de esas otras realidades. La visión del mundo que poseen resulta cada vez más incomprensible para las élites económicas, diplomáticas, periodísticas e incluso académicas. Ocurre muy a menudo, cuando hablan con alguien en el extranjero, que solo se les dice lo que supuestamente quieren oír.[46]

Suele afirmarse que la popularidad mundial de la cultura estadounidense es un signo del poder de Estados Unidos y de la posición dominante que detenta en el mundo. Veamos un ejemplo típico:

> Durante el apogeo de la democracia liberal occidental, Estados Unidos (y, en menor medida, Europa Occidental) fue la cuna de los escritores y los músicos más famosos, las películas y los programas de televisión más vistos, las industrias más avanzadas y las universidades más prestigiosas. En la mente de muchos jóvenes que alcanzaban la mayoría de edad en África o en Asia en los años noventa, todo esto parecía ir unido; el deseo de compartir la riqueza inconmensurable de Occidente también era un deseo de adoptar su modo de vida, y el deseo de adoptar su modo de vida parecía implicar el de copiar su sistema político.[47]

Estos respetados autores explican más adelante que tal «influjo cultural» permitió al país «influir en el desarrollo de otros países».[48] Pero semejantes afirmaciones sobre el «poder blando» de Estados Unidos son dudosas. De hecho, la difusión mundial del dominio del inglés, así como la familiaridad con la cultura estadounidense que aquella provoca y fomenta, sitúa a los ciudadanos estadounidenses en un escaparate. El mundo conoce a Estados Unidos mucho mejor de lo que Estados Unidos conoce al mundo. Se plantea, en consecuencia, la siguiente pregunta: ¿quién tiene más capacidad de manipular y sobreponerse a quién?

En efecto, todo el mundo ve películas estadounidenses y está al tanto de la política de aquel país. Y esto ofrece una enorme ventaja a las potencias extranjeras, como Rusia, si deciden, por ejemplo, interferir de manera encubierta en la política estadounidense. Se dice que el presidente Putin indicó a su ministro de Defensa, Serguéi K. Shoigu, que si quería entender cómo funcionaba Estados Unidos, lo único que tenía que hacer era ver la serie de Netflix *House of Cards*.[49]

Mientras que los ciudadanos de otros países saben mucho sobre los estadounidenses, estos apenas saben cómo vive y piensa el resto del mundo; no conocen a actores y actrices no anglófonos y cuentan con una idea muy vaga sobre los conflictos políticos que tienen lugar en otros países. Esta enorme asimetría comprensiva da lugar a una vulnerabilidad estratégica. Por ejemplo, los veinteañeros de Yeda o de Karachi pueden navegar en internet y apuntarse a lecciones de vuelo en Oklahoma, pero sería difícil que un veinteañero de Oklahoma pudiera saber qué se ofrece en Yeda o en Karachi, porque desconocen el idioma de esa zona.

Cuando WikiLeaks publicó los mensajes secretos del Departamento de Estado de Estados Unidos, se trató de una noticia internacional y de una gran vergüenza para la diplomacia estadounidense. En cambio, los mensajes diplomáticos chinos que se filtraron hace unos años, aunque sin duda eran de gran interés para los expertos en distintas materias, nunca podrían haberse convertido en una historia de interés mundial, ni llegar a constituir un duro revés para la política exterior china, porque no hay mucha gente que pueda leer el chino con fluidez, excepto los propios chinos y unos pocos especialistas no nativos.

Puede que Estados Unidos tenga una ventaja militar importante frente a China, pero la asimetría que supone el que la cultura y la política del primero sean transparentes, mientras que las de China sean opacas, plantea dudas sobre la posición privilegiada de aquel en las disputas comerciales. Como señala Bob Woodward, en relación con la guerra comercial entre China y Estados Unidos que empezó en 2018:

> Los chinos sabían cómo infligir daños en lo económico y en lo político a la perfección. Si se comparan, Estados Unidos estaba en preescolar y China tenía un doctorado; sabía cosas como en qué distritos congresuales se elaboraba cada producto, como, por ejemplo, la soja, así como sabía qué distritos oscilantes eran de mayor importancia para mantener el control de la Casa Blanca. De este modo, podía fijar aranceles para los productos de estos distritos, así como para otros de relevancia estatal. Podía gravar el *bourbon* de Kentucky, tan defendido por el senador McConnell, o los lácteos de Wisconsin, de gran importancia para el senador Paul Ryan.[50]

No solo hay muchos más estudiantes chinos en Estados Unidos que estudiantes estadounidenses en China, sino que, por lo general, están mucho mejor informados.

Aunque la transformación del inglés en la *lingua franca* mundial daba la impresión, en su momento, de ser un ejemplo típico del poder blando de Estados Unidos, ahora parece haber dado lugar a un mundo en el que el dominio militar y el éxito comercial de ese país se ven debilitados por el analfabetismo cultural, por una indiferencia provinciana y por la falta de interés hacia todo lo que le sea ajeno.[51] El problema se acentúa debido a la tendencia a que los especialistas del Departamento de Estado que conocen otras lenguas y otras culturas se vean marginados por los pesos pesados del Departamento de Defensa, ignorantes a este respecto. En cualquier caso, la falta de familiaridad con el idioma, la historia y la política de otras naciones propicia la desconfianza y el miedo ante lo que solo se comprende de un modo vago. También se incrementan las posibilidades de caer en cualquier clase de engaño premeditado con recurso a una desinformación adecuada al efecto y determinada con base en un plan específico. Cuando los militares estadounidenses destinados en Afganistán o en Irak dicen de los lugareños que «el único idioma que entienden es la fuerza», están dando más información sobre el monolingüismo provinciano y la estrechez de miras propios que sobre el país en el que están y cuyos conflictos internos se esfuerzan en vano por descifrar.[52] La incapacidad para comprender cómo piensan los otros dificulta la acción estratégica, puesto que la estrategia requiere la capacidad de anticipar la posible reacción del otro ante la iniciativa que se piensa tomar. Para el Gobierno de Estados Unidos es imposible «influir en el desarrollo de otros países» mientras los estadounidenses sigan incapacitados por causa de una educación monolingüe, así como por unas anteojeras culturales que se han vuelto peligrosamente anacrónicas en un mundo en el que la globalización ya no tiene vuelta atrás.

Como explicó a uno de los autores Alexander Voloshin, antiguo jefe del gabinete de Presidencia ruso, los imitadores conocen a quien imitan mucho mejor de lo que los imitados conocen a quien lo imita.[53] Los buenos depredadores conocen a su presa mejor de lo que la presa se conoce a sí misma. En vez de aislarse de la competencia, Estados Unidos ha creado y mantenido un mundo sin barreras, abierto de par en par, que convierte al país monolingüe en un blanco fácil para los atacantes foráneos multilingües. Entre los presuntos invasores están países que, al haber tratado de adecuarse a las expectativas de la potencia hegemónica liberal, han estudiado de forma consciente la política y la cultura de esta durante varias décadas. Mientras el influjo cultural de China sigue creciendo a expensas de Occidente, los directivos empresariales, preocupados por la transferencia de tecnología, y los votantes populistas, a quienes inquieta la pérdida de puestos de trabajo, cierran filas en torno al miedo paranoico a la competencia extranjera que Trump ha estado exhibiendo durante décadas, para ser objeto de una indiferencia casi universal. Con el progresivo declive del poder, cada vez más políticos estadounidenses, incluidos los demócratas, desconfían de la interdependencia internacional. El ascenso de Trump ha tenido que ver con este cambio cultural. La comprensión internacional del panorama estadounidense, facilitada por la globalización del inglés, se teme ahora como un instrumento para la subversión política y el latrocinio tecnológico.

Los imitadores como competidores

La Era de la Imitación pretendía constituir un mundo en el que todas las partes ganan. Según sus críticos populistas, la falsa moralidad de un liberalismo ingenuo de semejante calado es la del «trata a los demás como te gustaría que te tratasen a ti», un imperativo moralista que no es sino una invitación a bajar la guardia. «Estados Unidos primero» es la antirregla de oro. En el plano geopolítico, se traduciría en que todos los rivales comerciales del país confabulan para engañarlo, y que no debe, por lo tanto, andarse con remilgos a la hora de salir triunfante de cualquier acuerdo bilateral. Ganar significa superar al otro y perder significa ser superado. Por eso, un mundo en el que todas las partes ganan, si acaso fuera posible, sería un mundo en el que Estados Unidos ya no «ganaría», lo que constituye precisamente la queja constante de Trump.

Dentro del marco en el que nos estamos moviendo, parece obvio preguntarse qué haría que el instinto de Trump lo llevase a sentirse incómodo con la distinción entre imitadores e imitados. Una respuesta es que esconde la que considera una diferenciación mucho más significativa; la que hay entre vencedor y vencido. Los biógrafos de Trump parecen estar de acuerdo en que hace gala de una «mentalidad simplificadora, de ganadores contra perdedores» y en que concibe «el mundo como un juego de suma cero».[54] Así es como él, o la persona que escribe los textos que él firma, lo explica: «Se oye a mucha gente decir que un buen trato es cuando las dos partes ganan. Eso es una estupidez. En un buen trato, ganas tú, no la otra parte. Aplastas al oponente y consigues lo que sea mejor para ti».[55] Dominar o ser dominado; la ley de la selva. Asimismo, uno de sus antiguos hombres de confianza aclara:

> Para él, se trataba de una cuestión binaria, de un juego de suma cero; o dominas o te sometes, o creas y explotas el miedo, o te postras ante él [...]. En numerosas conversaciones, me dejó claro que afrontaba cada encuentro como una competición en la que tenía que ganar, porque la única otra opción, en virtud de la forma en que él lo veía, era perder, y eso equivalía a quedar anulado.[56]

Planteado desde una perspectiva más mundana, Trump siente una incomodidad natural ante las políticas de imitación porque, desde el punto de vista de un hombre de negocios, los imitadores constituyen una amenaza.[57] Los empresarios estadounidenses aprecian las bajadas de impuestos y las desregularizaciones de Trump, pero no les gustan las subidas y bajadas de aranceles que lleva a cabo, erráticas y poco escrupulosas. Lo que, a pesar de todo, mantiene a muchos de ellos del lado de Trump es justo su insistencia feroz en que los imitadores de Estados Unidos infringen las patentes y la propiedad intelectual nacionales.

Si los emuladores replican con éxito, y hasta mejoran, un modelo de negocio, quitarán los clientes a la empresa original; los buenos imitadores le robarán el protagonismo e incluso la llevarán a la quiebra. Para Trump, Alemania y Japón fueron durante años los ejemplos más escandalosos. Tras vencerlos de forma decisiva en la Segunda Guerra Mundial, Estados Unidos permitió que sus antiguos enemigos se convirtieran en rivales comerciales. Los «sabios» que estuvieron al cargo de la política exterior de Estados Unidos a partir de 1945 lo consideraban una compensación inobjetable, ya que, entonces, un posible desequilibrio comercial parecía preferible a una potencial guerra termonuclear. Fue una política deliberada, no aleatoria. Sin embargo, en unas décadas, los enemigos a los que Estados Unidos había vencido por las armas empezaron a superarlo en su propio terreno, el de la exportación industrial. Al fomentar una reorientación del nacionalismo alemán y japonés, alejado de la competición militar y tras los pasos del modelo estadounidense de competición industrial, Estados Unidos, según los fanáticos del proteccionismo económico, cavó su propia tumba.

Entretanto, desde la perspectiva de Trump, las relaciones chino-estadounidenses han seguido el mismo camino. «Nosotros creamos China», opina.[58] Tras favorecer la apertura económica de China, en apariencia bajo el supuesto de que así el país iría hacia una convergencia predeterminada con el capitalismo liberal-democrático, Occidente se quedó con la boca abierta, al verse frente a un sistema mercantilista liderado por el Partido Comunista, el cual es más competitivo en muchos aspectos. Se da la circunstancia de que el formidable crecimiento económico de China coincidió con el inútil intento, por parte de Estados Unidos, de americanizar los antiguos países comunistas de Centroeuropa y Europa del Este. En China, en cambio, la reforma por imitación excluyó la adaptación de los valores occidentales tales como la libertad de prensa y la separación de poderes. Ni la participación democrática ni la rendición electoral de cuentas estaban incluidas tampoco, aunque, en un principio, algunos observadores pensaron que llegarían de forma natural, al menos a largo plazo.

Trump no es el único que opina que el milagro económico chino ha sido un desastre para Estados Unidos. China le está robando la primera posición económica, o quizá ya lo ha hecho, precisamente porque sus ciudadanos son imitadores de primera clase. De hecho, Reagan fue el último presidente al que se le disculpa hablar del excepcionalismo estadounidense, porque aún no había visto los efectos del ascenso de China en la economía nacional.

Trump y sus partidarios suelen señalar que Estados Unidos ha creado y mantenido un sistema comercial internacional abierto a cambio de nada. Esto es lo que habría ayudado a transformar, primero, Alemania y Japón y, más tarde, China en economías capitalistas turbopropulsadas, orientadas a la exportación. Para los nacionalistas económicos, el hecho de que los estilos de gestión y los métodos de producción industrial se transfirieran a antiguos y futuros adversarios es una vergüenza nacional. Darles seguridad gratuita ya habría sido bastante grave. Pero Estados Unidos los alentó a desviar sus escasos recursos y energías hacia el desarrollo económico, ayudándolos a canalizar sus ambiciones nacionalistas en la fabricación de productos de alta gama para los mercados de todo el mundo, incluido el estadounidense. Se supone que esta política descabellada habría llevado a la desastrosa desindustrialización de Estados Unidos.

En un principio, lo que más irritaba a Trump era que Alemania y Japón, tras la derrota militar, desarrollasen industrias automovilísticas *copycat* que habían conseguido superar a las precursoras estadounidenses en el mercado de consumo mundial. La conocida afición que tiene por los Cadillac, al igual que la aversión que siente hacia los vehículos de la competencia, ayuda a explicar su obsesión con los coches de lujo alemanes, de otro modo inexplicable. En la famosa entrevista publicada en *Playboy* en 1990, Trump afirmaba que, si fuera posible, «pondría un impuesto a todos los Mercedes-Benz que entran en este país».[59] Veinticinco años más tarde, en el mismo discurso que ha pasado a la posteridad por haber afirmado en él que México enviaba violadores a Estados Unidos, Trump lamentaba: «¿Cuándo hemos ganado en algo a Japón? Nos mandan sus coches por millones, y ¿qué hacemos? [...]. Nos ganan continuamente».[60] La legendaria pasión estadounidense por los automóviles hace que el hecho de que los consumidores prefieran vehículos extranjeros parezca un ataque desleal a la preeminencia empresarial norteamericana. En el verano de 2018, de forma tan absurda como reveladora, «Trump ordenó al secretario de Comercio Wilbur Ross que investigara los aranceles de los automóviles y que averiguara si las importaciones de vehículos eran un peligro para la seguridad nacional».[61]

Conviene repetir que la clase política encargada de la seguridad nacional a partir de 1945 se dispuso a sustituir el nacionalismo militarizado y propenso a la guerra de Alemania y Japón por uno de tipo comercial, pacífico, de forma deliberada. El objetivo de fomentar y subvencionar la emulación de la industrialización estadounidense de posguerra, orientada a la exportación, en Alemania y en Japón, era evitar una tercera guerra mundial que, dado el desarrollo de las armas compactas de destrucción masiva, podría haber conducido a un verdadero «fin de la historia». Al orientar sus energías a convertirse en potencias económicas y no militares, estos dos antiguos enemigos estaban dispuestos a renunciar al desarrollo de armamento nuclear y a aceptar la protección nuclear de Estados Unidos, a cambio de unirse al sistema estadounidense de alianzas antisoviéticas. Lo que sea que represente el «orden mundial liberal», incluiría la exclusión de Alemania y Japón del club de países con armamento nuclear tras el final de la Segunda Guerra Mundial.

Sin embargo, Trump no parece estar preocupado por el invierno nuclear o por la posibilidad de una tercera guerra mundial. Tiene otras bestias negras a las que enfrentarse, como el tremendo éxito del crecimiento económico orientado a la exportación en Alemania y Japón después del final de la Segunda Guerra Mundial, así como en China después del final de la Guerra Fría. Estados Unidos ganó las guerras pero perdió las posguerras, al haber exportado la propia capacidad de exportar a sus competidores extranjeros. Sostiene que es absurdo ver los milagros económicos en la Alemania y el Japón posfascistas y en la China poscomunista como victorias de Estados Unidos, puesto que «el botín pertenece a los vencedores»[62] y el del comercio global se lo han llevado los antiguos adversarios de Estados Unidos, para vergüenza de los responsables políticos estadounidenses, que tal vez estaban demasiado atormentados por la culpa liberal como para devorar los frutos de la dominación. Parece como si una «invasión» transnacional de Toyotas y Mercedes-Benz hubiera sido un precio demasiado alto por evitar una tercera guerra mundial.

Muchos de los empresarios que apoyan a Trump están de acuerdo en que la forma más relevante de imitación transnacional es la violación de la propiedad intelectual. Si se admite la imitación por parte de otros, se corre el riesgo de perder la ventaja competitiva. Esta preocupación, unida a los recortes fiscales y a la desregulación, explica que Trump haya conseguido poner de su lado a una parte importante de la comunidad empresarial estadounidense.

Los comentarios intolerantes de Trump sobre los mexicanos y los musulmanes han dado cierta credibilidad a la idea de que pretende revivir las políticas aislacionistas y simpatizantes del nazismo del movimiento Estados Unidos Primero de los años treinta.[63] No hay motivos para dudar de su soterrada simpatía por la supremacía blanca, pero la versión que detenta del «Estados Unidos primero» va más en sintonía con que los productos estadounidenses venzan a todos los rivales con los que cuenta en el mercado global. En un concurso de belleza entre Cadillac y Mercedes, debe «ganar» el coche estadounidense. En otras palabras, «primero» significa «en primer lugar», no *über Alles*, pues dominar a otros implica interactuar con ellos, una perspectiva poco atractiva para un xenófobo —y germanófobo—instintivo como Trump, que siempre prefiere coger el dinero y correr antes que quedarse y gobernar a otros pueblos, una tarea que consideraría engorrosa e inútil.

Desde su punto de vista, mientras otros países se aprovechen de su ingenuidad, ni la marca Estados Unidos ni las marcas estadounidenses van a estar jamás en primera posición. Los estadounidenses fueron los principales creadores de unos mecanismos internacionales de resolución de conflictos, pero ahora, a menudo, los ingratos tribunales de arbitraje se pronuncian en contra de su país. Y lo que es peor, Estados Unidos puso internet a disposición del resto del mundo de forma gratuita. Después, ha visto con pasividad cómo la creatividad nacional era fruto del expolio. Ya no controla internet, que en un principio había sido un invento del estamento militar del país. Al entregárselo al mundo a cambio de nada, los rivales de Estados Unidos han aprendido a dominar la red, que ahora se utiliza para eclipsar al país que lo creó. Algo similar se puede decir del GPS, así como de otros productos de invención estadounidense que favorecen la globalización. Estados Unidos ha perdido el control sobre sus propias creaciones. La rabia a que da lugar la adquisición deshonesta de tecnología occidental por parte de China, mediante acuerdos de empresas conjuntas con disposiciones obligatorias que estipulan la revelación de secretos industriales a las empresas chinas, es generalizada. Se trata de uno de los principales motivos por los que el país se ha mostrado receptivo al mensaje de Trump de que Estados Unidos ha sido despojado de su legítima herencia y desposeído por la americanización del mundo.

Varios comentaristas se han dado cuenta de la «total falta de interés [de Trump] en la contienda de la Guerra Fría, que estaba en pleno apogeo cuando él entró en escena en 1980, una pugna que [en aquel momento] daba la impresión de ir a saldarse con la derrota de Estados Unidos».[64] Un posible motivo de su despreocupación con respecto a este tema podría ser que la Unión Soviética, al contrario que Alemania y Japón durante los años de la Guerra Fría, no era un imitador de la democracia capitalista de estilo estadounidense. La URSS nunca se integró en el sistema de comercio mundial, de manera que, al contrario que la China actual, no estaba en posición de superar a las empresas estadounidenses o competir a la baja y llevarse a los clientes. Algo similar puede decirse de la Rusia de hoy día, la cual, a pesar de no ser ya un país comunista, no ha llegado al punto de rebosar de industrias exportadoras que compitan por cuotas de mercado con las empresas estadounidenses. Lo que esto sugiere es que Trump ya tenía una perspectiva propia de lo que sería el tiempo posterior a la Guerra Fría desde al menos una década antes del final de esta. Siempre dio prioridad absoluta a la competencia comercial, por encima de las amenazas a la seguridad nacional, y sigue haciéndolo. Al contrario que los republicanos de tendencias belicistas, obsesionados con la seguridad del país y ahora silenciados, Trump está en sintonía con la opinión pública estadounidense del siglo XXI, a la que le preocupan más los problemas cotidianos que unos terroristas en el este de África o unas islas artificiales en el mar de la China Meridional.

Trump no ve la transformación de los antiguos enemigos de Estados Unidos en pacíficas democracias capitalistas como una victoria de la política exterior estadounidense. Más que como «la forma más sincera de admiración con la que puede pagar la mediocridad a la grandeza», como afirmaba Oscar Wilde, para Trump, la imitación de estilo alemán es una estafa que debilita la economía estadounidense. Ya en los años ochenta declaraba, y resulta obvio que todavía lo cree así, que Estados Unidos ha sido traicionado por el juego de la imitación. El país se ha visto embaucado por sus imitadores, cuyos falsos halagos también esconden risas a puerta cerrada, que es la señal definitiva de la falta de respeto.

LA INMIGRACIÓN COMO ROBO DE LA IDENTIDAD

Sería una exageración afirmar que la ansiedad de la imitación explica, por sí sola, la resonancia del mensaje de Trump en el corazón de Estados Unidos. Pero, desde luego, desempeña un papel central. Su electorado entre las clases populares, a diferencia de sus partidarios entre la comunidad empresarial, se siente amenazado por la imitación en dos sentidos y, en ambos, el miedo a la imitación hace de bisagra del miedo a la sustitución.

Para los seguidores de Trump, el de «globalización» es un término mezquino, porque remite a la pérdida de empleo, de la calidad de vida y de la autoestima, a la condena a unos trabajos precarios a tiempo parcial. Trump les habla directamente a estas angustias existenciales: «Nos quitan el trabajo. China nos quita el trabajo [...], India nos quita el trabajo».[65] Está más allá de toda duda que la metáfora del robo del trabajo a nivel global resuena en el corazón de Estados Unidos.[66] En realidad, la política comercial de Trump está más orientada a impedir que China robe a Estados Unidos los secretos de sus robots, auténticos exterminadores de los puestos de trabajo, que a evitar que robe los puestos de trabajo de los estadounidenses en sí. La queja que a sus seguidores les gusta oír es que «se ha robado la riqueza de las clases medias del país, en sus propias casas, y luego se ha distribuido por todo el mundo».[67] Las clases medias de China e India han crecido de modo exponencial, mientras que las estadounidenses se han reducido en una proporción similar. Así pues, la globalización no significa una mera pérdida de

232

puestos de trabajo, sino que acarrea además una transferencia masiva del nivel de vida de las clases medias, de los Estados Unidos a sus imitadores foráneos.[68]

La segunda forma de la ansiedad de la imitación que aflige a la base de votantes de Trump es incluso más grave, y presenta múltiples dimensiones. Se trata del miedo a que Estados Unidos, como nación ejemplar, pueda ser un imán para los inmigrantes del sur. Las historias para no dormir en torno al robo del trabajo son fruto de una atrayente táctica política de los populistas, ya que combinan el miedo a la invasión con el miedo a la competición. Es natural que la perspectiva de que haya cada vez más gente compitiendo por cada vez menos puestos de trabajo aflija a aquellos cuyas perspectivas laborales empeoran. Pero el pánico a la inmigración tiene unas raíces más profundas que el miedo a perder el trabajo y a ver reducido el nivel de vida; está conectado directamente con la pérdida de la identidad.

De la mano del desprecio a las famosas élites del sistema, el odio y el miedo a los inmigrantes representa el punto de convergencia más destacable entre el populismo estadounidense y el centroeuropeo. «Estados Unidos no se va a convertir en un campamento para inmigrantes —ha prometido Trump—; ni se va a convertir en un centro de hacinamiento para refugiados.» En referencia a «lo que ya está pasando en Europa», sigue diciendo: «No podemos permitir que ocurra lo mismo en nuestro país; no mientras yo esté al cargo».[69] El «gran error que se ha cometido en toda Europa» ha sido «permitir la entrada de millones de personas que han cambiado de un modo tan marcado y violento la cultura existente».[70] La idea de que los inmigrantes no europeos, con la connivencia de la mentalidad posnacional de la Unión Europea, se estén infiltrando en Europa y estén borrando de forma gradual la cultura y la civilización europeas de los libros de historia es el núcleo de la pesadilla ultranacionalista de una «gran sustitución» de los europeos por parte de aquellos.[71] La disposición de Trump a repetir ciertos tropos de la extrema derecha, que han proporcionado una justificación retórica a la violencia y al asesinato,[72] da a entender que el atractivo que tiene para las masas el populismo del que hace gala descansa, asimismo, en la angustia demográfica. Mientras que sus partidarios en el mundo empresarial temen que se infrinja la propiedad intelectual, así como el robo de las tecnologías, las multitudes absortas están atemorizadas por la infracción cultural y el secuestro de la identidad.

Tanto Trump como Orbán se dedican a prender la mecha de una hostilidad visceral hacia los refugiados, políticos y económicos, al llenarse la boca con una «invasión» a paso lento, fruto de la imaginación.[73] El objetivo es fomentar el pánico demográfico entre sus seguidores y, como resultado, despertar un anhelo primitivo por la llegada de un salvador de la identidad blanca. Trump insiste en que «varios grupos de gran tamaño y bien organizados se dirigen a la frontera sur. Algunos lo llaman "invasión", y es como una invasión».[74] En un tono similar, Orbán, en un discurso de julio de 2016, en el que dedicaba exagerados elogios a Donald Trump, le recordó a su audiencia el anterior gran reemplazo: «Puedo llegar a entender que los ciudadanos estadounidenses vean con buenos ojos la inmigración, porque en ella se asienta la fundación del país, pero tienen que entender que, en la situación actual, el lugar que ocupamos es el que ocuparon los nativos americanos en su momento».[75] En la estela del populismo centroeuropeo, de hecho, los supremacistas blancos de Estados Unidos se ven a sí mismos como unos nuevos nativos americanos, como unos pueblos «indígenas» sobrepasados por una oleada de invasores, bajo la amenaza de la extinción étnica. Lo que una vez hicimos a los nativos americanos es lo que los mexicanos están tratando de hacernos; para los nacionalistas blancos de Estados Unidos, esta es razón suficiente para rechazar la regla de oro. Estas fantasías inundadas de hordas invasoras también explican que una multitud que clama «U-S-A! U-S-A!» pueda aceptar, asimismo, la negación de Trump de que Estados Unidos es un país excepcionalmente bueno. Sus más ardientes seguidores tienen una intuición escéptica sobre el panorama de la era de Reagan, cuando Estados Unidos constituía una imitación digna, la luz del mundo, con el presentimiento acertado de que el antiguo presidente utilizaba tal imagen para reiterar que el país seguía siendo «un ejemplo, un imán para todos aquellos que desean libertad», entre quienes, para los populistas, se incluirían los inmigrantes agazapados al sur de la frontera, que esperan sustituir y desposeer a los estadounidenses blancos.[76]

Las políticas de antiinmigración tienen un elevado contenido emocional, porque la inmigración masiva, tanto si se trata de una realidad como de una ficción, amenaza con llevarse por delante los últimos resquicios de una comunidad imaginada que, por motivos inciertos y de índole histórica, ya está deshecha. Este análisis asume que la identidad se vive en su mayor intensidad cuando se despiertan sentimientos provocados por las percepciones de la otredad y de la pertenencia. En las sociedades modernas, la mayoría de los individuos forman parte de varios grupos definidos, bien por la religión, por la edad, por el género, por la clase, por la residencia metropolitana o no metropolitana, el estado civil o el nivel de estudios y el tipo de experiencias vitales. La identidad colapsa en un antagonismo entre camarillas e incluso en conflictos sociales de alcance letal, en los que la afiliación, por lo general religiosa o étnica, desempeña un papel tan prominente en la comprensión que cada individuo tiene de sí mismo, que eclipsa a todos los grupos rivales.[77] El tribalismo y el fundamentalismo son unos movilizadores políticos tan eficaces porque definen «quién somos», con base en una distinción de rigor unidimensional entre «ellos» y «nosotros». El dominio que esta distinción ejerce sobre las motivaciones humanas incrementa bajo las condiciones impuestas por la presión económica o por cambios sociales rápidos e impredecibles.

Samuel Huntington fue uno de los primeros en observar el creciente rechazo de Estados Unidos a verse como una nación de inmigrantes. Planteó dudas notables de que cualquier país de cultura heterogénea pudiera tener una buena organización política.[78] Se trataba de muy malas noticias para un país cada vez más multicultural. Huntington culpaba de la incoherencia y disfunción de Estados Unidos a décadas de políticas inmigratorias. El compromiso de la élite liberal con el universalismo y el individualismo la ha llevado a negar que la ciudadanía, en un Estado liberal, pueda y deba estar reservada, en exclusiva, a individuos de una raza, una etnia o una cultura específicas. El antirracismo y el rechazo a cualquier tipo de discriminación contra los no blancos de los políticos los señala como «cosmopolitas desarraigados», traidores de hecho o en potencia a la mayoría de sus compatriotas. Durante el periodo previo a las elecciones de medio mandato de 2018, Trump aseveró que los demócratas y las élites de las costas este y oeste querían «de cara al futuro, abrir las fronteras y dar rienda suelta al crimen». Por lo cual, desprendía, deberían ser considerados traidores a la auténtica nación estadounidense.[79]

Huntington no se expresaba en términos semejantes, pero la esencia de su pensamiento va en una línea muy parecida a la de las intuiciones, más rudimentarias, de Trump. Como resultado de la disoluta hospitalidad liberal, Estados Unidos se ha convertido en un híbrido o en un batiburrillo cultural, unido tan solo por principios, como el imperio de la ley, demasiado abstractos para ligar a personas llegadas de una gran cantidad de países de todo el mundo. Aquí entra en juego un matiz importante. En *¿Quiénes somos?*, Huntington sugiere que la cohesión de un «somos» estadounidense no solo depende de la asimilación cultural, sino además de la homogeneidad de la ascendencia étnica.[80] Pero también reconocía que, habiendo sacrificado la coherencia de la que se hubo disfrutado, cuando la amplia mayoría de los ciudadanos compartía unos ancestros y un proyecto de futuro común, Estados Unidos ya no podrá recuperar su alma, sin importar la solidez con la que pueda sellar sus fronteras. Mientras que es posible sentir nostalgia, dar marcha atrás no lo es. Sin embargo, con la pretensión de convertir la nostalgia por un pasado irrecuperable en un programa político partidista, Trump dirige a sus compatriotas hacia un precipicio. Es imposible recuperar la blanquitud de Estados Unidos. Todo lo que va a conseguir es destruir la imagen que Estados Unidos tiene de sí mismo desde el final de la Segunda Guerra Mundial, como un país con una capacidad y una disposición únicas, a lo largo del tiempo para asimilar a inmigrantes de todas las partes del mundo.[81]

Trump ha capitalizado un cambio cultural, sobre todo en los territorios periféricos, que se aleja de la apertura y la hospitalidad para ir a una definición cerrada y hostil de «quién somos». Dado que, en la actualidad, el 13,7 por ciento de la población estadounidense ha nacido en territorio extranjero, que la tasa de crecimiento en términos porcentuales es baja y que la demografía tiene su propia e implacable lógica, hay, en última instancia, dos opciones para afrontar la cuestión de la inmigración en Estados Unidos. La primera es ofrecer una vía clara para obtener la ciudadanía a los millones de inmigrantes ilegales que ya viven y trabajan en el país, lo que vendría a reafirmar la imagen de una nación de inmigrantes y, al mismo tiempo, hacer inversiones importantes en programas de integración para quienes ya estén dentro, preservando así el carácter inclusivo, acogedor y de mezcla cultural. La segunda sería redefinir de un modo radical Estados Unidos, como una sociedad parapetada, nada hospitalaria y monoétnica, propiedad en esencia de ese 50 por ciento de habitantes blancos y cristianos, cerrada, pues, a la inmigración de personas que no sean blancas e impávida a la discriminación, dentro de las propias fronteras, contra los ciudadanos negros, hispanos o musulmanes y, quizá también, contra asiáticos y judíos.

Trump, al menos desde el punto de vista retórico, ha optado por la segunda opción, logísticamente inaplicable, políticamente incendiaria y moralmente repugnante.

En el capítulo 1, hemos explicado el surgimiento de las políticas de antiinmigración en Europa Central, incluso en ausencia de auténticos inmigrantes, como la expresión sinuosa de una angustia demográfica causada por una despoblación catastrófica de toda la región. En el caso estadounidense, la experiencia en primera persona que ha fomentado la hostilidad hacia los inmigrantes no es la despoblación, como en Europa del Este, sino la desindustrialización.[82] Sin haber causado ningún tipo de inseguridad económica, la inmigración ilegal se ha convertido en un punto central del populismo, con el que ganarse a quienes sufren el paro y la pérdida de oportunidades.

Durante las dos décadas posteriores a la Segunda Guerra Mundial, cuando Estados Unidos era la única potencia industrial, la clase trabajadora estadounidense conoció una gran prosperidad. Sin embargo, durante las dos décadas que siguieron al final de la Guerra Fría, un momento hacia el que el ejemplo de Estados Unidos había inspirado a legiones de imitadores industriales allende las fronteras, aquellas mismas familias de clase trabajadora comenzaron a tener dificultades. En estos últimos años, para mantener la fachada de un estilo de vida de clase media, a la que estaban tan acostumbrados, muchos estadounidenses comenzaron a pedir créditos para poder seguir derrochando. Entonces, llegó la crisis de 2008. El lastre de las tarjetas de crédito hizo que el juego de la inmigración se hiciese insostenible, y la precipitada reducción del nivel de vida que sufrieron, en lo posterior, quienes no podían pagar las deudas contraídas alimentó la revuelta antiliberal en Estados Unidos igual que en Hungría. Los demagogos populistas explotaron la situación para convencer a los votantes cuya economía se hundía —los cuales, además, veían pocas perspectivas de futuro para sus propios descendientes— de culpabilizar a una conspiración de las élites multiculturales de inmigrantes, incluso aunque sus desgracias provinieran de la convergencia de la automatización del trabajo con la redistribución planetaria de la consideración (y la fe en el futuro) de las clases medias, desde Estados Unidos y Europa hacia India y China.

La pérdida de empleos fijos y bien pagados por parte de las capas más bajas entre la clase media blanca estadounidense supuso un golpe tan duro para su amor propio como para su bienestar material. Si la externalización y la robotización han preparado el terreno a la demagogia del «ellos contra nosotros», esto ha sido precisamente porque ambas suponen una amenaza para el estatus social. En semejante contexto, la rápida integración de China al sistema de mercado mundial reviste un significado especial, porque supone asociar el declive de la primacía estadounidense con el fin de la ideología comunista, algo por lo que los estadounidenses lucharon con todo su ardor. El final de la Guerra Fría redujo de forma importante la presión antioligárquica que se daba en el interior del Occidente liberal, puesto que el capitalismo ya no se sentía impelido a congraciarse con los trabajadores, algo que había hecho con la esperanza de reducir el atractivo de una alternativa igualitaria y con gran fuerza militar al orden liberal.[83] Sin el formidable enemigo comunista, el capitalismo estadounidense abandonó el poco interés que tenía por el bienestar de los obreros, para entregarse en cuerpo y alma a la concentración, en esencia ilimitada, de la riqueza en manos de una minoría. A medida que la desigualdad económica iba en aumento y las oportunidades de ascenso social se contraían, la victoria de Estados Unidos en la Guerra Fría seguía alentando a la minoría más afortunada. Pero, para los olvidados por la nueva plutocracia, la situación comenzaba a parecerse más bien a la de una derrota.

Una parte del resentimiento de las clases medias y trabajadoras blancas puede explicarse, no como una reacción hostil a los inmigrantes, sino a lo que se percibe como el desdén de unas clases dirigentes liberales cada vez más enriquecidas y alienadas del resto de la sociedad.[84] La miseria de aquellos, entre las clases medias y trabajadoras blancas, que solo cuentan con la educación básica, así como la invisibilidad política de la que se sienten objeto, los convierten en un objetivo fácil para Trump, cuya preocupación retórica por lo difícil de la situación que sufren, por muy oportunista o deshonesta que pueda ser, sobresale entre la indiferencia general de la que hacen gala las élites políticas de ambos partidos. Un tratamiento clásico que se suele hacer de la peligrosa desconexión de las clases dirigentes estadounidenses con respecto al grueso de la población, un distanciamiento que preparó al país para alguien como Trump es el que ofrece Christopher Lasch en el libro *La rebelión de las élites*, de 1995. En él, explica que las clases privilegiadas «se han independizado del desmoronamiento de las ciudades industriales, así como de los servicios públicos en general». Asisten a la consulta de médicos privados, envían a sus hijos a colegios de pago, tienen sus propios guardias de seguridad y viven en herméticas comunidades de propietarios. «Han dejado en gran medida de pensar como estadounidenses y se muestran profundamente indiferentes ante la perspectiva del ocaso de su propia nación.»[85] En una democracia, esta egoísta desatención por parte de la élite política, económica y cultural, frente a las preocupaciones de la mayoría, abre la puerta a una contraélite populista, dispuesta a escuchar, o hacer que escucha los problemas de aquellos que sienten que son ignorados y desoídos. Como el encuestador republicano Frank Luntz señala sobre el mensaje que Trump les envía a sus bases: «Les dice que importan, que su voto cuenta. Están abandonados o jodidos, y han estado esperando mucho tiempo a que alguien les diga que su vida importa».[86]

El hilo antielitista que recorre el punto y aparte antiliberal en Estados Unidos se parece mucho a lo que vemos entre los populistas centroeuropeos. Después de que se les dijera que debían reformar la política y la economía nacionales para poder entrar en la Unión Europea, húngaros y polacos comenzaron a albergar un resentimiento que encontraba su origen en el hecho de ser ignorados o menospreciados, como réplicas de segunda categoría de las democracias liberales avanzadas. La presunta existencia del imperativo de imitación los había obligado a aceptar una medida de la respetabilidad que los condenaba al sentimiento de una inadecuación perpetua. Orbán ha respondido del modo en que una teoría del resentimiento habría predicho, es decir, con una reevaluación de los valores, declarando que los estándares occidentales para medir el mérito y el éxito están sesgados, son falaces. Ataca de forma repetida a la propia idea de la meritocracia, como un contenido ideológico occidental destinado a desacreditar el mérito de los propios húngaros, al imponer una jerarquía de valores ajena al país. Forma parte de esta lógica el sacar al país de la Universidad Centroeuropea, fundada por el filántropo húngaro-estadounidense George Soros.[87] El populismo no puede soportar la idea de que la mejor formación académica a la que se puede acceder en Hungría pueda estar ideada, confeccionada y empaquetada en Estados Unidos, y a la que la gran mayoría de los húngaros jamás podrá aspirar.

De manera similar, en Estados Unidos, el punto y aparte populista refleja una transformación de lo que debería haber sido el partido de la clase trabajadora, los demócratas, en el partido de las élites cultivadas. Tanto Bill Clinton como Barack Obama parecían estar diciendo: «¡Imitadnos! ¡Id a la universidad! ¡Sacaos un título!». Para la mayoría de los blancos que habían terminado el instituto, los cuales ya se sentían superfluos en la nueva economía del conocimiento, tal imperativo de imitación constituía un reproche existencial. No estaban en posición de imitar a las élites urbanas, con sus valores liberales. No iban a ir a la universidad, y lo que necesitaban era un político que combatiera esa idea, que les dijera que no estaban perdidos por el simple hecho de no tener un título universitario, que les asegurara que no tenían por qué imitar a las clases cultas, sino que podían seguir siendo ellos mismos. Para este subgrupo, Trump sería el presidente que los ha librado de una jerarquía de valores meritocrática, una que los ha dejado privados de todo mérito con reconocimiento social. Del mismo modo que los populistas húngaros y polacos presumen de la negativa a copiar el liberalismo occidental, quienes apoyan a Trump se sienten liberados al oír que las élites de Harvard, lejos de ser un arquetipo ejemplar, ni siquiera son estadounidenses en un sentido intrínseco.

La imitación como infiltración

Las razones por las que el imitado puede temer a los imitadores son legión. Se puede tener miedo de la imitación, por ejemplo, cuando los imitadores son impostores que, una vez libres de sospecha, puedan infiltrar a un grupo con intenciones hostiles. Es mucho más fácil ponerse el mismo uniforme que el enemigo, para obtener una ventaja inmediata, para tenderle una emboscada en un ataque terrorista, que mantener una identidad falsa durante varios meses seguidos dentro de una organización criminal, para recabar información útil, al estilo de Donnie Brasco; pero ambas son formas temibles de imitación, beligerantes y con su propia justificación.[88] Un ejemplo de imitación no deseada, con una relación más próxima al tema que estamos tratando, sería el de los hackers rusos que se hicieron pasar en línea por estadounidenses, con tanto éxito que puede que ayudaran a que Trump saliese elegido.[89] Para ellos, esa audaz puesta en juego de la mímica de la identidad constituiría un acto de venganza más que justificado, mientras que los estadounidenses tienden a verlo como una actuación arbitraria. Ambos concuerdan, eso sí, en que se trata de un acto de imitación agresiva para causar serios daños mediante la destrucción de la confianza del electorado en las elecciones democráticas.

Traer a la mente estos ejemplos nos abre a una perspectiva poco explorada sobre la tendencia antiinmigratoria de la revolución populista actual, puesto que lo que nos dan a entender es que el nacionalismo blanco, más que alimentarse del miedo a que los nuevos inmigrantes no asimilen la cultura estadounidense, en realidad lo que teme es a que estos lo hagan demasiado bien. El helenista belga Marcel Detienne mantenía que la identidad nacional tiene como eje la creencia mítica en los lazos de sangre, que conectan a las generaciones que viven con sus ancestros.[90] Una asimilación lograda viene a romper ese vínculo místico y seudobiológico, pues lo que implica es que la identidad cultural de los nativos no es una cuestión de herencia genética, sino que se trata de algo perturbadoramente superficial, algo que los recién llegados pueden adoptar con facilidad. Si aquellos cuya genética es por completo distinta pueden internalizar el legado cultural de las múltiples generaciones de los habitantes del país de acogida, entonces, la identidad nacional no refleja en realidad ningún lazo de sangre que ate a la actual generación a sus ancestros. De ser verdad, la tesis de Detienne nos ayuda a explicar el agitado emotivismo de las políticas antiinmigratorias; a lo que parece, tiene origen en un miedo no verbalizado al hurto de la propia identidad. Podemos especular que, de manera inconsciente, los nacionalistas blancos temen que los recién llegados, con quienes no comparten unos ancestros biológicos, pongan en vergonzosa evidencia lo poco profundas que son las raíces de su querida pero ficticia identidad nacional.

La histérica rabia del antisemitismo nazi vino a exacerbarse por los matrimonios mixtos de alemanes católicos y judíos. Se tenía la idea de que estos cónyuges y su progenie, los *mischlinge*, con su mezcla de linajes, estaban difuminando, diluyendo y contaminando de forma insidiosa el ideal de la identidad aria de pura sangre.[91] Se trata de un miedo nada desconocido para los racistas estadounidenses de la actualidad. De hecho, la película de Spike Lee *Infiltrado en el KKKlan* constituye una elaborada reflexión sobre la amenaza que plantea la asimilación cultural, también conocida como imitación, para la exclusividad de la identidad etnorracial. Está basada en la historia real de Ron Stallworth, un detective afroamericano que consiguió infiltrarse en el Ku Klux Klan. Tras leer un anuncio que el Klan ha puesto en el periódico en busca de reclutas, Stallworth llama y habla por teléfono con Walter Breachway, nacionalista blanco y presidente del capítulo de Colorado Springs, y consigue convencerlo de que él mismo es blanco.

La mímica engañosa de la dicción, el vocabulario y las cadencias de un hombre blanco será solo el principio de esta burla, porque Stallworth va a convencer a su compañero, el detective Flip Zimmerman, el cual resulta que es judío, para que se haga pasar por Stallworth en una reunión del Ku Klux Klan. Lo que hace que esta operación encubierta resulte tan subversiva es la completa incapacidad de los supremacistas blancos para distinguir, por teléfono o en persona, las diferencias entre blancos y negros, entre dentro y fuera, cuando toda su vida gira en torno a ellas. Algo que irrita de manera particular a los nacionalistas cristianos es la facilidad de los judíos para hacerse «pasar» por gentiles, justo porque pone al descubierto la transmisibilidad sin trabas de una identidad que creían enraizada en una consanguinidad intransferible. Los asimiladores competentes resultan ser zapadores de la identidad; hacen que las historias de los vínculos familiares de sangre no sean más que mentiras reconfortantes.[92] Para los fanáticos racistas, la revelación es desalentadora, pues emborrona la distinción clara entre «ellos» y «nosotros», esa que les ofrecía una falsa certeza sobre quiénes eran.

Infiltrado en el KKKlan echa abajo el mito de una identidad nacional de raíces biológicas, al poner de manifiesto lo fácil que resulta, para quienes no comparten los ancestros de un lugar, asimilar la cultura local sin ningún problema y pasar desapercibidos. La facilidad con la que los blancos no cristianos pueden imitar los patrones de pensamiento y de comportamiento de los cristianos blancos hace que los intolerantes partidarios de Trump se sientan despojados de lo que creían que era su más honda identidad. Reaccionan recurriendo a la acusación de «apropiación cultural», destinada en su origen a impedir que los cristianos blancos se invistan de los símbolos identitarios de las minorías étnicas, para volverla contra los acusadores no blancos y no cristianos originales. Esta generación de imágenes en espejo puede llevar a expresarse con violencia, lo que fue el caso durante la manifestación del supremacismo blanco de 2016 Unite the Right, en Charlottesville, Virginia. Lee pretendía que la película fuese una réplica sarcástica a ese acontecimiento, en el que los manifestantes habían hecho ostentación de su miedo a que les roben la identidad, al cantar «¡Los judíos no van a ocupar nuestro lugar!».[93]

Pero el grito de guerra que mejor resume el ataque populista a la corrección política en Estados Unidos es el eslogan White Lives Matter, una imagen-espejo del Black Lives Matter utilizado en las protestas por los continuos asesinatos de jóvenes negros por parte de la policía, que constituye un ejemplo clásico de cómo el racismo emula el antirracismo para sus propios fines.[94] Al parecer, la atención que se considera que la izquierda presta a las minorías marginadas ha estimulado una reacción a la contra entre muchos votantes con problemas económicos, quienes, por su parte, reclaman la consideración de víctima para la identidad nacionalista blanca. La insinuación de que la discriminación que sufren los blancos en Estados Unidos alcanza las cotas de la que sufren los negros es bastante sorprendente. Pero, a veces, da la impresión de que los afligidos nacionalistas blancos que apoyan a Trump piensan que, con la presidencia de este, por fin cuentan con representación y ocupan, por primera vez, un lugar en la historia. No contentos con imitar a las minorías marginadas, también aspiran a imitar a los pueblos del mundo poscolonial, liberados por fin de la dolorosa opresión de una élite foránea.

LA MENTIRA ES EL MENSAJE

> Para muchos miembros de Estados Unidos Primero, ni siquiera con los hechos en la mano se podía discutir.
>
> PHILIP ROTH[95]

En el famoso Largo Telegrama, enviado desde Moscú en 1946, el diplomático estadounidense George Kennan escribió que «el mayor peligro que corremos al encarar el problema del comunismo soviético es que nos permitamos llegar a ser como aquellos a quienes nos enfrentamos». Además, encontraba que el hábito soviético cuya imitación con más ahínco debían evitar los estadounidenses era «el desdén de los rusos por la verdad objetiva; del que se sustrae, de hecho, la incredulidad ante la existencia», algo que, «los lleva a ver cualquier constatación de un hecho como un instrumento en el que apuntalar sus planes».[96] Lo que distinguía al liberalismo occidental de sus enemigos a derecha y a izquierda, de acuerdo con Kennan, era el compromiso con la información sin sesgos, en especial cuando se trataba de prejuicios fundamentales.

Hannah Arendt defendió un punto de vista similar al afirmar que las élites totalitarias exhibían gran «habilidad para diluir cualquier constatación de hechos en una declaración de intenciones»,[97] algo que supondría que la libertad política conlleva la capacidad de distinguir lo deseable de lo probable, así como de describir la realidad sin tergiversarla en favor de intereses partidistas o personales. Trump no es totalitario, pero los análisis de Arendt se pueden aplicar con solvencia al estilo retórico del que hace gala, puesto que reduce, de forma regular, las constataciones de hechos, por parte tanto de aliados como de adversarios, a una declaración de intenciones políticas o a un instrumento al servicio de motivos ocultos. De hecho, puede que esa sea la esencia del iliberalismo, instintivo o intuitivo, que sostiene.

Detrás de las continuas quejas de Trump por las «noticias falsas», se puede discernir una actitud muy específica y peculiar hacia la verdad. Una vez más, asociarlo con líderes poscomunistas como Putin, famoso por la facilidad para negar en público hechos constatables, puede ayudarnos a arrojar luz sobre un comportamiento que, de otro modo, parecería anómalo. Como sostiene la periodista estadounidense nacida rusa Masha Gessen, Trump y Putin comparten un menosprecio por la verdad objetiva. «La mentira es el mensaje —escribe—; no se trata de que ambos, tanto Putin como Trump, mientan sin más, sino que lo hacen del mismo modo y con un mismo propósito, imponer el poder a la propia verdad de forma descarada.»[98] Resulta curioso el hecho de que ambos cuentan mentiras que pueden demostrarse falsas con rapidez y sin esfuerzo. El propósito de estas, dado que la mayoría de su público objetivo tiene acceso a fuentes de información alternativas, no puede ser el engaño. Una de las metas, como mínimo, sería mostrar cómo los dirigentes políticos pueden prevaricar sin sufrir mayores consecuencias. No pagar ningún precio por contar falsedades que pueden ser fácilmente desenmascaradas constituye un modo efectivo de hacer un alarde de poder y de impunidad, lo que nos retrotrae al punto de referencia del presidente estadounidense, la distinción entre ganadores y perdedores.

Para decidir qué va a decir, Trump siempre se pregunta primero si le será de más ayuda, para «ganar», una verdad o una mentira. Es obvio que, en su cabeza, no hay razón para creer que quienes cuentan la verdad tengan más posibilidades de conseguir lo que buscan que un mentiroso. Se trata de una cuestión que está abierta, pero se ha constatado empíricamente que, a menudo, resulta ser al contrario. El caso es que, si sus mentiras descaradas indican un sentimiento de culpa, las a veces sorprendentes verdades que manifiesta, como que los políticos electos son propiedad de sus fuentes de financiación, por ejemplo,[99] actúan en el mismo sentido, puesto que si las sostiene no es por su valor de verdad, sino tan solo para poner en escena el desafío a la corrección política, así como para dejar fuera de juego a sus enemigos.

En un extracto de *Miedo*, de Bob Woodward, se recogen los consejos de Trump a un amigo que reconoce que trata mal a las mujeres, los cuales pueden ayudarnos a dilucidar la esencia de la actitud de Trump hacia la verdad y la mentira:

> Tienes que negarlo, negarlo, negarlo y poner en su sitio a esas mujeres —dijo—. Si admites lo que sea, cualquier grado de culpabilidad, estás muerto. Has cometido un gran error; no te has sobrepuesto para plantarles cara con todas tus fuerzas. Has mostrado debilidad. Pero tienes que ser fuerte. Tienes que ser agresivo. Tienes que pelear a la contra con todo lo que tienes. Tienes que negar todo lo que digan de ti. Nunca admitas nada.[100]

Las personas sinceras pueden llegar a prestar ayuda y dar consuelo a sus enemigos sin saberlo y por eso pierden a menudo, mientras que los mentirosos suelen ganar. Es evidente que esa ha sido la experiencia personal de Trump. No tiene sentido que un personaje público con enemigos poderosos se suicide atravesándose el estómago con la espada de la verdad.

En la superficie, podría parecer que Trump se cree las lisonjas que le sirven en bandeja sus aliados políticos en Fox News, mientras que duda de las críticas levantadas por sus enemigos en la CNN y en MSNBC. Pero no se trata de una cuestión de creer o de poner en duda, sino que, una vez más, la cuestión es ganar o perder. Los amigos leales son aquellos que le ayudan a uno a ganar, a base de mentir desvergonzadamente en su nombre. Los enemigos y las «ratas» son quienes publican la verdad de forma selectiva e instrumental, con el objetivo de causar daño e incluso de dar lugar a problemas legales en beneficio personal o partidista. Al ver la vida como una guerra[101] y el mundo como una «selva infestada de depredadores que siempre lo han estado acechando»,[102] Trump gravita de manera instintiva hacia la mentira, como legítimo medio de defensa contra unos enemigos que utilizarán la verdad en la forma de un arma para acabar con él.

Parece ser que el pastor estadounidense Norman Vincent Peale, que predicaba «el poder del pensamiento positivo», enseñó a Trump que exagerar con audacia los propios talentos y logros es una fórmula de éxito en la vida.[103] El actual presidente también aprendió el arte de la falacia estratégica del mundo inmobiliario de Nueva York. Las técnicas de venta, después de todo, se pueden traducir en la explotación de la credibilidad del comprador, a cambio de pingües beneficios. Es más probable que un banco preste dinero a alguien si tiene razones para creer que es solvente. Trump encontró que, desde un punto de vista práctico, esta jugada funcionaba a la perfección.[104] Como un vendedor que maquinase para estafar a un comprador, los prestatarios insolventes, confiados en su impunidad y faltos de cualquier escrúpulo moral, tienen fuertes incentivos para mostrar a la potencial entidad crediticia unas tasaciones maquilladas de los activos que poseen.

Un secreto aún menos evidente de la mentira es que arrastra a quienes están embaucados en ella a una cámara de resonancia, en la que la prevaricación original se perpetua en beneficio del mentiroso. Por ejemplo, si vendo a alguien un piso muy caro, que resulta ser mucho menos jugoso de lo que parecía y, así pues, de un precio bastante inferior al que se ha pagado, puede que ese alguien decida ocultar la verdad y repetir la sobretasación original, para revender el apartamento a otro comprador inocente. De forma similar, si alguien debe millones de dólares a un banco, este mantendrá el secreto y le ayudará a mantener su falsa reputación de solvencia, con la esperanza de que permanezca lo suficiente en el mundo de los negocios para pagar lo que debe. De este modo, los agentes inmobiliarios poco honestos pueden descansar tranquilos, al saber que sus víctimas tienen todos los incentivos posibles para perpetuar sus engaños más indecentes.

No es solo que Trump vea la mentira descarada como un modo perfectamente legítimo de imponerse en las diversas lides de la vida, es que cree que sus enemigos dicen la verdad no porque tengan alguna clase de devoción imparcial por los datos veraces, sino porque (y cuando) sirve a sus intereses hacerlo. Al oscilar con oportunismo entre mentir y decir la verdad, lo que hace es «proyectar su propia falta de disciplina» en los demás,[105] lo que se traduce en la asunción de que todo el mundo hace lo mismo. Por esa razón, se niega tajantemente a considerar a quienes dicen la verdad como a superiores morales. Tanto si están en lo cierto como si no, sus críticos siguen intereses partidistas. Cuando niega las verdades manifiestas que profieren, no es porque abrace una filosofía relativista o rechace la verdad tal cual es, sino que lo que hace es dar un contragolpe, en oposición al programa partidista unilateral al que se enfrenta, con el propio.[106]

Esto nos lleva de nuevo a la comparación de Masha Gessen de Trump con Putin. Cuando Putin niega que Moscú tuviese nada que ver con el envenenamiento del espía retirado Serguéi Skripal y de su hija en Salisbury, resulta obvio que está defendiendo la soberanía de su país, lo que incluye el derecho a negar la validez de las «verdades» que utilicen los adversarios políticos de Rusia para atacarla. Cualquier ruso que proporcione pruebas verificables de tales acciones será culpable de «complicidad objetiva» con el enemigo. La autodefensa colectiva es más importante que un mero recital de hechos, en especial si estos vienen de fuerzas hostiles.

Al principio, los liberales pensaron que podrían minar la popularidad de Trump a base de desenmascarar sus innumerables mentiras. Pero la avalancha de revelaciones no tuvo efecto. Para alcanzar a comprender la inclinación de los partidarios de Trump a aceptar su proceder embustero, es útil establecer la distinción, desarrollada por el filósofo británico Bernard Williams, entre «precisión» y «sinceridad».[107] Las personas pueden decir la verdad sobre dos estados de las cosas, lo que ocurre en el mundo y lo que sienten en su interior. Las declaraciones sobre lo primero se juzgan por criterios de precisión o imprecisión, mientras que las declaraciones sobre lo segundo se juzgarían por criterios de sinceridad o insinceridad; es decir, que las primeras se pueden corroborar con los hechos, mientras que, las segundas, no.

A los fanáticos más celosos de Trump les resulta indiferente la puesta en evidencia de que, a menudo, las declaraciones que hace son imprecisas, porque creen que, en cualquier caso, son sinceras y, por lo tanto, «verdaderas» en un sentido más profundo.[108] Trump profiere de manera constante mentiras patentes. Por otro lado, ha sido completamente cándido en un aspecto. Todo lo que hace, inclusive el hecho de contar mentiras, está orientado a «ganar», como él mismo dice a las claras, así que cuando sus seguidores lo oyen contar una mentira, saben que se trata de una ventaja estratégica para imponerse, que es lo que dijo exactamente que iba a hacer. Y puesto que sus mentiras sirven, en teoría, a este propósito, declarado con honestidad, son verdad en la base, en un sentido indirecto.

La credibilidad que sus simpatizantes dan al *birtherismo*, una teoría de la conspiración que sostiene erróneamente que Obama no nació en Estados Unidos, también se puede explicar de ese modo. Trump y sus seguidores «sienten» de verdad que un negro no puede ser presidente de la nación. Cuando alegan que la presidencia de Obama es ilegítima, están comunicando de manera sincera su estado mental y emocional. Además, creen que la mayor parte de los rivales de Trump en las primarias de 2016 también albergaban ese sentimiento, pero que estaban constreñidos por la corrección política a la hora de expresar sus verdaderos sentimientos.

Si bien la distinción de Williams entre precisión y sinceridad sirve de ayuda para clarificar algunos aspectos de la popularidad de Trump, resulta insuficiente en algunos otros que también son importantes. En primer lugar, el *birtherismo* siempre ha resultado más cínico que sincero. Así pues, proponemos una distinción modificada, ya no entre precisión y sinceridad, sino entre precisión y lealtad. Parafraseando a Arendt, para Trump y sus seguidores, cualquier constatación de hechos se diluye en una declaración de pertenencia o lealtad.

¿Por qué reiterar sin descanso que Obama nació fuera de Estados Unidos? Una mentira así no solo cristalizaba la decepción de los nacionalistas blancos de que un negro con estudios hubiera llegado a ser el presidente de la nación, dando la vuelta a la jerarquía racial en la que esta se había basado desde su fundación, sino que además era un regalo de Trump a los fanáticos, para que lo repitieran a voz en grito y alertaran así al resto de quienes, dentro de su afiliación política, también odiaban a Obama. Dar prioridad a la pertenencia sobre la realidad verificable o sobre la verdad objetiva hace imposible, desde el punto de vista psicológico, el reconocimiento de un hecho evidente presentado por los enemigos políticos —como el certificado de nacimiento de Obama autenticado—, ya que algo así pondría en riesgo de desaparición la identidad partidista exhibida en público. Un sentimiento tan profundo de lealtad hacia un líder o un movimiento no se puede sacudir por un mero documento oficial o por cualquier otra nimiedad burocrática. La voluntad de repetir lo que son falacias de hecho es una prueba de lealtad, representa una decisión existencial de quemar los puentes de unión con el mundo de las élites y su exceso de erudición, donde aún se piensa que la precisión es más importante que la lealtad.

El sacrificio gustoso de la precisión, en el nombre de la lealtad a la propia facción partidista, nos lleva a una de las transformaciones más drásticas que Trump ha causado en la vida pública estadounidense; ha convertido la república de ciudadanos en una república de fans. Unos fans embelesados cuya facultad de crítica ha sido suprimida y que son fundamentales en la comprensión que tiene Trump de la política, menos centrada en la toma de decisiones que en una serie de mítines estentóreos al estilo de los de la campaña electoral. Los ciudadanos se deben a su país, pero se trata de una lealtad accidental y crítica.[109] De hecho, la capacidad de apuntar y corregir errores es un síntoma de su liberalismo patriótico. Están preparados para desafiar a su propio Gobierno si creen que está traicionando los principios nacionales. La lealtad de los fans, por contraste, es fervorosa, irreflexiva e inquebrantable. Sus vítores reflejan el sentido que tienen de la pertenencia. El «confía, pero verifica» se viene a sustituir por una ruidosa adoración. Aquellos que se niegan a aplaudir son traidores.[110]

La novedosa forma que tiene Trump de entender al rehecho Partido Republicano como si fuera un club de fútbol, lo que recuerda al partido de Berlusconi, Forza Italia, así como de los ciudadanos en tanto que fans, es lo que mejor explica por qué Trump no siente ninguna obligación de representar a los estadounidenses que no lo admiran ni lo respetan. ¿Por qué va a confiar en los profesionales del servicio de espionaje estadounidense que lo critican y no en el presidente Putin, que deseaba que Trump ganase las elecciones? Cierto es que hace falta algún grado de lealtad para el éxito de cualquier Estado, lo que incluye a cualquier democracia. Pero Trump ha redefinido el papel que desempeña la lealtad en el sistema democrático estadounidense. Para él, alguien leal no es quien le da su apoyo cuando tiene razón, incluso con los vientos políticos en contra, sino quien lo apoya incluso cuando está equivocado, sea cual sea el precio.

¿Por qué debería creerse la aseveración de Trump de que «algunas de las personas más deshonestas en los medios son los conocidos como "verificadores de hechos"»?[111] La respuesta es, de nuevo, que no se trata tanto de una cuestión de creer como de lealtad, pertenencia y fidelidad. Las teorías de la conspiración, como las conspiraciones en sí mismas, desligan a quienes se adhieren a ellas de la sociedad de la que forman parte. Etimológicamente, «conspiración» significa «respirar en unión». También los teóricos de la conspiración dan un portazo en las narices de quienes encuentran poco convincentes sus especulaciones. Por eso los partidarios de Trump permanecen impasibles ante las revelaciones de su falsedad. La separación acústica entre sus seguidores populistas y sus oponentes liberales es más importante para Trump que el muro que ha prometido erigir en la frontera sur de Estados Unidos. El 50 por ciento de los republicanos que aseveran, sea de forma sincera o deliberada, que Trump obtuvo el voto popular, y la mayoría que se niega a reconocer de ningún modo la injerencia rusa en las elecciones desestima toda evidencia en contrario como propaganda confeccionada con malas intenciones.[112] De este modo, renuncian a la oportunidad de habitar en un mundo en común, junto a ciudadanos que no piensan igual. En consecuencia, lo que hacen es destruir la posibilidad de ofrecer y aceptar concesiones mutuas, para ajustar las diferencias políticas de un modo pacífico. Se aíslan a sí mismos a conciencia, para fraternizar solo con otros conversos, para consolidar su identidad partidista, reconfortantemente exclusiva. Los cambios demográficos han afectado a la uniformidad blanca de la etnicidad de sus vecindarios, colegios, iglesias y centros comerciales, pero los fans más devotos de Trump aún pueden recuperar una clase de reconfortante homogeneidad, a base de asociarse solo con sus compañeros creyentes. Comparten unos «hechos alternativos» y no están dispuestos a someter los sesgos en favor de Trump a una prueba falsificadora. Hacerlo supondría la pérdida de la identidad partisana. Al hacer esta elección, lo que hacen es repudiar la propia idea de la política deliberativa que se encuentra en el corazón de la democracia liberal.

Un grabado francés muy conocido, de 1848, el año en que Francia introdujo el sufragio universal masculino, epitomiza el compromiso de la democracia con la resolución de las diferencias internas de un modo no violento. Retrata a un trabajador con un fusil en una mano y un voto en la otra. El mensaje es claro; en tanto que las balas quedan reservadas a los enemigos de la nación, los votos decidirán sobre las diferencias entre los ciudadanos. En el mundo posterior a la Guerra Fría de Trump, sin embargo, es el enemigo interior, antes que el exterior, quien supone la amenaza más grave para la existencia. Si ese grabado se hiciera hoy, el partidario de Trump sujetaría una lista de aranceles en una mano y una de mentiras partidistas en la otra; los primeros para los competidores del mercado y las segundas para los adversarios políticos.

Abandonar las pretensiones

Si se centra la mirada en el iliberalismo instintivo y en la mendacidad crónica de Trump con base en cuestiones políticas, es posible que pase desapercibida una paradoja inapelable, a saber, la de que el modo en que está infligiendo el mayor y más perdurable daño a la democracia de Estados Unidos no es la mentira sin descanso, sino la enunciación de la verdad de un modo selectivo, en especial, la afirmación de una serie de verdades a medias con las que los liberales tienden a mostrarse de acuerdo. Entender esta jugada característicamente populista ayuda a explicar por qué la respuesta liberal a Trump, aunque a menudo parezca de una profesionalidad admirable y convincente en lo intelectual, ha sido tan decepcionantemente débil en lo político.

Los liberales aborrecen que Trump se haya salido del Acuerdo de París y del acuerdo nuclear con Irán, que haya tratado de destruir el Obamacare, aplicado generosas reducciones a los impuestos de los ricos y retirado fondos a programas que beneficiaban a los más desfavorecidos, separado a menores de sus padres en la frontera mexicana para encerrarlos en jaulas, minimizado las abominaciones cometidas por autócratas a los que admira, utilizado el término «globalismo» para insinuar que los estadounidenses judíos son desleales y tantas cosas más. Pero, el caso es que los liberales por principio lo tienen difícil para no estar de acuerdo con declaraciones como que «la globalización ha enriquecido de un modo espléndido a las élites que financian a los políticos, sin embargo, millones de trabajadores solo tienen pobreza y aflicción».[113] Como dice el escritor liberal John Judis: «A pesar de su fanatismo natural y de su talante corrupto, al menos se puede decir en justicia que ha identificado, de forma precisa, el daño que ha causado la globalización».[114]

Otros analistas de cuño liberal llegan a hacer comentarios positivos sobre algunos aspectos de la errática política exterior de Trump. La decisión de sacar a las tropas de Siria, por ejemplo, aunque desató una oleada de críticas por parte de los partidarios de la línea dura y los conservadores, fue bienvenida en general por los liberales: «Cuando se trata de un Medio Oriente disfuncional, da en el blanco de forma instintiva».[115] De forma similar, en las reuniones sobre seguridad nacional, Trump se ha opuesto con tanta tenacidad a mantener la presencia estadounidense en Afganistán que, de acuerdo con Bob Woodward, «llegaba a ser tan antibelicista que parecía que hubiera copiado sus argumentos de una canción de Bob Dylan».[116]

Sin embargo, el hecho de que Trump se haga eco, de forma

selectiva, de las certezas (y de las letras de las canciones) liberales va más allá de la observación de que la globalización favorece los negocios por encima del trabajo, y de que los cambios de régimen y la construcción de naciones escapan a la capacidad de Estados Unidos, además de ir en contra de sus intereses. Uno de sus temas recurrentes, el de que el sistema no es justo, es un tópico liberal. Lo mismo puede decirse de la afirmación de que los grupos de presión y quienes financian a los políticos demócratas tienen a estos últimos en el bolsillo. ¿Y qué liberal no estaría de acuerdo con que transformar a Irak en una democracia liberal funcional después de una campaña militar de seis semanas era una idiotez quijotesca, con que el dinero de origen incierto que se cuela en las campañas electorales está corrompiendo la democracia estadounidense, con que hay que drenar la ciénaga de Washington, con que el sistema electoral estadounidense está sesgado, con que el Congreso puede recurrir al poder de revocación del mandato para quitarse de en medio a un presidente en funciones del partido contrario, con que el periodismo es tendencioso demasiado a menudo, con que no siempre se puede confiar en que la CIA y el FBI actúen de acuerdo con el interés público o con que el sistema de justicia es discriminatorio o está sesgado en favor o en contra de grupos concretos? Dado que los medios estadounidenses, tanto impresos como retransmitidos, son responsables en parte de la elección de Trump, los liberales podrían incluso sentirse tentados de convenir en que la prensa es la enemiga del pueblo.

Como es natural, debemos distinguir entre la interpretación, o la falta de tal, que hay detrás de las declaraciones de Trump, y la que los liberales tienen en mente cuando dicen cosas similares. En su mayor parte, lo que hace es repetir como un cínico loro una serie de temas liberales, sin adherirse a una filosofía liberal. Ya hemos visto un ejemplo de cómo difiere aquel que coge una frase prestada de quien la profirió inicialmente, al contrastar la forma en que Trump, por un lado, y Clinton y Obama, por el otro, niegan que Estados Unidos sea una nación «inocente». Para los liberales, la confesión de los errores cometidos es el preludio para el intento de mejora; para Trump, admitir que los estadounidenses son tan amorales como los rusos, los saudíes u otros cualesquiera, es abrir la puerta a deprenderse de cualquier inhibición.

Al asumir, retorcer y exagerar la veracidad liberal de que las elecciones estadounidenses no son justas, dadas la manipulación existente y la supresión del votante, lo que hace Trump es normalizar el amaño electoral de manos republicanas, así como poner una alfombra roja a la posibilidad de arrojar sombras de duda sobre la legitimidad de futuras victorias demócratas. Semejante uso armamentístico de las medias verdades es la marca de la casa de la demagogia populista. ¿Por qué mover un solo dedo para proteger la integridad del sistema electoral de Estados Unidos, dado que no tiene ninguna integridad que perder?

Un ejemplo incluso mejor es el conflicto de Trump con el presidente del Tribunal Supremo John Roberts, en torno al carácter partidista de los tribunales estadounidenses. En respuesta a la afirmación de Trump de que un juez que ejercía en contra de los intereses de la administración es un «juez de Obama», Roberts emitió el siguiente comunicado:

> No existen ni los jueces de Obama ni los jueces de Trump, como tampoco los jueces de Bush o los jueces de Clinton. Lo que hay es un grupo extraordinario de jueces dedicados al máximo a asegurar la igualdad de derechos a quienes se presentan ante ellos; una independencia judicial de la que deberíamos sentirnos muy agradecidos.[117]

Es digno de atención no solo el hecho de que en este caso Trump estaba diciendo la verdad y el presidente del Tribunal Supremo mentía, sino, además, que ambos hacían lo que hacían por la misma razón. Ambos entienden que la legitimidad y, por lo tanto, la eficacia del poder judicial estadounidense dependen de que mantenga una reputación de imparcial. Si se quiere destruir el prestigio del sistema legal de Estados Unidos a los ojos del pueblo, la mejor forma de hacerlo es convencer a la gente de que los jueces son piratillas del partido que tratan de sacar adelante su programa político. Por el contrario, si se quiere preservar ese prestigio, es crucial negar que las decisiones judiciales estén influidas por intereses de grupo, antes que por consideraciones neutrales sobre lo que está bien y lo que está mal. De este hecho podemos concluir que Trump hace uso de las verdades liberales, al menos en forma de medias verdades, para socavar la legitimidad del sistema legal estadounidense, que supone una amenaza tanto para su persona como para su familia.

Que la justicia estadounidense está lejos de tener una total imparcialidad es uno de los asuntos centrales de los estudios y crónicas liberales sobre los sesgos raciales y de clase en la legislación, en las sentencias y en el curso de las acciones policiales. Trump también se ha apropiado de esta observación acertada, y la ha amoldado a sus propios intereses. Para justificar su negativa a cooperar sin paliativos con la investigación de Mueller, mantuvo que no se trataba de obstruir la justicia, sino de plantarle cara.[118] Una observación que implica que no existe un sistema judicial imparcial. Lo que cuenta como justicia, hablando en plata, es el mero poder de una facción social, que trata de imponer sus intereses y sesgos al resto de la sociedad. No hay justicia, sino nada más que intereses organizados que intentan dominarse, superarse y explotarse unos a otros. Esta es la perspectiva con la que él veía la investigación de Mueller. Los enemigos de partido se habían hecho con el sistema judicial y trataban de utilizarlo para acabar con él. Lejos de impedir que se ejerciese la justicia imparcial, lo que hacía, y hace, era contener un ataque partidista. Es probable que estos comentarios tengan más en común con una visión cínica de la ley occidental, como la que exhiben los yihadistas radicales y los mafiosos rusos, que con la crítica liberal al uso de las arbitrariedades legales.

Vamos a volver, para concluir, al tema de la hipocresía política. Trump es un ejemplo insuperable de lo que los franceses llaman la *droite décomplexée* o «derecha desacomplejada», es decir, que es un fanático lo suficiente desinhibido como para expresarlo sin ningún reparo. Algo que puede ser entre cautivador y alarmante, dependiendo de cómo se mire. Pero de lo que no hay duda es de que su rechazo a la hipocresía ordinaria lo hizo destacar, entre otros candidatos republicanos, en las primarias del partido para las elecciones presidenciales de 2016. Mientras que él parecía espontáneo, daba la impresión de que el resto seguía un guion, precisamente porque estaba dispuesto a mezclarse con supremacistas blancos, sin una pizca de pudor, como era inimaginable que se atreviera a hacer ninguno de los otros. Se trataba del único candidato dispuesto a expresar sin decoro lo que los votantes nacionalistas blancos y antiinmigrantes creían en su fuero interno, de manera que se lo veía auténtico. Cualquiera de los otros candidatos que sintiera simpatía por los prejuicios raciales lo escondería con cuidado y adoptaría un discurso antirracista políticamente correcto, conforme a la cultura liberal reinante. Puede que los republicanos que están más dentro del sistema se acerquen de soslayo al racismo, lo suficiente como para excitar los sentimientos de sus partidarios, pero nunca van a cruzar la línea. Y su máscara liberal los hace parecer como «falsos», en un sentido humano muy profundo. Quizá el grueso de los votantes republicanos no estuviera de acuerdo con todos los prejuicios de Trump, pero lo veían romper todas las reglas elementales del decoro y, en consecuencia, concluyeron que, de algún modo perverso, este misterioso hombre de paja iba por libre.

La gente que, en privado, no tiene problema con los estereotipos étnicos puede, sin embargo, cuidarse de soltar epítetos ofensivos en público. Se trata de una actitud que bien puede descalificarse como hipocresía o corrección política. Pero también es un modo socialmente productivo de evitar el conflicto. Es por eso que los ataques a la hipocresía pueden servir asimismo para incitar a la violencia.

El corrosivo impacto que ha tenido el abandono de Trump de cualquier pretensión en este sentido es algo difícil de encajar para los liberales estadounidenses, porque ellos también han estado desenmascarando ese tipo de hipocresía política durante años, dejando poca o ninguna huella política. Fustigaron, por ejemplo, a la administración Bush, por invocar a los derechos humanos y a la democracia para justificar la invasión de Irak en 2003. El entusiasmo de Trump por destapar la hipocresía estadounidense es, por lo tanto, una razón importante para que siga siendo un blanco escurridizo para los liberales. Para esclarecer esta confusión, hay que distinguir entre dos estilos de desenmascaramiento, uno al servicio de los valores de la Ilustración y el otro al servicio de un cínico abandono de todos los valores.

El acto de «quitar una máscara» implica una rotunda diferenciación entre motivos privados y justificaciones públicas. Esta distinción se marca en exceso. De hecho, lo que parece una misma medida puede tener justificaciones distintas, resultando que se trataba de dos medidas distintas. Algo así indica que las justificaciones morales no se pueden descartar sin más, como pretextos engañosos, no se pueden desechar en nombre de un realismo mayor. Veamos un ejemplo. Obama comenzó a seguir una línea dura en la expulsión de inmigrantes ilegales del territorio estadounidense,[119] pero él nunca justificó esta medida con el pretexto de que Estados Unidos ya no sería el mismo país si se convertía en una nación interracial. Una buena razón para no recurrir a una justificación así es que Estados Unidos ya se había convertido, sin remisión, en una nación tal. Negar que el país deba ser lo que ya es manifiestamente puede ser una receta para la violencia. Lo que hace único, como persona y como peligro, a Trump no es la línea dura que ha adoptado para expulsar a los inmigrantes ilegales, sino su voluntad de cimentar estas medidas en argumentos racistas. En términos más generales, que el presidente de Estados Unidos justifique una política de inmigración restrictiva con el razonamiento de que hay que mantener el país tan blanco como sea posible tiene varias repercusiones. Quizá la peor sea que legitima la idea de que los blancos son los únicos estadounidenses auténticos, de manera que la discriminación contra quienes no lo sean, por parte de los patriotas estadounidenses, es perfectamente aceptable.

No se trata de un *lapsus linguae* por parte del actual presidente. La optimista adhesión de Obama a la diversidad cultural y étnica es justo lo que tenía locos a tantos seguidores de Trump. Para algunos de ellos, Estados Unidos es, en sustancia, una nación blanca, cuya naturaleza se ha venido a distorsionar por un imprudente aditamento de personas de otro color. Lo que esto denota, una vez más y de modo inequívoco, es que romper la máscara de la tolerancia liberal y de la lucha por los derechos humanos no lleva la política de Estados Unidos, sea la nacional o la exterior, de regreso a un acercamiento sobrio a la propuesta de poner en primer lugar los intereses del país. Una vez que se dejan de lado tales valores, no tenemos unas políticas sensatas y subsanables, sino un delirio de animadversión racista.

La respuesta de Trump ante el asesinato del periodista saudí Jamal Khashoggi en octubre de 2018 nos proporciona un espeluznante ejemplo final de lo que significa, en la práctica, el abandono de la hipocresía liberal. Podría haber justificado sin problema su negativa a romper con Mohamed bin Salmán, el príncipe heredero de Arabia Saudí, aludiendo a la necesidad de recibir el apoyo de este país en un próximo conflicto con Irán o incluso para aplacar las tensiones en el conflicto árabe-israelí. En lugar de eso, eligió, con deliberación, hablar nada más que del dinero que Riad había prometido invertir en Estados Unidos, en especial en la compra de armas.[120] Así, lo que transmitía era la impresión de que estaba vendiendo, al mejor postor, el derecho a estrangular y descuartizar a un columnista de *The Washington Post*. En tal caso, se trataría de un ejemplo particularmente macabro del arte de negociar. Pero sería un error interpretar la expresión de codicia del ejemplo como una prueba de que a Trump solo le interesa el dinero. Por el contrario, el propósito de declaraciones así es, en primer lugar, regodearse de un modo indirecto en el salvajismo de los poderosos en los países no democráticos, que pueden asesinar a un periodista molesto como si nada, y, en segundo lugar, informar de que, en adelante, Estados Unidos va a vaciar su política exterior de cualquier sombra de decencia humana, del modo en que esta se entiende por lo normal. Abandonar la jerga de los valores no hace a alguien honesto en cuanto a sus intereses. Más bien, abre la puerta a un cinismo revolucionario o a la embriaguez de poder vivir sin ilusiones éticas. Cuando Trump abandona las pretensiones liberales que desacreditan a los propios liberales, lo que hace no es actuar con la cabeza fría y con razón de Estado, sino hundirse aún más, si cabe, en el abismo de la volatilidad caprichosa, la incoherencia sin principios y la malignidad depredadora.

Conclusión

La irónica guinda del pastel de los ataques de Trump a las pretensiones liberales de ser un ejemplo para el mundo es que sus propias palabras y acciones están ahora sujetas a imitación. La elección como presidente de Brasil de Jair Bolsonaro, un populista de extrema derecha modelado a la imagen de Trump, que ha llegado al poder sobre una ola de ira antiinstitucional, es tan solo un ejemplo de muchos. De manera similar, el día después de que Trump declarase que iba a ordenar al ejército que disparase a quienes lanzasen piedras desde el otro lado de la frontera sur de Estados Unidos, los militares nigerianos, en respuesta a la acusación de crímenes contra la humanidad, alegaron que los civiles a los que habían asesinado también estaban lanzando piedras, como si matar a sangre fría en semejantes circunstancias se hubiera vuelto normal.[121] La Era de la Imitación Liberal se ha terminado, pero la Era de la Imitación Iliberal solo acaba de comenzar. A partir de 1989, los antiguos países comunistas se vieron ante el desafío de reformar las estructuras a la luz de un ideal liberal-democrático que se suponía sublime. En la actualidad, a medida que Estados Unidos se despoja de su imagen tradicional como nación ejemplar, los países de todo el mundo tienen la bendición de Washington para retrotraerse con complacencia a la versión más brutal, amoral y arbitraria de sí mismos.[122]

Los motivos de los liberales centroeuropeos que trataron de imitar a Estados Unidos en los noventa diferían en lo fundamental de los de los populistas que pretenden seguir los pasos de Trump en la actualidad. Si imitaban al país americano era porque querían ser como él, es decir, mejores. El suyo era un proyecto imitativo imbuido de la ambición de mejorar. Los dirigentes autoritarios de carácter reaccionario que imitan a Trump, en la actualidad, lo hacen para dar una pátina sofisticada de legitimidad, sin más, a aquello que de todos modos pretenden hacer. El presidente derechista de Brasil no imita a Trump porque quiera ser Trump, lo imita porque Trump ha hecho posible que Bolsonaro pueda ser él mismo.

El fin de una era

Un Estado puede tomar prestada información útil
de otro, sin tener por ello que imitar sus costumbres.

NIKOLÁI KARAMZÍN[1]

En 1959, una nave espacial soviética se estrelló en la Luna. Se trataba del primer objeto artificial que tocaba otro cuerpo celestial, lo que suponía una demostración de la inigualable destreza militar y técnica de Moscú ante todo el mundo, a pesar de haberse roto en pedazos por el impacto, dejando sus restos esparcidos por la superficie lunar. Una década más tarde, en 1969, Estados Unidos recuperaría el liderazgo en la carrera por el futuro, al convertir a Neil Armstrong y a Buzz Aldrin en los primeros humanos en pisar la Luna.

Hay un conocido chiste soviético que resume el resultado de esta competición de la Guerra Fría. En un momento dado, los astronautas soviéticos llaman a Moscú para informar con orgullo de que no solo han alcanzado la superficie lunar, sino que además la han pintado de rojo para que el mundo sepa que el futuro de la humanidad está en manos del comunismo. Un mes más tarde, la euforia soviética se convierte en desesperación. Los estadounidenses también han aterrizado en la Luna y «han llevado pintura blanca para pintar sobre la superficie el letrero de "Coca-Cola"».[2]

Situémonos ahora en el 2 de enero de 2019, el día en el que la nave espacial china *Chang'e* hizo un alunizaje suave en lo que se conoce como la «cara oculta» de la Luna, debido a que no había sido observada hasta que una sonda soviética la fotografiara a finales de los años cincuenta. Las implicaciones geopolíticas de este logro sin precedentes de la exploración espacial, por parte de un país que ni siquiera era uno de los competidores en la carrera espacial de la Guerra Fría, son de suma importancia.[3] Ahora, los chinos reivindican la otra cara del futuro, una que no está teñida de un rojo utópico ni lleva escrita la marca de un refresco del que se venden cantidades obscenas en todo el mundo.

La meteórica transformación de China en una superpotencia geopolítica ha hecho que la rivalidad entre Estados Unidos y la Unión Soviética parezca historia antigua. También ha puesto el broche de oro a la Era de la Imitación, que habría comenzado en 1989 y llegado a su fin en algún momento entre 2008 y 2016. Este periodo histórico único se caracteriza por dos aspectos; en primer lugar, la competición de la Guerra Fría entre dos potencias proselitistas se habría acabado de forma definitiva y, en segundo lugar, el proyecto de Occidente de expansión de sus propios valores y modelos institucionales habría encontrado, durante varios años, más inclinación entre sus receptores que en ningún otro momento. El mundo estaba dividido de nuevo, esta vez entre las democracias liberales relativamente estables y prósperas y los países que pretendían emularlas. Ahora, esta problemática asimetría de los imitados y los imitadores también ha llegado a su fin. Entre las fuerzas que han participado en su destrucción, la más importante ha sido el resentimiento que la situación generaba de manera natural. Pero la emergencia de China como actor principal en los asuntos internacionales ha sido un factor adicional decisivo.

Pekín, 1989

Para entender el papel crucial de China en la conclusión de esta historia, debemos reconsiderar el año de 1989 desde una perspectiva china.

A principios del verano de ese año decisivo, las autoridades chinas enviaron a varias divisiones del Ejército Popular de Liberación chino a aplastar con tanques y munición real al movimiento prodemócrata, concentrado en la plaza de Tiananmén. Las reformas económicas radicales de Deng Xiaoping, impulsadas en 1978, fueron la prueba más convincente de la predicción de que los mercados libres iban a prevalecer en todas partes frente a las economías planificadas, que sufrían de ineficiencia crónica. Pero las nuevas oportunidades de lucro introducidas por la liberalización del mercado también avivaron el malestar social ante las flagrantes desigualdades, la inflación galopante, el favoritismo y la corrupción. El descontento estudiantil, en particular, fue lo que acabó provocando la ocupación de la plaza de Tiananmén, percibida por los líderes del Partido Comunista como una amenaza a su permanencia en el poder.

Para justificar la imposición de la ley marcial, Deng Xiaoping y los demás partidarios de la línea dura acusaron a los manifestantes de rendir pleitesía a las costumbres occidentales y de traicionar a su país, al imitar el liberalismo burgués, hasta el punto de defender el pluralismo político, la libertad de prensa, la libertad de reunión y la responsabilidad gubernamental. Frente al enorme retrato de Mao, en la «puerta de la Paz Celestial», levantaron una escandalosa estatua de la diosa de la democracia, «la figura de una mujer desafiante con una antorcha», de gran parecido con la estatua de la Libertad. Algunos de los manifestantes la bautizaron como la Diosa de la Libertad y la Democracia, lo que fue visto de inmediato como un síntoma de «evidente americanización».[4]

Unos días después de desalojar la plaza, Deng Xiaoping dijo de los manifestantes occidentalistas que «Su objetivo era establecer una república burguesa totalmente dependiente de Occidente». También comparó la «liberalización burguesa» con la «contaminación espiritual».[5] En otras palabras, justificó la represión del 4 de junio por la obligación moral del partido de reprimir un movimiento masivo de estudiantes y trabajadores que pretendía arrastrar a China a la Era de la Imitación.[6]

La violenta represión de un movimiento que pretendía imitar las libertades de estilo occidental, precisamente en 1989, hace que nos preguntemos cómo es que los sucesos de Tiananmén no llevaron a más analistas occidentales a dudar de que el fin del comunismo de Europa del Este y, en un momento posterior, del soviético hubiera establecido de hecho la democracia liberal como el único modelo viable para la reforma política.

Un motivo es que, casualmente, en junio de 1989, se produjo también la victoria de Solidaridad en las primeras elecciones libres en Polonia. Este pequeño triunfo de la oposición política puso en marcha un proceso que llevó a la disolución de la propia Unión Soviética en diciembre de 1991. La trágica avalancha de acontecimientos que se desarrolló en la frontera más oriental de Europa contribuyó de forma significativa a que se tuviera la impresión de que, a pesar de tratarse de una tragedia y de un fracaso político, la importancia de Tiananmén para la historia mundial era mínima. En general, la represión política en China no se veía como un signo de fuerza, sino como un síntoma de la debilidad y la inseguridad de las autoridades. Por eso, se pensó que no tenía demasiada trascendencia con respecto al asunto de a quién pertenecía el futuro. Además, el control del mañana era la recompensa por la que los soviéticos y los estadounidenses se habían llegado a poner al borde del abismo.

La Guerra Fría había sido una competición con un potencial apocalíptico por el derecho a dar forma al mundo futuro. Los soviéticos habían perdido esta lucha y los estadounidenses la habían ganado. Estas dos potencias eran las principales rivales y Europa era el escenario de confrontación primordial. Así pues, a ojos de Occidente, lo que ocurría en China en 1989 era una cuestión secundaria, que tenía lugar en un lugar remoto.

Incluso aunque los voceros del capitalismo se la hubieran tomado más en serio, la represión de Tiananmén no habría cambiado las expectativas que tenían sobre el mundo posterior a la Guerra Fría. La afirmación de que el liberalismo se había convertido en la única ideología política viable nunca implicó una apuesta por el éxito de los esfuerzos esporádicos y poco organizados de democratizar China. Algunos optimistas mantenían que la adopción gradual de hábitos de consumo occidentales acabaría por llevar al surgimiento y la estabilización de las formas de gobierno democráticas en el país,[7] pero la mayoría de los que escribían sobre la nueva preeminencia global del liberalismo no tenían en mente la renovación política de China. Lo que querían decir es que, tras vencer al fascismo en la Segunda Guerra Mundial y al comunismo en la Guerra Fría, ninguna ideología que no fuera la democracia liberal sería capaz de cautivar la imaginación del mundo, en particular, la del mundo no occidental.

El fin del comunismo no presagiaba una China democrática, como tampoco preveía una Rusia liberal; solo suponía que, a partir de entonces, ningún Estado que no fuera liberal ni democrático podría servir de modelo a imitar. Como escribió entonces Fukuyama, «la República Popular China ya no puede ejercer como referente de las fuerzas iliberales de todo el mundo, se trate de las guerrillas de las selvas asiáticas o de los estudiantes de clase media de París».[8] Pero decir que la China posterior a Mao ya no sería un referente para los revolucionarios de otros países no implicaba aventurar que el referente liberal de Estados Unidos fuera a iluminar el camino de la República Popular China hacia unas reformas democráticas.

Esto se debe a que también hay otras formas de imitación de Occidente que la de imitar sus instituciones políticas. Para apreciar la importancia de la distinción entre imitar los fines e imitar los medios, solo tenemos que contemplar la respuesta de Deng Xiaoping a los manifestantes de la plaza de Tiananmén. Mientras que estos deseaban imitar los valores occidentales, él presidió una imitación china del crecimiento económico de estilo occidental. Hay que decir que, en este proyecto, tuvo ayuda de las empresas occidentales que volvieron a trabajar con China poco después de Tiananmén. Al esquivar las controversias sobre la libertad política, podían centrarse en exclusiva en las lucrativas oportunidades de comercio e inversión. El partido había acallado a los posibles imitadores del liberalismo y la democracia occidentales, pero el país estaba abierto a los negocios, incluidos los dedicados a apropiarse de tecnología occidental y a adaptarse a los métodos occidentales de producción industrial. Todo esto está poco relacionado con la responsabilidad democrática. Al contrario, importar, copiar y mejorar la tecnología occidental de reconocimiento facial ha reducido la privacidad de los ciudadanos, sin que ello les permita examinar o cuestionar las acciones de su Gobierno.[9] Las multinacionales, por su parte, no han tenido ningún problema en hacer la vista gorda ante la severidad con que Pekín trata a los simpatizantes nacionales de los valores liberales y democráticos de Occidente, para centrarse, en cambio, en afianzar la integración de China en la economía mundial. Así es como las empresas occidentales han ayudado a Pekín a saltarse la Era de la Imitación.

EL PARTIDO POR ENCIMA DE LA IDEOLOGÍA

Quienes, en su momento, analizaron los acontecimientos de 1989, desde Occidente, prestaron escasa atención a la diferencia en las posturas que adoptaron las élites soviéticas y chinas ante el fracaso del sistema comunista, para poner el énfasis en los puntos en común. Por ejemplo, tanto los rusos como los chinos habían dejado de ver el futuro como la continuación de la lucha por construir una sociedad comunista, y ambos habían abandonado los esfuerzos por exportar los modelos propios, ahora desprestigiados, a otros países. Sin embargo, con la perspectiva del tiempo, estas respuestas de calado semejante parecen menos importantes que la marcada discrepancia en la forma de entender el fracaso del comunismo por parte de unos y de otros.

Gorbachov y sus aliados achacaron el fracaso del comunismo a que el Partido Comunista no había sabido cumplir las inspiradoras promesas del marxismo. La postura del Kremlin en aquella época era que había ideas socialistas que valía la pena conservar, como la igualdad social y la emancipación de la clase obrera, pero repudiaba el empeño que se había puesto, durante la era estalinista, en el poder transformador de la violencia de Estado y en la represión de la pluralidad política, en tanto que errores de proporciones trágicamente épicas.

Para Gorbachov, el socialismo era insalvable, desde el punto de vista moral, si ello suponía que el Estado masacrara a cientos de manifestantes prodemócratas en la Plaza Roja. También creía que su misión histórica era rescatar la idea del socialismo de la influencia corrupta del Partido Comunista. Le impresionaba mucho el éxito de las autoridades chinas en el impulso de las reformas económicas. De hecho, desde su propia perspectiva, la inercia crónica del aparato de su mismo partido, incluida la burocracia que implicaba la planificación central, seguía siendo el mayor obstáculo para cualquier intento importante de modernización de la economía y la sociedad soviéticas.

Bajo el mandato de Gorbachov, los rusos abandonaron el partido en un intento por salvar lo que universalmente resultaba más atractivo de la ideología comunista para, en última instancia, perder tanto el partido como la ideología. China, por su parte, bajo el mandato de Deng Xiaoping y quienes lo fueron sucediendo, abandonó la exportación de la ideología comunista y mantuvo a nivel nacional el papel dominante del partido, lo que le permitió gestionar el proceso de desarrollo económico más destacable de la historia mundial.

A pesar de que los dirigentes chinos eran cada vez más escépticos con las grandes ideas económicas del marxismo, seguían valorando la capacidad del Partido Comunista para ejercer el poder, organizar la sociedad en torno a objetivos a largo plazo y defender la integridad territorial del Estado. Como afirmó recientemente Xi Jinping, haciendo balance de las cuatro décadas de desarrollo económico que tiene China tras de sí, «precisamente porque aceptamos la dirección centralizada y unida del partido, hemos sido capaces de consumar esta gran transición histórica».[10]

Decididos a evitar lo que veían como los errores fatales de Gorbachov, los líderes chinos se convirtieron en los estudiantes más aplicados del colapso soviético. Siguieron hablando como marxistas, pero no porque estuvieran convencidos de la «ciencia histórica» del marxismo ni de su futurología de galleta de la fortuna. Por el contrario, apreciaban el sistema marxista como un lenguaje común, que ayudaba al partido a distinguir a los leales de los renegados y a disciplinar, coordinar y movilizar a los millones de afiliados para avanzar en los objetivos más importantes, que venían definidos por los dirigentes. Esto explica la fervorosa adherencia al «liderazgo centralizado y unido del partido».[11]

Gorbachov creía que el comunismo había fracasado porque no había conseguido crear una sociedad socialista. Para las autoridades chinas, el comunismo había sido un éxito, porque el Partido Comunista había conseguido, contra todo pronóstico, unificar tanto al Estado chino como a la sociedad china. Teniendo en cuenta esta gran diferencia entre los chinos y los soviéticos en cuanto a la forma de entender el papel del partido, por un lado, y la ideología, por otro, no sorprende descubrir que, según su hijo más joven, Den Xiaoping pensara que Gorbachov era «un idiota».[12]

La imitación como apropiación

La diferencia entre la China poscomunista, la Centroeuropa poscomunista y la Rusia poscomunista refleja la distinción entre tres estilos o estrategias de desarrollo: el de la imitación de los medios (o apropiación), la imitación de los fines (o conversión) y la imitación de las apariencias (o simulación). Las élites de Centroeuropa, en un principio, aceptaron de forma sincera la imitación de los valores y las instituciones occidentales como el camino más rápido hacia una reforma económica y política. Se trataba de unos aspirantes a «conversos» que, al equiparar normalización a occidentalización, acabaron dejando que una contraélite reaccionaria se apropiase de los símbolos de la identidad nacional que tenían una mayor fuerza política. En Rusia, en cambio, las élites postsoviéticas fingieron que imitaban las normas y las instituciones occidentales, cuando solo estaban usando una fachada de elecciones democráticas e intercambios comerciales voluntarios, con base en unas leyes que garantizaban el derecho a la propiedad privada, para mantener el poder, embolsarse la riqueza del país y bloquear unas reformas políticas que habrían amenazado el privilegio de unos pocos y que, tal vez, habrían conducido al colapso del Estado y a una mayor desintegración territorial. Eran «impostores» estratégicos.

China, en cambio, copiaba a Occidente tanto de forma abierta como clandestina, insistiendo al mismo tiempo en que la trayectoria a seguir para el desarrollo del país mantuviera sus «características chinas». Eran ingeniosos «apropiadores». El recurso a acuerdos de empresas conjuntas para forzar a Occidente a transferirles tecnologías innovadoras en su condición de socios no implica hipocresía democrática, ni pone en riesgo la identidad nacional. Del mismo modo, aunque un tercio de los estudiantes extranjeros de las universidades estadounidenses sean chinos, en su mayoría estudian ciencias e ingeniería, no liberalismo y democracia.[13] Se trata de unas innovaciones cruciales, porque el esfuerzo de Xi Jinping por salvaguardar la identidad nacional, evitando que «las ideas e influencias extranjeras impregnen la sociedad china», es la base de la legitimidad del régimen actual.[14] Más que ningún otro dirigente chino anterior, Xi Jinping ha convertido el marxismo en una ideología nacionalista, delineada para fortalecer la resistencia a la presión y la influencia extranjeras. En sus propias palabras: «Nadie está en posición de dictar al pueblo chino lo que debe o no debe hacerse».[15] Lo que el partido promete a la sociedad no es que mañana habrá un paraíso comunista, sino que solo el Partido Comunista puede evitar las perniciosas formas de la influencia occidental.

La inquebrantable resistencia a la occidentalización de Xi Jinping es fundamental para el proyecto que tiene entre manos, el de que China vuelva a ocupar el lugar que le corresponde como superpotencia mundial. Se ha dicho de él que «cree en la ideología y en su valor, pero probablemente no pasaría el examen de nivel intermedio de elementos del marxismo-leninismo que se suele hacer en las facultades y universidades del partido».[16] Pero ¿qué significa «creer en la ideología» en tales condiciones? La respuesta puede encontrarse en el «pensamiento de Xi Jinping», que ahora forma parte de la Constitución china.[17] El núcleo de esta visión «ideológica» es la misión de restablecer la perdida preeminencia mundial de China, algo que solo se puede conseguir si el partido mantiene el control total sobre la sociedad civil.

China se saltó la Era de la Imitación, introduciendo la jerga marxista y el control del Partido Comunista en un fin de la historia en el que todos los conflictos ideológicos de alcance mundial están superados y las fuerzas nacionalistas postideológicas compiten por la influencia, los recursos, los mercados y el territorio. Con el repunte de la economía industrial china durante las décadas posteriores a los acontecimientos de Tiananmén, cuya base se encuentra en las exportaciones, el sistema político del país no se volvió más liberal ni más democrático, como predecía cierta ley imaginaria del desarrollo social. Lejos de rehacerse a imagen de Occidente, los chinos rechazaron con determinación la conversión al sistema de valores liberales-democráticos de Estados Unidos y Europa Occidental, para optar, en cambio, por copiar o robar al Occidente más avanzado en lo económico.

Cuando «se adoptan los medios, al tiempo que se rechazan los objetivos que corresponden a aquellos», como han propuesto dos perspicaces sociólogos, «se suele entender que la apropiación de tales medios tiene como finalidad última cambiar las tornas en contra de quien los ofrece».[18] Esto parece encajar a la perfección en el caso chino. Los chinos están entre los imitadores más constantes y exitosos de Occidente en lo que se refiere a tecnología, moda, arquitectura y demás, pero han rechazado, de forma explícita, la imitación de la democracia liberal de estilo occidental que, en su inocencia, buscaban los manifestantes de Tiananmén. Se «apropian» a manos llenas, pero se niegan a «convertirse». Tampoco han sentido, como Moscú, la necesidad de «fingir» la democracia de estilo occidental, ni la de exponer la hipocresía estadounidense a base de «reflejar» la descarada infracción de las normas internacionales en que incurre Estados Unidos. Copiar o robar la tecnología, en todo caso, genera riqueza, mientras que la imitación de los valores morales amenaza la identidad propia y tanto el fingimiento de la democracia como la exposición de la hipocresía resultan insustanciales.

A diferencia de lo que hicieron en Centroeuropa los imitadores potenciales de la democracia liberal, los chinos emprendieron un proceso de desarrollo social que no pondría en riesgo su identidad cultural, con el que, por lo tanto, no tenían por qué sentirse hipócritas ni impostores culturales. Los recuerdos de las humillaciones sufridas a manos de las potencias occidentales en el siglo XIX, recogidas a conciencia en los libros de texto del país, siguen conformando el pensamiento y la capacidad de decisión de los dirigentes. Así pues, el rechazo a entrar en el juego liberal de la emulación de la identidad no limpia de resentimiento el ejercicio de la política exterior china, pero es plausible por contra, que tal animosidad haya desempeñado algún papel en esa reticencia patente a participar en la promoción de la imitación.

Esto nos lleva de nuevo a nuestra cuestión principal, a saber, en qué sentido concreto marca el auge de China el fin de la Era de la Imitación.

UN PODER SIN CONVERSOS

La mayor parte de los investigadores que especulan sobre lo que pasará cuando China gobierne el planeta tienden a presentar un mundo chinocéntrico, como un facsímil de la hegemonía liberal. Se imaginan que su destino es ocupar una plaza que, más tarde o más temprano, un Estados Unidos en declive va a dejar vacante. En la actualidad, los observadores de China ya no creen que la apertura al intercambio económico internacional esté empujando lentamente al país hacia un sistema pluripartidista y a la libre circulación de ideas. Más bien, muchos de ellos temen un mundo chinocéntrico futuro, poblado de regímenes autoritarios, amorales y mercantilistas al estilo chino. Un punto de vista muy extendido, hoy por hoy, es que los chinos no exportan bienes de consumo, capital y tecnologías de vigilancia sin más, sino que también están impulsando el desarrollo de una marca propia de autoritarismo iliberal, una que tenga coherencia ideológica y pueda expandirse con carácter universal.

En este sentido, muchos libros y artículos recientes han tratado de ubicar la escalada de confrontaciones entre China y Occidente en el marco de una nueva Guerra Fría. La Fundación Nacional para la Democracia publicó un informe en el que se acuñaba el término «poder punzante», que serviría para explicar la ofensiva ideológica de varios autoritarismos de nuevo cuño.[19] En él, se pone, con acierto, el énfasis en la estrategia de los gobiernos autoritarios; primero, cerrar las sociedades propias a cualquier idea liberal que emane desde el exterior; segundo, poner de relieve los fallos palpables de las democracias liberales, y, tercero, sacar ventaja de la permeabilidad de puertas abiertas de las sociedades liberales, con el objetivo de subvertirlas desde dentro. Pero ninguna de tales estrategias entraña ni un solo atisbo del proselitismo en competencia que caracterizaba a la Guerra Fría.

La China actual parece un ejemplo perfecto de la mentada tendencia de los dirigentes autoritarios a cerrar las sociedades que gobiernan a las ideas liberales que emanan del exterior. A lo que parece, Xi Jinping piensa que puede consolidar la unidad del país a base de blindar a la juventud china de la corrupta influencia de los valores occidentales, por ejemplo, pidiendo al Ministerio de Educación que restrinja «el uso de los libros de texto de Occidente que aboguen por sus valores políticos».[20]

La campaña de Xi Jinping contra el «camino equivocado» que es la imitación de Occidente recuerda a la respuesta de Deng Xiaoping ante las protestas de Tiananmén. Pero la otra cara del deseo de no imitar un modelo foráneo es la ausencia de cualquier afán por ser imitado por otros. A Xi Jinping no le interesa forzar a las poblaciones del polo opuesto a sufrir un adoctrinamiento, por parte de China, que transforme su identidad. Exportar productos fabricados en China es la prioridad; exportar la ideología China, no.

Esto significaría que no estamos cerca de embarcarnos en una nueva Guerra Fría y que la amenaza que la China actual supone para Occidente no se parecerá a la amenaza soviética en aspectos que son fundamentales.

La proliferación de los regímenes autoritarios es muy real. Pero el autoritarismo, a diferencia del comunismo, no es una ideología con carácter transfronterizo. Se trata de un estilo de gobernanza opresivo, no consultivo y arbitrario. La concentración de todo el poder en manos de un presidente único y vitalicio es profundamente iliberal, pero no conforma una ideología antiliberal en pugna con el liberalismo occidental en el plano de las ideas. Se puede decir otro tanto de la censura en la prensa o del encarcelamiento de quienes son críticos con el régimen. Lo que une a Putin y a Xi Jinping es la creencia general en el valor supremo de la estabilidad política, así como la hostilidad a la idea democrática de que la detentación del poder debe limitarse en el tiempo y el recelo general a la competencia política, junto a una firme convicción de que Estados Unidos maquina en la sombra para que se den cambios de régimen en sus países. Más allá de esas afinidades, Putin y Xi Jinping no comparten una concepción de cómo debe ser una buena sociedad. Las acciones que llevan a cabo están orientadas por el interés y por los ideales nacionales, tanto como moldeadas por el orgullo y por el resentimiento por las humillaciones infligidas de manos de Occidente, más que por una ideología que se pueda exportar con validez universal y que defina una visión compartida del mundo. Y mientras que tanto los dirigentes chinos como los rusos mantienen abiertamente que el liberalismo de estilo occidental no se ajusta a las sociedades que gobiernan, en la actualidad tienen la suficiente (o un exceso de) confianza en sí mismos como para sostener que el liberalismo occidental ha fracasado de un modo tan humillante como lo hizo el comunismo hace tres décadas.

Decir que el auge de China marca el final de la Era de la Imitación es decir que no habrá posibilidad de vuelta a una confrontación ideológica a nivel global entre dos grandes poderes, cada uno de los cuales trate de imponer su modelo sociopolítico a un grupo de estados vasallos, o de persuadir a los ciudadanos de todos los rincones de que adopten las propias metas, objetivos y visión del futuro de la humanidad. No hay razón para creer que la China de Xi Jinping vaya a ser un actor internacional particularmente benigno. Sus vecinos más próximos, muchos de los cuales están felices de la presencia naval estadounidense en el mar de la China Meridional, tienen razones para sospechar que, llegado un punto, la proyección económica que acomete del poder puede llegar a tener un carácter más coercitivo y militarizado. No hay duda de que una próxima confrontación entre Estados Unidos y China vendrá a remodelar el orden internacional, de maneras importantes y también peligrosas. Pero sigue siendo engañoso verlo como una «nueva Guerra Fría de carácter económico»,[21] como una reanudación de la Guerra Fría original, marcada por la obsesión con la ideología. Podría tratarse de un conflicto en el que estallasen las emociones de ambos bandos, en lugar de tener una expresión fría y racional. En cualquier caso, no será ideológico. En su lugar, implicará amargos forcejeos en relación con el comercio, con las inversiones, con las divisas y con la tecnología, así como con el prestigio y con la influencia internacional. Ese es el objetivo que esconde el proyecto chino de «desamericanizar» el mundo.[22] La idea no es sustituir la ideología liberal global con una ideología antiliberal global, sino reducir de manera radical el papel de las ideologías, no necesariamente en el ámbito interno, pero sí, desde luego, en el escenario de la competencia internacional. Como consecuencia, una lucha de poder entre China y Estados Unidos, incluso aunque imponga una lógica de «o con nosotros o contra nosotros» al resto del mundo, no tendría la forma de una batalla definitiva entre visiones del mundo y filosofías de la historia en pugna.

¿El barrio chino o un crisol cultural?

Al comparar el mundo a la americana del ayer con un posible mundo a la china del mañana, hemos de tener en mente que los estadounidenses y los chinos tienen una concepción muy diferente del territorio que hay más allá de sus propias fronteras. Estados Unidos es una nación de inmigrantes, pero también de personas que no emigran. Resulta que a los estadounidenses que viven fuera del país no se los llama emigrantes, sino «expatriados». Fue Estados Unidos quien le dio al mundo una noción de *melting pot* o «crisol cultural», ese contenedor en el que distintos grupos étnicos y religiosos se mezclan y se relacionan a voluntad, fundiéndose en una nueva identidad postétnica. Y, en tanto lo único que pueden hacer los críticos de esta idea es apuntar a que el crisol cultural no es más que un mito nacional, la tenacidad del concepto ha dado forma a la imaginación colectiva estadounidense. El mito del crisol de culturas hace que los encargados de diseñar la política exterior tengan inclinación por el objetivo de asimilar las culturas foráneas a la propia. Sin embargo, la experiencia de los barrios chinos es precisamente lo opuesto, ya que estos favorecen la integración económica al tiempo que mantienen el aislamiento cultural. Así pues, los dos excepcionalismos, el estadounidense y el chino, emplean distintas estrategias para imponer las ambiciones mundiales de la nación.

El atractivo estadounidense yace, en parte, en la capacidad de transformar a los demás en estadounidenses, en inducir a los inmigrantes no solo a imitar los rituales nacionales, sino además los deseos y los objetivos de los ciudadanos del país, así como el modo en que estos se ven a sí mismos. Por lo tanto, no debería sorprender que el proyecto internacional de Estados Unidos sea transformador y, en general, favorable a los cambios de régimen. Los encargados de la política exterior del país no solo hacen leyes; también desempeñan el papel de misioneros proselitistas del modelo estadounidense, o por lo menos así lo han hecho durante gran parte de la historia del país, hasta la presidencia de Donald Trump.

Deng Xiaoping interrumpió la misión proselitista de Mao, un alejamiento del intento de transformar el mundo que pudo haber surgido de forma espontánea, debido a que China, tal y como se había visto tradicionalmente a sí misma, ya era el mundo en sí. Se subraya a menudo el hecho de que este país se ve antes como una civilización que como una nación. Incluso se podría decir que se ve a sí misma como el universo; su relación con otros países, durante las últimas dos décadas, ha estado canalizada sobre todo por la diáspora nacional, de la que uno de los resultados es que la percepción que los chinos tienen del mundo esté mediada por la experiencia de sus compatriotas emigrados.

En la actualidad, hay más chinos viviendo fuera de China que franceses en Francia, reflejo del número aún mayor de inversores que alberga el país. De hecho, hace tan solo veinte años, los chinos que vivían en el extranjero producían aproximadamente tanta riqueza como toda la población del país. Primero fue la diáspora china la que tuvo éxito, luego fue la propia China.

Los barrios chinos son el meollo de esa diáspora. Como una vez observó el politólogo Lucian Pye: «Los chinos ven una diferencia tan absoluta entre ellos mismos y los demás que, incluso cuando viven en un solitario aislamiento, en países lejanos, encuentran natural y apropiado, de un modo inconsciente, referirse a quienes habitan en su nuevo hogar con el adjetivo de "extranjeros"».[23]

En tanto el crisol cultural estadounidense transforma a los otros, los barrios chinos enseñan a quienes los habitan a ajustarse a las normas de sus anfitriones y a sacar beneficio de ellas, así como de las oportunidades de emprendimiento que se les ofrecen, al tiempo que permanecen aparte y aislados por voluntad propia. Mientras que los estadounidenses agitan bien alto la bandera nacional, los chinos ponen un gran empeño en resultar invisibles, manteniéndose siempre modestos, en tanto sean otros quienes dominen el mundo circundante. Las comunidades chinas que hay por todo el mundo han conseguido tener influencia en sus nuevos hogares sin parecer una amenaza, ser cerrados y poco claros sin inducir el resentimiento, así como constituir un puente con China sin parecer un grupo de quintacolumnistas.

En tal sentido, un mundo en el que China siga creciendo y Estados Unidos se haya convertido en un país más —es decir, en el que haya abandonado la tradicional postura de ser una nación ejemplar— será un mundo en el que la imitación al por menor siga siendo una práctica común, pero no será un mundo dividido entre dos modelos rivales o entre un solo modelo con atractivo y sus imitadores, exitosos o no. Como Kerry Brown ha argumentado, de forma muy convincente, Xi Jinping no se dedica «al negocio de la conversión. En Pekín no se hacen ilusiones sobre que, en la nueva era, el resto del mundo vaya a abrazar de repente la modernización socialista de características chinas».[24] De este modo, a diferencia de los combatientes de la nueva Guerra Fría, China no considera que tenga la misión de llenar el mundo de clones chinos. Esta postura no es contradictoria con el hecho de que pueda poner a países de pequeño tamaño, que por alguna razón resulten interesantes, en una relación de dependencia, a base de ofrecerles grandes préstamos, gracias a los que puede recurrir a unas tácticas de abuso con las que garantizar que se alinearán con los objetivos de China en política exterior. Durante el momento álgido de la Guerra Fría, ella misma fue «un polo alternativo de atracción ideológica», sobre todo para el mundo desarrollado, «y, como tal, suponía una amenaza para el liberalismo».[25] Pero, para 1989, de acuerdo con el consenso liberal del momento, «la competitividad y el expansionismo chinos de aspiración internacional han desaparecido. Pekín ya no financia a movimientos maoístas de insurgencia ni trata de ejercer su influencia sobre los lejanos países de África, como lo hacía en los sesenta».[26]

Releer ahora esa última sentencia es, en cierto modo, revelador. Está claro que la competitividad y el expansionismo chinos de aspiración internacional no han desaparecido en modo alguno. Lo que sí lo ha hecho es el apoyo de China a las insurgencias maoístas de África. Como compensación, está construyendo en el continente nuevos puentes, carreteras, vías de tren, puertos y otras plataformas para el comercio de alcance mundial. Aunque esta nueva intrusión en la escena africana no comporta ninguna acción de conversión de las poblaciones implicadas a los valores del confucianismo, ni al mercantilismo económico o al poderío de un partido único.

LA AFLICCIÓN DE LA IMITACIÓN

La desgraciada experiencia histórica de China con la geopolítica de la imitación, comenzando con la llegada de los misioneros protestantes en el siglo XIX, puede servir de ayuda para explicar por qué la nueva estrategia de proyección del dominio mundial que enarbola se priva de cualquier política que recuerde al «negocio de la conversión». Por ejemplo, después de que la Revolución de 1911 derrocase a los últimos emperadores de la dinastía Qing, las expectativas de las grandes potencias obligaron a China a organizarse como un Estado nación; pero como ha sostenido Lucian Pye:

> China no es un Estado nación más dentro de la familia de las naciones, sino una civilización que hace como si fuera un Estado.

La historia de la China moderna se podría describir como el esfuerzo, tanto por parte de los propios chinos como de partícipes foráneos, de constreñir toda una civilización dentro del marco arbitrario y restrictivo de un Estado moderno, un invento institucional fruto de la fragmentación de la propia civilización occidental.[27]

Si quería pasar a formar parte del sistema internacional, la República de China no tenía alternativa, debía presentarse ante el mundo en el formato inoportunamente restrictivo de un Estado nación, una suerte de lecho de Procusto que casaba demasiado bien con la imagen propia de civilización.[28] Aún hoy, la imposición de una estructura política occidental poco compatible con la realidad del país sigue resultando problemática.

La segunda experiencia moderna de China con la imitación obligatoria siguió a la Revolución de 1949, cuando el país reformó todo el sistema político, en una servil imitación del modelo soviético de centralismo democrático. El Partido Comunista de China no solo levantó edificios de hormigón al estilo soviético, sino que además estructuró un politburó, en la forma de la Asamblea Popular Nacional, creó el puesto de secretario general y perfiló organismos esenciales como el Departamento de Organización del Comité Central, responsable de los nombramientos, todo según el programa proporcionado por el orgburó soviético.[29] Mediante esta importación al por mayor y adopción de las instituciones soviéticas, China aprendió que la imitación por norma genera resentimiento y que el imitador vive en una vulnerabilidad constante. Es posible que el conflicto chino-soviético de 1969 se pueda entender como la manifestación explosiva de un resentimiento reprimido por China, debido a la presión de seguir, en actitud sumisa, los pasos de Moscú.

En última instancia, China fue el exportador de ideología más agresivo del mundo en la última época de Mao, un proyecto de carácter misionero que no salió como se esperaba. «China apoyó las luchas revolucionarias foráneas de un modo tan idiosincrático —escribe Kerry Brown— que, para 1967, solo tenía un embajador en el extranjero, Huang Hua, en Egipto.»[30] De manera que Pekín conoce de primera mano esa amenaza de aislamiento económico que acarrea la prometeica ambición de exportar el sistema de valores y el modelo ideológico propios a otros países.

Por lo tanto, no es el reclutamiento de imitadores lo que tiene una importancia crucial en la política exterior de Xi Jinping, sino la obtención de influencia y reconocimiento a nivel internacional. A medida que la riqueza y el poder de China han ido creciendo, también lo ha hecho el deseo de sus dirigentes de que el país sea una referencia en todo el mundo, de que obtenga reconocimiento. Pero la aspiración de China a la prominencia mundial no se basa en la pretensión de que su cultura tiene un alcance universal; no espera que otros emulen el modelo que le es propio, incluso aunque pueda querer que se avengan a sus deseos. La ya legendaria Iniciativa de la Franja y la Ruta de la Seda está sirviendo para incentivar la integración, la interconexión y la interdependencia, sin descansar en modo alguno en un adoctrinamiento transfronterizo. No hay razón para creer que el nuevo Imperio chino posmisionero vaya a hacer gala de una particular benevolencia, pero el modo de Xi Jinping de demostrar la estatura internacional china y de proyectar el poder del Estado, signifique lo que signifique para otros países, no se apoyará en la conversión ideológica.

Aunque el proyecto de Una Franja, Una Ruta ha proporcionado a Xi Jinping y a sus colaboradores una gran narrativa internacional, puesto de relieve la envergadura de China en el contexto internacional y supuesto una reintroducción espectacular de la influencia china sobre África, no hay nada en la mente de quienes lo han orquestado como impulsar la insurgencia campesina o tratar de instigar a otros a aceptar el sistema de valores exclusivo de la República Popular, como era el caso bajo el gobierno de Mao.

Lo único que quiere China es ampliar la esfera de influencia y captar o subordinar a otros países, no convertirlos en clones en miniatura de sí misma; convertirse en una de las directoras de orquesta, a lo que parece, con carácter ventajista, no en una guía ni un modelo. Por eso, a diferencia de lo que ocurría con Estados Unidos en la época de esplendor de la hegemonía liberal, no tiene ninguna razón para pensar que un mundo poblado por copias de sí misma será necesariamente favorable a sus planes e intereses.

China marca el final de la Edad de la Imitación, porque tanto su historia como su éxito actual vienen a demostrar que, mientras que es predecible que la introducción de valores foráneos «sin alternativa» desencadene una ruptura nacionalista, el préstamo «dirigido» de medios técnicos acarrea la prosperidad, el desarrollo, el control social y la oportunidad de renovar la influencia internacional y el prestigio de un país. Sin ensayar ni fingir una renovación política de estilo occidental, China está teniendo éxito a la hora de aventajar a Occidente en muchos aspectos. Al mismo tiempo, no muestra ninguna inclinación por enseñar a otros países cómo deben vivir. No obstante, porta consigo una importante lección. Lo que China enseña al mundo son los copiosos beneficios de rechazar las normas e instituciones occidentales, al tiempo que se practica una adopción selectiva de las tecnologías e incluso de los patrones de consumo de Occidente.

Un mundo de hipocresía cero

No se trata de negar que las operaciones de China para obtener influencia en el extranjero no hayan dado lugar a un cupo de chinofobia y a reacciones nacionalistas. Después de todo, el rechazo a hacer proselitismo, si se fundamenta en el sentido de una distinción y una superioridad cultural propias, no se traduce, por fuerza, en la capacidad de hacer amigos o de incentivar la cooperación voluntaria. Es más, levantar islas sobre aguas por las que hay disputas territoriales, hacer represas en ríos con independencia de las consecuencias que pueda acarrear para los países que haya aguas abajo y construir vastas bases militares son algunos ejemplos de los métodos recientes practicados por China para la aserción de su dominio, con los que ha conseguido crispar los nervios de India, Japón, Corea del Sur, Filipinas o Vietnam. También hay un profundo resentimiento por el recurso a la concesión de créditos, bajo condiciones agresivas, a países con falta de liquidez, como Sri Lanka o Pakistán, que después tienen problemas importantes para devolver lo prestado, lo cual se ve como una maniobra maquiavélica para obtener el control sobre los puertos marinos y otros valores estratégicos bajo el control de esos estados. Pero el resentimiento existente ante la mano dura de China, aunque real e importante, no viene avivado por lecciones de moral o por el fomento de la imitación a la estadounidense. Los representantes del país en el extranjero no tienen interés en colar al resto del mundo el modelo patrio de organización política y económica. Así pues, los préstamos que hace China no acarrean compromisos ideológicos. No hace falta decir que ni los funcionarios ni las ONG chinas acompañan los proyectos de desarrollo en otros países con lecciones sobre los derechos humanos, la necesidad de unas elecciones justas y libres, el principio de transparencia, el imperio de la ley o la vileza de la corrupción. Pero tampoco predican las virtudes del mercantilismo chino ni tratan de ganar conversos a la civilización china o de idealizar el Estado bajo el gobierno de un partido único, con cargos vitalicios.

Por eso, el auge de China marca el final de la Era de la Imitación, porque, a diferencia de lo que hace Occidente, el Estado chino expande su influencia internacional sin tratar de transformar las sociedades a las que trata de imponer su dominio. No le interesa la estructura de otros gobiernos ni cuál sea la facción política que los ocupa. Lo único que le interesa es la capacidad de tales gobiernos para adaptarse a los intereses chinos y la disposición que tengan a negociar con China en condiciones ventajosas.

Sin duda, Pekín desea admiración y respeto. La proliferación de institutos Confucio, unos centros educativos afiliados al Ministerio de Educación, creados para promocionar la lengua y la cultura chinas en el extranjero, constituye una clara indicación. Pero, desde luego, no le interesa alentar u obligar a otros a que impregnen de las «características chinas» los propios sistemas económicos o políticos. El significado de la ideología en la política interior china puede ser objeto de debate, pero, sea como fuere, el auge de China marca el final de la Era de la Imitación, puesto que Xi Jinping ve el futuro de la competición internacional con Estados Unidos a través de unas lentes de lo puramente militar y estratégico, sin importar una ideología o una visión sobre el futuro compartido de la humanidad en concreto.

La Era de la Imitación fue la secuela natural de la Guerra Fría. Retuvo la fascinación ilustrada por el denominador común de la humanidad. La forma de organización liberal-democrática podía generalizarse a todo el mundo, porque toda la gente en todas partes compartía unas mismas aspiraciones básicas. Como por milagro, hacia el final de la división geográfica del planeta que había supuesto la Guerra Fría, la globalización de las comunicaciones, de los transportes y del comercio hizo posible que las personas de todo el mundo pudieran conocerse mejor unas a otras, pero, al parecer, el precio a pagar fue la destrucción de la idea de una humanidad común, capaz de perseguir unas metas colectivas. El retraimiento de la gente en atrincheradas comunidades nacionales y étnicas es una de las consecuencias del populismo y de la guerra identitaria contra el universalismo que reinan en la actualidad. Vivimos apiñados, pero hemos perdido la capacidad de pensar en el mundo como algo que compartimos. El repliegue a un comunitarismo proteccionista, a unos grupos de identidad mutuamente suspicaces y a un separatismo de condición local puede ser el precio indirecto que estamos pagando por el final, en 1989, de una guerra global entre dos ideologías universales en competencia.

Lo que el auge de una China aislada por voluntad pero asertiva en el ámbito internacional saca a flote es la lección de que la victoria de Occidente en la Guerra Fría no solo caracterizó la derrota del comunismo, sino también un retroceso importante del propio liberalismo ilustrado. Este, en cuanto que una ideología que celebra la competencia política, intelectual y económica, sufrió un debilitamiento de fatal alcance, debido a la pérdida de un competidor igual, que presumía de unos mismos compromisos seculares y postétnicos, con raíz en la Ilustración europea. Sin un centro de poder alternativo que supusiera un desafío a sus pretensiones sobre el futuro de la humanidad, el liberalismo se enamoró de sí mismo y perdió el Norte.

La unipolar Era de la Imitación supuso un periodo en el que el liberalismo, sin reflexionar, comenzó un romance muy peligroso consigo mismo. Esperar que otros adoptaran las instituciones y normas democráticas al estilo Occidental parecía tan natural como que el sol salga cada mañana. El periodo que dejamos atrás no es lo único que ha demostrado ser de una decepcionante efimeridad, también la ola democrática que se esperaba que fuera a desatar lo ha hecho con él.

Que la Era de la Imitación se termine no significa que la gente vaya a dejar de valorar la libertad y el pluralismo, o la democracia liberal, a desaparecer, ni tampoco que el autoritarismo y el nativismo reaccionarios heredarán la tierra. Lo que denota es, más bien, el abandono de la confrontación global entre dos naciones misioneras, una liberal y la otra comunista, para volver a un mundo plural y competitivo, en el que los poderes económicos no pondrán sus esfuerzos en expandir su propio sistema de valores por todo el planeta. Un orden internacional semejante no se trata, ni mucho menos, de algo sin precedentes. «La principal característica de la historia internacional es que tiende a la diversidad cultural, institucional e ideológica, no a la homogeneidad.»[31] Tal observación viene a plantear que el final de la Era de la Imitación es, también, el final de una desventurada anomalía histórica.

En 1890, Rudyard Kipling terminó su primera novela, *La luz que se apaga*. Se trata de una historia sentimental, una narración sobre el amor romántico, la ambición artística y la pérdida progresiva de la visión. Se publicó en dos versiones diferentes; la más corta contaba con un final feliz —el cual gustaba a su madre—, mientras que la más larga tenía un final trágico. Por nuestra parte, no tenemos la opción de publicar este libro con dos finales diferentes, pero creemos que la posibilidad de que el fin de la Era de la Imitación acarree tragedia o esperanza depende de cómo los liberales traten de dar sentido a las experiencias posteriores a la Guerra Fría. Podemos pasarnos una vida de luto por el perdido dominio del orden liberal en todo el mundo, o bien podemos celebrar nuestro regreso a un escenario lleno de alternativas políticas en pugna perpetua, comprender que la idea de un liberalismo escarmentado, una vez recuperados de su aspiración poco realista y contraproducente a la hegemonía internacional, en pleno siglo XXI, es de lo más reconfortante.

A nosotros nos corresponde celebrar en lugar de hacer duelo.

Notas

INTRODUCCIÓN: EL MALESTAR EN LA IMITACIÓN

1. Robert Cooper, «The Meaning of 1989», *The Prospect,* 20 de diciembre de 1999.

2. Francis Fukuyama, *The End of History and the Last Man,* Free Press, 1992, p. 46. [Hay trad. cast.: *El fin de la historia y el último hombre,* Planeta, 1992.]

3. Larry Diamond y Marc F. Plattner, eds., *The Global Resurgence of Democracy,* Johns Hopkins University Press, 1996; Timothy Garton Ash, *Free World. America, Europe, and the Surprising Future of the West,* Random House, 2004. [Hay trad. cast.: *Mundo libre,* Tusquets, 2005.]

4. Larry Diamond y Marc F. Plattner, eds., *Democracy in Decline?,* Johns Hopkins University Press, 2015; Larry Diamond, Marc F. Plattner y Christopher Walker, eds., *Authoritarianism Goes Global: The Challenge to Democracy,* Johns Hopkins University Press, 2016.

5. David Runciman, *How Democracy Ends,* Basic Books, 2018 [hay trad. cast.: *Así termina la democracia,* Paidós, 2019]; Steven Levitsky y Daniel Ziblatt, *How Democracies Die,* Crown, 2018 [hay trad. cast.: *Cómo mueren las democracias,* Ariel, 2018].

6. Michael Ignatieff, ed., *Rethinking Open Society: New Adversaries and New Opportunities,* Central European University Press, 2018.

7. Elisabeth Vallet, *Borders, Fences and Walls,* Routledge, 2018.

8. David Leonhardt, «The American Dream, Quantified at Last», *The New York Times*, 8 de diciembre de 2016.

9. Yascha Mounk, *The People vs. Democracy: Why Our Freedom Is in Danger and How to Save It*, Harvard University Press, 2018. [Hay trad. cast.: *El pueblo contra la democracia*, Paidós, 2018.]

10. Stephen Smith, *The Scramble for Europe: Young Africa on its way to the Old Continent*, Polity, 2019 [hay trad. cast.: *La huida hacia Europa*, Arpa, 2019]; Ivan Krastev, *After Europe*, University of Pennsylvania Press, 2017.

11. Michiko Kakutani, *The Death of Truth: Notes on Falsehood in the Age of Trump*, Tim Duggan Books, 2018, p. 26. [Hay trad. cast.: *La muerte de la verdad*, Galaxia Gutenberg, 2019.]

12. Ben Rhodes, *The World as It Is: A Memoir of the Obama White House*, Random House, 2018. [Hay trad. cast.: *El mundo tal y como es*, Debate, 2019.]

13. Francis Fukuyama, «The End of History?», *National Interest*, verano de 1989, pp. 1, 2, 3, 5, 8, 13 [hay trad. cast.: *¿El fin de la historia? y otros ensayos*, Alianza, 2015]; *The End of History and the Last Man*, p. 45.

14. Fukuyama, «The End of History?», p. 12.

15. Al igual que la descripción del liberalismo al estilo estadounidense como la última etapa de la historia resultó una obviedad para muchos estadounidenses, algo similar ocurrió, no solo con los disidentes, sino en general con la gente que había crecido tras el telón de acero. La razón es que Fukuyama justificaba la derrota de los regímenes leninistas en los términos de la dialéctica hegeliano-marxista. Educados en la idea de que la historia sigue una dirección predeterminada con un final feliz, muchos antiguos comunistas, cuando supieron lo que se escribía sobre lo que había quedado del Muro, ya estaban conceptual y temperamentalmente preparados para aceptar la lectura que Fukuyama hacía de los acontecimientos.

16. *Inogo ne dano*, Progress, 1988.

17. «Explicar» las actuales tendencias políticas actuales en la región mediante la alusión a patrones políticos del pasado, como hacen tantos estudiosos del iliberalismo poscomunista, es confundir analogía y causalidad.

18. «En 2008, el economista conductual del MIT Dan Ariely llevó a cabo un experimento en el que los participantes jugaban a un video-juego en el que se presentaban tres puertas en la pantalla, cada una de las cuales proporcionaba una suma diferente de dinero al hacer clic sobre ella. La estrategia más razonable habría sido identificar la puerta que daba más dinero y seguir clicando en ella hasta que el juego terminase, pero, tan pronto como las puertas descartadas comenzaban a contraerse hasta, en última instancia, desaparecer, los participantes empezaban a hacer clic a su vez sobre ellas para mantener abiertas esas opciones menos lucra-tivas. Es una actitud algo tonta pero no podemos evitarlo. Los seres hu-manos necesitamos opciones, incluso aunque no lo sean más que en apariencia. George Eliot dejó escrito que la posibilidad de elección es el "principio de crecimiento más fuerte". ¿Cómo vamos a crecer si no po-demos elegir?», Yo Zushi, «Exploring Memory in the Graphic Novel», *New Statesman*, 6 de febrero de 2019.

19. Ryszard Legutko, *The Demon in Democracy: Totalitarian Tempta-tions in Free Societies*, Encounter Books, 2018, pp. 20, 63, 80.

20. En Philip Oltermann, «Can Europe's New Xenophobes Resha-pe the Continent?», *The Guardian*, 3 de febrero de 2018.

21. Legutko, *The Demon in Democracy*, p. 41.

22. Gabriel Tarde, *The Laws of Imitation*, editada en inglés por Henry Holt and Company, 1903, p. 74. [Hay trad. cast.: *Las leyes de la imitación*, CIS, 2011.]

23. El impulso imitativo no solo puede coexistir con la capacidad de inventiva, como concede Tarde, sino que además, en circunstancias nor-males, la imitación puede contribuir de forma importante a la creativi-dad y a la originalidad; véase Kal Raustiala y Christopher Sprigman, *The Knockoff Economy: How Imitation Sparks Innovation*, Oxford University Press, 2012.

24. Wade Jacoby, *Imitation and Politics: Redesigning Modern Germany*, Cornell University Press, 2000.

25. Thorstein Veblen, «The Opportunity of Japan», *Journal of Race Development* 6:1, julio de 1915, pp. 23-38.

26. Enredada en una concepción economicista de la política, para Bruselas resulta fácil ridiculizar el provincianismo mesiánico de Buda-

pest y de Varsovia, pero casi imposible comprenderlo. Para los burócratas europeos, el hecho de que Polonia y Hungría estén entre los grandes beneficiarios netos de los fondos de la Unión Europea hace que su revuelta contra ella resulte completamente irracional. En 2016, por ejemplo, Hungría recibió cuatro mil quinientos millones de euros de los fondos europeos, el equivalente al 4 por ciento del producto interior del país. Polonia recibió más de once mil millones de euros. La premisa principal de la *ostpolitik* de la Unión Europea, en la práctica, es que unos beneficiarios tan excepcionalmente favorecidos no tienen derecho a quejarse.

27. Ken Jowitt, «Communism, Democracy, and Golf», *Hoover Digest,* 30 de enero de 2001.

28. *Ibid.*

29. René Girard, *Deceit, Desire, and the Novel: Self and Other in Literary Structure,* Johns Hopkins University Press, 1976 [hay trad. cast.: *Mentira romántica y verdad novelesca,* Anagrama, 1985]; *Battling to the End: Conversations with Benoît Chantre,* Michigan State University Press, 2009 [hay trad. cast.: *Clausewitz en los extremos,* Katz Editores, 2010].

30. Le estamos agradecidos a Marci Shore por habernos proporcionado este ejemplo.

31. René Girard, *Violence and the Sacred*, Norton, 1979. [Hay trad. cast.: *La violencia y lo sagrado*, Anagrama, 2005.]

32. Girard afirma que los escritos de Dostoievski son «de una enorme relevancia para interpretar el mundo poscomunista», del modo siguiente: «Dostoievski sentía un profundo resentimiento por la imitación servil de todo lo occidental que dominaba en la Rusia de su tiempo. Sus inclinaciones reaccionarias vinieron a reforzarse por el engreimiento de Occidente, que ya entonces se jactaba de la gran "delantera" que le llevaba al resto de la humanidad, lo que entonces se conocía como "progreso". Occidente era casi tan vulgar como lo es hoy día, y ya confundía su muy real prosperidad material con una superioridad moral y espiritual que no poseía». René Girard, *Resurrection from the Underground. Feodor Dostoevsky*, Michigan State University Press, 2012, pp. 88-89.

33. «De acuerdo con las previsiones de la ONU, el conjunto de la población de Polonia, Hungría y las repúblicas checa y eslovaca (el con-

junto de los países conocidos como el grupo de Visegrado o V4) dismi-
nuirá de 64 millones en 2017 a 55,6 millones hacia 2050, alrededor del
13 por ciento. Ninguna otra región del mundo conocerá un descenso de
población tan rápido en el mismo periodo», James Shotter, «Central Europe: Running out of Steam», *Financial Times*, 27 de agosto de 2018.

34. Podemos encontrar una expresión del miedo a que las imposiciones del liberalismo occidental manchen las tradiciones regionales
en el extracto siguiente: «La ola de oposición en Centroeuropa a lo que
se denomina como "ideología de género" llevó a que, el pasado 15 de
febrero, Bulgaria se opusiera a ratificar el convenio de Estambul y combatir la violencia doméstica y machista, un episodio repetido ayer (22 de
febrero) por Eslovaquia», Georgi Gotev, *After Bulgaria, Slovakia too Fails
to Ratify the Istanbul Convention*, Agence France-Presse, 23 de febrero de
2018.

35. Benjamin E. Goldsmith, *Imitation in International Relations. Ob-
servational Learning, Analogies, and Foreign Policy in Russia and Ukraine*,
Palgrave, 2005.

36. «Jim Mattis's Letter to Trump: Full Text», *The New York Times*,
20 de diciembre de 2018.

37. Gáspár Miklós Tamás, «A Clarity Interfered With», en Timothy
Burns, ed., *After History?*, Littlefield Adams, 1994, pp. 82-83.

I. LA MENTE *COPYCAT*

1. Stendhal, *Scarlet and Black*, Penguin, 1969, p. 75. [Hay trad. cast.:
Rojo y negro, Akal, 2008, trad. de Pilar Ruiz Ortega.]

2. John Feffer, *Shock Waves: Eastern Europe after the Revolutions*, South
End Press, 1992.

3. Citado por Feffer en Nick Thorpe, *'89: The Unfinished Revolution*,
Reportage Press, 2009, pp. 191-192.

4. John Feffer, *Aftershock: A Journey into Eastern Europe's Broken
Dreams*, Zed Books, 2017, p. 34.

5. Guy Chazan, «Why Is Alternative for Germany the New Force in
German Politics?», *Financial Times*, 25 de septiembre de 2017.

6. George Orwell, *The Collected Essays, Journalism and Letters*, vol. 3, Harcourt Brace Jovanovich, 1968, p. 244. [Hay trad. cast.: *Ensayos*, Debate, 2013.]

7. Ralf Dahrendorf, *Reflections on the Revolution in Europe*, Transaction, 1990 [hay trad. cast.: *Reflexiones sobre la revolución en Europa*, Salamandra, 1991]; Bruce Ackerman, *The Future of Liberal Revolution*, Yale University Press, 1994 [hay trad. cast.: *El futuro de la revolución liberal*, Ariel, 1995].

8. Lawrence Goodwyn, *Breaking the Barrier*, Oxford University Press, 1991, p. 342.

9. Citado en Dahrendorf, *Reflections on the Revolution*, p. 27.

10. Jürgen Habermas, «What Does Socialism Mean Today? The Rectifying Revolution and the Need for New Thinking on the Left», *New Left Review* 183, septiembre-octubre de 1990, pp. 5, 7. [Hay trad. cast.: «¿Qué significa el socialismo hoy? La revolución rectificadora y la necesidad de renovación de la izquierda», Almagesto-Rescate, 1992.]

11. Jürgen Habermas, *Die Nachholende Revolution*, Suhrkamp, 1990.

12. Hans Magnus Enzensberger, *Europe, Europe: Forays into a Continent*, Pantheon, 1990, p. 97. [Hay trad. cast.: *¡Europa, Europa!*, Anagrama, 2006.]

13. Roger Cohen, «The Accommodations of Adam Michnik», *The New York Times Magazine*, 7 de noviembre de 1999.

14. Václav Havel, *The Power of the Powerless: Citizens Against the State in Central-Eastern Europe*, M. E. Sharpe, 1985, p. 89. [Hay trad. cast.: *El poder de los sin poder y otros escritos*, Encuentro, 2013.]

15. Citado en Benjamin Herman, «The Debate That Won't Die: Havel And Kundera on Whether Protest Is Worthwhile», Radio Free Europe/Radio Liberty, 11 de enero de 2012.

16. Stanisław Ignacy Witkiewicz, *Insatiability*, Northwestern University Press, 1996. [Hay trad. cast.: *Insaciabilidad*, Círculo d'Escritores Olvidados, 2014]

17. Czesław Miłosz, *The Captive Mind*, Vintage, 1990, p. 45. [Hay trad. cast.: *La mente cautiva*, Galaxia Gutenberg, 2016.]

18. Albert O. Hirschman, *Development Projects Observed*, The Brookings Institution, 1967, pp. 21-22. [Hay trad. cast.: *El comportamiento de los proyectos de desarrollo*, Siglo XXI, 1969.]

19. *Ibid.*, p. 22.

20. Citado en Liav Orgad, *The Cultural Defense of Nations: A Liberal Theory of Majority Rights,* Oxford University Press, 2017, p. 19.

21. «Why You Are Not Emigrating: A Letter from Białołęka 1982», en Adam Michnik, *Letters from Prison and Other Essays,* University of California Press, 1987. [Hay trad. cast.: *Cartas desde la prisión y otros ensayos,* Jus, 1992.]

22. *Ibid.*, p. 23.

23. *Ibid.*

24. Albert O. Hirschman, «Exit, Voice, and the Fate of the German Democratic Republic: An Essay in Conceptual History», *World Politics* 45:2, enero de 1993, pp. 173-202.

25. B. Rother, «Jetzt wächst zusammen, was zusammen gehört», en T. G. Ash, ed., *Wächst zusammen was zusammen gehört? Schriftenreihe Heft 8,* Berlín, Bundeskanzler Willy Brandt Stiftung, 2001.

26. Declaración conjunta de los jefes de Estado de los países del grupo de Visegrado, Praga, 4 de septiembre de 2015: <http://www.visegrad group.eu/calendar/2015/joint-statement-of-the-150904>.

27. En Anne Applebaum, «A Warning from Europe», *The Atlantic,* octubre de 2018.

28. Viktor Orbán, en el discurso de apertura del Foro Mundial de la Ciencia, 7 de noviembre de 2015.

29. Raymond Aron, «The Dawn of Universal History», en *The Dawn of Universal History: Selected Essays from a Witness to the Twentieth Century,* Basic Books, 2002, p. 482.

30. Stephen Smith, *The Scramble for Europe: Young Africa on its way to the Old Continent,* Polity, 2019. [Hay trad. cast.: *La huida hacia Europa,* Arpa, 2019.]

31. Henry Foy y Neil Buckley, «Orban and Kaczynski Vow "Cultural Counter-Revolution" to Reform EU», *Financial Times,* 7 de septiembre 2016.

32. Renaud Camus, *Le Grand Remplacement,* 4.ª ed., Lulu.com, 2017.

33. Feffer, *Aftershock,* p. 34.

34. Adam Taylor, «Hungary's Orbán Wants to Reverse His Country's Shrinking Population Through Tax Breaks», *The Washington Post,* 12 de febrero de 2019.

35. *Cfr.* «Cuando los nativos tienen muchos hijos, se ve a los inmigrantes como un refuerzo; cuando los nativos tienen pocos hijos, se los ve como un reemplazo», David Frum, «If Liberals Won't Enforce Borders, Fascists Will», *Atlantic*, abril de 2019. El razonamiento implícito de Orbán para decidir clausurar los programas de estudios de género en Hungría parece apuntar a que dichos programas enseñan a las mujeres a no tener hijos; véase Owen Daugherty, «Hungary Ends Funding for Gender Studies Programs, Calling Them "An Ideology"», *The Hill,* 17 de octubre de 2018.

36. Roger Cohen, «How Democracy Became the Enemy», *The New York Times,* 6 de abril de 2018.

37. «Eastern Europeans Are More Likely to Regard Their Culture as Superior to Others», Pew Research Center, 24 de octubre de 2018, <http://www.pewforum.org/2018/10/29/eastern-and-western-europeans-differ-on-importance-of-religion-views-of-minorities-and-key-social-issues/pf-10-29-18_east-west_-00-03/>.

38. Milan Kundera, «A Kidnapped West, or Culture Bows Out», *Granta,* 11, 1984, pp. 93-121. [Hay trad. cast.: Milan Kundera, «Un occidente secuestrado: La tragedia de la Europa Central», *Debats* 7, 1984, pp. 89-99.]

39. Friedrich Nietzsche, *On the Genealogy of Morals*, Book 1, §10, Penguin, 2013, p. 25. [Hay trad. cast.: *La genealogía de la moral*, Alianza, 2011, trad. de Andrés Sánchez Pascual.]

40. Viktor Orbán, en el discurso del Día del Honor del 17 de marzo de 2018.

41. Mark Lilla, *The Once and Future Liberal: After Identity Politics,* Harper, 2017. [Hay trad. cast.: *El regreso liberal. Más allá de la política de la identidad*, Debate, 2018.]

42. David Miller, *On Nationality,* Oxford University Press, 1997, p. 165. [Hay trad. cast.: *Sobre la nacionalidad. Autodeterminación y pluralismo cultural,* Paidós, 1997.]

43. Citado en Philip Oltermann, «Can Europe's New Xenophobes Reshape the Continent?», *The Guardian,* 3 de febrero de 2018.

44. Frantz Fanon, *The Wretched of the Earth*, Grove-Atlantic, 2007, p. 236. [Hay trad. cast.: *Los condenados de la tierra*, Fondo de Cultura Económica, 1963.]

45. *Cfr.* H. Grabbe, «How Does Europeanization Affect CEE Governance? Conditionality, Diffusion, and Uncertainty», *Journal of European Public Policy* 8, 2001, pp. 1013-1031.

46. *Cfr.* «El Imperio romano bizantino [...] fue un auténtico "dique", un *katechon* [...], pese a su debilidad, se sostuvo frente al islam durante varios siglos y, merced a ello, impidió que los árabes conquistasen toda Italia. De lo contrario, hubiese sido incorporada aquella península al mundo islámico, con completo exterminio de su cultura antigua y cristiana, como por entonces ocurrió con el norte de África.», Carl Schmitt, *Land and Sea: A World-Historical Meditation*, Telos Press, 2015. [Hay trad. cast.: *Tierra y mar. Una reflexión sobre la historia universal*, Trotta, 2007, trad. de Rafael Fernández-Quintanilla.]

47. Valerie Hopkins, «Hungary's Viktor Orbán blasts "United States of Europe"», *Financial Times*, 16 de marzo de 2019.

48. Foy y Buckley, «Orban and Kaczynski».

49. Jason Horowitz, «Steve Bannon Is Done Wrecking the American Establishment. Now He Wants to Destroy Europe's», *The New York Times,* 9 de marzo de 2018.

50. Griff Witte y Michael Birnbaum, «In Eastern Europe, the E.U. faces a rebellion more threatening than Brexit», *The Washington Post,* 5 de abril de 2018.

51. Václav Havel, «Ce que j'ai cru, ce que je crois», *Le Nouvel Observateur*, 19 de diciembre de 2011.

52. Michnik, *Letters from Prison*, p. 314.

53. «Letter from the Gdańsk Prison 1985», en Michnik, *Letters from Prison,* p. 81.

54. En el ámbito de las ciencias sociales, un ejemplo clásico de la falta de sensibilidad de los observadores externos, en lo que respecta a las connotaciones históricas de la palabra «normalidad» en la región, es un conocido ensayo de Andrei Shleifer y Daniel Treisman, «Normal Countries. The East 25 Years After Communism», *Foreign Affairs*, noviembre-diciembre de 2014.

55. Peter Bradshaw, «Graduation Review – A Five-Star Study of Grubby Bureaucratic Compromise», *The Guardian,* 19 de mayo de 2016.

56. Ruzha Smilova, «Promoting "Gender Ideology". Constitutional Court of Bulgaria Declares Istanbul Convention Unconstitutional», *Oxford Human Rights Hub,* 22 de agosto de 2018, <http://ohrh.law.ox. ac.uk/promoting-gender-ideology-constitutional-court-of-bulgaria-declares-istanbul-convention-unconstitutional/>.

57. Václav Bělohradský, *Společnost nevolnosti. Eseje z pozdější doby,* SLON, 2007.

58. Ryszard Legutko, «Liberal Democracy vs. Liberal Democrats», *Quadrant Online,* abril de 2015.

59. Thomas Bagger, «The World According to Germany: Reassessing 1989», *The Washington Quarterly,* 22 de enero de 2019, p. 54.

60. *Ibid.*

61. «Aunque muchos otros países del mundo tienen que transformarse, Alemania puede quedarse como está, a la espera de que los demás se adhieran gradualmente a su modelo. Es solo una cuestión de tiempo», Bagger, «The World According to Germany», p. 54.

62. Volviendo a los complejos significados de la palabra «normalidad» en la región, cabe recordar que, en la Alemania Occidental de posguerra, la «normalización» hacía referencia al intento por parte de Ernst Nolte y otros escritores conservadores de liberarse de la culpa heredada por el Holocausto, un movimiento al que se opusieron con firmeza los demócratas de izquierdas, como Habermas, para quien constituye una verdad absoluta el hecho de que Alemania nunca podrá convertirse en «un país normal», en un país sin la carga del remordimiento histórico por los crímenes nazis. Nada de esto ha evitado que los no alemanes vean en la actualidad a Alemania como un país «normal», con menos carga moral y emocional.

63. «Solo me asustan los signos y los símbolos, no las personas ni las cosas», escribía Sebastian al inicio de *Desde hace dos mil años,* el maravilloso libro de 1934 que transmite la atmósfera sofocante de antisemitismo y nacionalismo tóxico de su país en el periodo de entreguerras.

64. «On n'intègre pas les peuples comme on fait de la purée de marrons». [No se une a los pueblos como quien hace puré de castañas], citado en «La Vision européenne du général de Gaulle», *L'Observatoire de l'Europe,* 27 de enero de 2010.

65. Presidente Richard von Weizsäcker, discurso durante la ceremonia de conmemoración del 40 aniversario del final de la guerra en Europa y de la tiranía nacionalsocialista, 8 de mayo de 1985, <https://www. bundespraesident.de/SharedDocs/Downloads/DE/Reden/2015/02/ 150202-RvW-Rede-8-Mai-1985-englisch.pdf?__blob=publicationFile>.

66. Aunque también hay que decir que el hecho de que Alemania llevara a la Unión Europea a apoyar la independencia de Croacia sugiere los límites, o tal vez la hipocresía, de este compromiso antinacionalista.

67. Esto incluye a Rusia, donde algunos liberales como Yegor Gaidar, Anatoli Chubáis, Andréi Kozyrev y Borís Nemtsov perdieron el apoyo popular más rápido y de forma más radical que sus homólogos en Centroeuropa y en Europa del Este.

68. Elzbieta Stasik, «Stocking anti-German sentiments in Poland», *Deutsche Welle,* 15 de diciembre de 2012, <https://www.dw.com/en/ stoking-anti-german-sentiment-in-poland/a-16456568>.

69. Gabor Halmai y Kim Lane Scheppele, «Living Well Is the Best Revenge. The Hungarian Approach to Judging the Past», en A. James McAdams, ed., *Transitional Justice and the Rule of Law in New Democracies,* University of Notre Dame Press, 1997, p. 155.

70. Ivan Berend, *Decades of Crisis,* University of California Press, 2001.

71. Arthur Koestler en Richard Crossman, ed., *The God that Failed,* Columbia University Press, 1951, p. 2.

72. «A Public Opinion Survey about János Kádár and the Kádár Regime from 1989», *Hungarian Spectrum,* 28 de mayo de 2013, <https:// hungarianspectrum.wordpress.com/2013/05/28/a-public-opinion-survey-about-janos-kadar-and-the-kadar-regime-from-1989/>.

73. Se trata de uno de los temas del libro de Ryszard Legutko *The Demon in Democracy: Totalitarian Temptations in Free Societies,* Encounter Books, 2018, un ataque a la «enfermedad» y a la «esclavitud mental» de la democracia liberal, por parte de un escritor que trata de reciclar, sin ofrecer ni una sola cita, cada una de las manidas simplificaciones y estereotipos de la larga historia del antiliberalismo europeo.

74. Paul Lendvai, *Orbán: Hungary's Strongman,* Oxford University Press, 2018, p. 13.

75. Zoltán Kovács, «Imre Nagy Reburied, Viktor Orban's Political Career Launched 25 Years Ago Today», *Budapest Beacon*, 16 de junio de 2014.

76. Aviezer Tucker, *The Legacies of Totalitarianism: A Theoretical Framework*, Cambridge University Press, 2015.

77. «Full Text of Viktor Orbán's Speech at Băile Tuşnad (Tusnádfürdő) of 26 July 2014», *The New York Times*, 29 de julio de 2014.

78. *Ibid.*

79. *Idem.*

80. Enzensberger, *Europe, Europe,* p. 109.

81. Elisabeth Zerofsky, «Is Poland Retreating from Democracy?», *The New Yorker*, 30 de julio de 2018.

82. Discurso oficial de Viktor Orbán por el 170 aniversario de la Revolución húngara de 1848, 16 de marzo 2018.

83. «Full Text of Viktor Orbán's Speech at Băile Tuşnad (Tusnádfürdő) of 26 July 2014», *The New York Times*, 29 de julio de 2014.

84. Marc Santora y Helene Bienvenu, «Secure in Hungary, Orban Readies for Battle with Brussels», *The New York Times*, 11 de mayo de 2018.

85. «In the Nick of Time», *The Economist*, 29 de mayo de 2008.

86. Corentin Lotard, «Le temps de la colonisation de la Hongrie est terminé!», *Le Courrier de l'Europe Centrale*, 3 de marzo de 2014.

87. Stephen Holmes, «A European Doppelstaat?», *East European Politics and Society*, 17:1, 2003, pp. 107-118.

88. Amin Maalouf, *In the Name of Identity: Violence and the Need to Belong*, Arcade, 2000, pp. 74-75. [Hay trad. cast.: *Identidades asesinas*, II: «Cuando la modernidad viene del mundo del Otro», §5, Alianza, 2012, trad. de Fernando Villaverde.]

89. Citado en Sławomir Sierakowski, «How Eastern European Populism Is Different», *The Strategist*, 2 de febrero de 2018.

90. Maria Schmidt, citada en Oltermann, «Can Europe's New Xenophobes Reshape the Continent?».

91. «Polish President Likens EU Membership to Past Occupations», Agence France-Presse, 14 de marzo de 2018.

92. Applebaum, «A Warning from Europe».

93. Adam Leszczyński, «Poland's Leading Daily Feels Full Force of Jarosław Kaczyński's Anger», *The Guardian*, 23 de febrero de 2016.

94. Citados en Oltermann, «Can Europe's New Xenophobes Reshape the Continent?».

95. Viktor Orbán, en el discurso con motivo del Encuentro General Anual de la Asociación de Ciudades con Derecho Comital, 8 de febrero de 2018.

96. *Cfr.* Zoie O'Brien, «EU Starting to Resemble Old Soviet Union with its DICTATED Rules and Values», *Daily Express*, 31 de diciembre de 2016.

97. Ken Jowitt, «Setting History's Course», *Policy Review*, 1 de octubre de 2009.

98. François Jullien, *Il n'y a pas d'identité culturelle*, París, L'Herne, 2018. [Hay trad. cast.: *La identidad cultural no existe*, Taurus, 2017.]

99. Kim Lane Scheppele, «The Rule of Law and the Frankenstate: Why Governance Checklists Do Not Work», *Governance* 26:4, octubre de 2013, pp. 559-562.

2. La imitación como represalia

1. «Les seules bonnes copies sont celles qui nous font voir le ridicule des méchants originaux».

2. «Occidente no tiene por qué quererernos», Vladímir Surkov en una entrevista a *Der Spiegel*, 20 de junio de 2005.

3. Stephen Kotkin, *Armageddon Averted: The Soviet Collapse, 1970-2000*, Oxford University Press, 2008, p. 5.

4. Thomas Bagger, «The World According to Germany: Reassessing 1989», *The Washington Quarterly*, 22 de enero de 2019, p. 60.

5. Alexey Pushkov, «Russian Roulette», *National Interest*, 3 de marzo de 2008.

6. Vladislav Surkov, «Putin's Lasting State», *Russia Insider*, 13 de febrero de 2019, <https://russia-insider.com/en/vladislav-surkovs-hugely-important-new-article-about-what-putinism-full-translation/ri26259>.

7. «Putin's Prepared Remarks at 43rd Munich Conference on Security Policy», *The Washington Post*, 12 de febrero de 2007.

8. Reinhart Koselleck, «Transformations of Experience and Methodological Change: A Historical-Anthropological Essay», *The Practice of Conceptual History: Timing History, Spacing Concepts*, cap. 4, Stanford University Press, 2002.

9. Presidente Richard von Weizsäcker, «Speech during the Ceremony Commemorating the 40th Anniversary of the End of War in Europe and of National-Socialist Tyranny», 8 de mayo de 1985, <https://www.bundespraesident.de/SharedDocs/Downloads/DE/Reden/2015/02/150202-RvW-Rede-8-Mai-1985-englisch.pdf?__blob=publicationFile>.

10. Steven Lee Myers, *The New Tsar: The Rise and Reign of Vladimir Putin*, cap. 4, Vintage, 2016. [Hay trad. cast.: *El nuevo zar. Ascenso y reinado de Vladímir Putin*, Península, 2014.]

11. Pia Malaney, «Mortality Crisis Redux: The Economics of Despair», Institute for New Economic Thinking, 27 de marzo de 2017, <https://www.ineteconomics.org/perspectives/blog/mortality-crisis-redux-the-economics-of-despair>.

12. Vladímir Yakunin, *The Treacherous Path: An Insider's Account of Modern Russia*, Biteback Publishing, 2018, p. 18.

13. Putin, en el discurso anual sobre la situación del país, 25 de abril de 2005; David Masci, «In Russia, Nostalgia for Soviet Union and Positive Feelings about Stalin», Pew Research Center, 29 de junio de 2017.

14. Alexei Navalny y Adam Michnik, *Opposing Forces: Plotting the New Russia*, Egret Press, 2016, p. 101.

15. Uno de los conspiradores que participaron en el golpe fallido, el ministro de Interior soviético Borís Pugo, se disparó y falleció el 22 de agosto de 1991.

16. Curzio Malaparte, *The Kremlin Ball*, New York Review Books Classics, 2018, p. 45. [Hay trad. cast.: *Baile en el Kremlin y otras historias*, Tusquets, 2016.]

17. Ilya Yablokov, *Fortress Russia: Conspiracy Theories in the Post-Soviet World*, Polity, 2018.

18. Miriam Elder, «Vladimir Putin Accuses Hillary Clinton of Encouraging Russian Protests», *The Guardian*, 8 de diciembre de 2011.

19. Stephen Holmes, *Benjamin Constant and the Making of Modern Liberalism*, Yale University Press, 1984, p. 207.

20. Susan Glasser y Peter Baker, *Kremlin Rising: Vladimir Putin's Russia and the End of Revolution*, Potomac Books, 2007, p. 7.

21. «En las encuestas, los rusos de hoy describen Occidente como desalmado, falto de valores espirituales, extremadamente formal y agresivo. Ya no creen que el modelo occidental les sirva; su país debe seguir su propio camino "especial"», Evgeny Tonkonogy, «The Evolution of *Homo sovieticus* to Putin's Man», *The Moscow Times*, 13 de octubre de 2017.

22. De acuerdo con la historiadora del nacionalismo nacida en Rusia Liah Greenfeld, toda sociedad que importa ideas e instituciones foráneas se centra «de forma inevitable, en la fuente de la importación (objeto de imitación por definición) y reacciona ante ella. Debido a que, según la propia percepción del imitador, el modelo es superior (algo que implica el hecho de ser un modelo) y a que el contacto sirve más a menudo para enfatizar la inferioridad de aquel más que para lo contrario, lo común es que dicha reacción se traduzca en resentimiento», Liah Greenfeld, *Nationalism: Five Roads to Modernity*, Harvard University Press, 1992, p. 15. [Hay trad. cast.: *Nacionalismo: cinco vías hacia la modernidad*, Centro de Estudios Políticos y Constitucionales, 2005.]

23. Wolfgang Schivelbusch, *The Culture of Defeat: On National Trauma, Mourning, and Recovery*, Metropolitan Books, 2013, pp. 33-34.

24. Martin van Creveld, *The Transformation of War*, The Free Press, 1991, p. 225. [Hay trad. cast.: *La transformación de la guerra*, José Luis Uceda, 2007.]

25. Más tarde, Zbigniew Brzeziński diría en una entrevista: «Le jour où les Soviétiques ont officiellement franchi la frontière, j'ai écrit au président Carter, en substance: "Nous avons maintenant l'occasion de donner à l'URSS sa guerre du Vietnam"» («El día en que los soviéticos atravesaron oficialmente la frontera, escribí al presidente Carter, en esencia: "Ahora tenemos la ocasión para dar a la URSS su guerra de Vietnam"»), *Le Nouvel Observateur*, 15 de enero de 1998.

26. Como explicó Putin en 2014, Estados Unidos «financió en el pasado a movimientos islámicos extremistas para combatir a la Unión Soviética. De estos grupos, cuya experiencia de combate se forjó en Afganistán, surgirían los talibanes y Al Qaeda. Occidente, cuando no dio apoyo, como mínimo cerró los ojos, y diría que suministró información, así como soporte político y financiero, a terroristas internacionales para que invadieran Rusia; algo que no hemos olvidado», discurso en la reunión del Club Internacional de Debates Valdai en Sochi, 24 de octubre de 2014.

27. Masha Gessen, «Putin's Syrian Revenge», *The New Yorker*, 8 de octubre de 2015.

28. Putin citó «el bien conocido precedente de Kosovo, al que nuestros colegas occidentales dieron forma en una situación muy similar, cuando acordaron la separación unilateral de este territorio de Serbia, justo lo que ahora hace Crimea», discurso del presidente de la Federación de Rusia del 18 de marzo de 2014, <http://en.kremlin.ru/events/president/news/20603>.

29. Simon Waxman, «Why Did Putin Oppose Clinton? Decades of American Hypocrisy», *The Washington Post*, 20 de abril de 2017.

30. Citado en Perry Anderson, «Imitation Democracy», *London Review of Books* 37:16, 27 de agosto de 2015.

31. Lincoln A. Mitchell, *The Color Revolutions*, University of Pennsylvania Press, 2012.

32. Alexandr Prokhanov, *Politolog*, Ultra Kultura, 2005.

33. Andrew Wilson, «Virtual Politics: "Political Technology" and the Corruption of Post-Soviet Democracy», lista de correo Johnson's Russia List, 21 de diciembre de 2005, <www.cdi.org/russia/johnson/9324-5.cfm>.

34. Andrew Wilson, *Virtual Politics: Faking Democracy in the Post-Soviet World*, Yale University Press, 2005, p. XIII.

35. James Madison, *Federalist No. 10*, Cambridge University Press, 2003. [Hay trad. cast: *El Federalista*, Akal, 2015.] La frase nos da a entender que los chanchullos políticos al estilo de Paul Manafort se retrotraen a mucho antes de la era de la televisión.

36. Hannah Arendt, *The Origins of Totalitarianism*, Meridian Books, 1958, p. 155. [Hay trad. cast.: *Los orígenes del totalitarismo*, Alianza, 2006.]

37. Ivan Krastev, *Time and Place/Vreme i miasto. A conversation with Gleb Pavlovsky*, en búlgaro, Trud, 2018.

38 «A la gran mayoría le da por completo igual la vida política. El 85 por ciento de las personas a las que se preguntó si querían tener más participación respondió que no. Tenían la sensación de que la política no tenía nada que ver con ellas», E. Tonkonogy, «The Evolution of *Homo sovieticus*».

39. Comunicación personal.

40. Cabría preguntarse cómo diferenciar la ausencia de alternativas como fuente de legitimidad en Rusia y la ausencia de alternativas como fuente de ilegitimidad en Europa Central. ¿Cómo es posible que la misma fórmula cause resignación en Rusia y subversión en Europa Central? La respuesta es que, en Rusia, Putin puede cambiar la política del Gobierno, pero nadie puede cambiar a Putin, mientras que en Europa Central, los gobernantes pueden cambiar, pero las políticas siguen siendo las mismas. Esto último genera una rabia antisistema, debido a las expectativas creadas en los noventa de que el voto importa, algo que el votante ruso nunca se ha creído.

41. Kirill Rogov, «Public Opinion in Putin's Russia», NUPI Working Paper 878, Norwegian Institute of International Affairs (NUPI), 2017, <https://brage.bibsys.no/xmlui/bitstream/handle/11250/2452184/NUPI_Working_Paper_878_Rogov.pdf?sequence=2>.

42. Stefan Hedlund, *Russian Path Dependence*, Routledge, 2005. *Cfr.* «Sin duda, la actitud de Rusia se ha readaptado en los últimos años a su largo recorrido histórico», Robert Kagan, *The Jungle Grows Back*, Knopf, 2018, p. 107.

43. Véase también Karl Schlögel, *Moscow, 1937*, Polity, 2014.

44. En las encuestas realizadas por Levada-Center entre 2005 y 2015, alrededor del 34 por ciento de los encuestados indicaron que «democracia en desarrollo» era el término que «mejor describe la situación del país».

45. Julia Ioffe, «The Potemkin Duma», *Foreign Policy*, 22 de octubre de 2009.

46. Sergei Kovalev, «Why Putin Wins», *The New York Review of Books*, 22 de noviembre de 2007.

47. Alexander Lukin, «Russia's New Authoritarianism», *Post-Soviet Affairs* 25:1, 2009, p. 80.

48. Michael Schwirtz, «Russians Shrug at Prospects of Another Putin Term, Poll Shows», *The New York Times*, 7 de octubre 2011.

49. El juego del Kremlin con Rusia Unida resulta bastante complicado; debe asegurarse la victoria sobre sus competidores nominales, aunque de tal modo que nunca parezca una fuerza importante, ni un genuino «partido del pueblo», ya que, de lo contrario, podría llegar a convertirse en un contrincante o un rival del Kremlin.

50. Jacques Séguéla, *Le Vertige des urnes*, Flammarion, 2000.

51. *Cfr.* Andrew Roth, «Russian Election Officials Bar Protest Leader Navalny from 2018 Presidential Race», *The Washington Post*, 25 de diciembre de 2017.

52. Citado en P. Anderson, «Imitation Democracy».

53. Alexéi Slapovski, *Pohod na Kreml'. Poema bunta*, AST, 2010, <http://www.litres.ru/aleksey-slapovskiy/pohod-na-kreml>.

54. Julia Ioffe, «The Loneliness of Vladimir Putin», *New Republic*, 2 de febrero de 2014, <http://www.newrepublic.com/article/116421/vladimir-putins-russia-has-crushed-dissent-stillfalling-apart>.

55. Mischa Gabowitsch, *Protest in Putin's Russia*, Polity, 2017.

56. Discurso de toma de posesión de Putin, 7 de mayo de 2000.

57. Miriam Elder, «Russian Protests: Thousands March in Support of Occupy Abay Camp», *The Guardian*, 13 de mayo de 2012.

58. Michael McFaul, *From Cold War to Hot Peace: An American Ambassador in Putin's Russia*, Houghton Mifflin Harcourt, 2018, pp. 335, 280.

59. Ivan Ilyin, *Our Mission*; Timothy Snyder [*El camino hacia la no libertad*, Galaxia Gutenberg, 2018] sostiene que Ilyin es «el filósofo de cabecera de Putin» en «God Is a Russian», *The New York Review of Books*, 5 de abril de 2018. Y lo cierto es que este, en su discurso anual ante la Asamblea Federal del 10 de mayo de 2006, mencionó al «bien conocido pensador ruso Ivan Ilyin», citándolo para fundamentar el parecer de que debían «estar preparados para responder a todo intento, de cualquier tipo, de ejercer presión sobre Rusia en el terreno de la política exterior, inclusive con el objetivo de reforzar posiciones a nuestra costa». Para un contraargumento, véase Marlene Laruelle, «Is Russia Really "Fascist"?

A Comment on Timothy Snyder», *PONARS Eurasia Policy Memo* n.° 539, septiembre de 2018.

60. Se trata del famoso y lacrimógeno discurso de Putin por la victoria electoral en la plaza Manezhnaya, el 4 de marzo de 2012, <https://www.youtube.com/watch?v=c6qLcDAoqxQ>.

61. Anton Troianovski, «Putin Claims Russia Is Developing Nuclear Arms Capable of Avoiding Missile Defenses», *The Washington Post*, 1 de marzo de 2018.

62. Primera entrevista de Putin tras haber asumido la presidencia, 2000, <https://www.youtube.com/watch?v=EjU8Fg3NFmo>.

63. David Brooks, «The Revolt of the Weak», *The New York Times*, 1 de septiembre de 2014.

64. Moisés Naím, *The End of Power: From Boardrooms to Battlefields and Churches to States, Why Being in Charge Isn't What It Used to Be*, Basic Books, 2013. [Hay trad. cast.: *El fin del poder*, Debate, 2014.]

65. Discurso del presidente de la Federación de Rusia, 18 de marzo de 2014, <http://en.kremlin.ru/events/president/news/20603>.

66. Shaun Walker, *The Long Hangover: Putin's New Russia and the Ghosts of the Past*, Oxford University Press, 2018, p. 4; la cursiva es nuestra.

67. Lilia Shevtsova, «Imitation Russia», *National Interest* 2:2, 1 de noviembre de 2006.

68. Julia Ioffe, «What Putin Really Wants», *The Atlantic*, enero-febrero de 2018.

69. Roderick Conway Morris, «For 12 Jurors in a Conflicted Russia, There Are No Easy Answers», *The New York Times*, 14 de septiembre de 2007.

70. Ruslan Isayev, «Mikhalkov's Film *12* Screened in Moscow and Chechnya», *Prague Watchdog*, 6 de noviembre de 2007.

71. Luke Harding, «Putin's Tears: Why So Sad, Vlad?», *The Guardian*, 5 de marzo de 2012.

72. Transcripción de una entrevista con el canal estadounidense NBC News, 2 de junio de 2000, <http://en.kremlin.ru/events/president/transcripts/24204>.

73. Samuel P. Huntington, «The Clash of Civilizations?», *Foreign Affairs* 72:3, verano de 1993, p. 156.

74. Henry Foy, «Russia's Trust in Vladimir Putin Falls to At Least 13-year Low», *Financial Times*, 21 de enero de 2019.

75. Véase, no obstante, Alex Hernand y Marc Bennetts, «Great Firewall Fears as Russia Plans to Cut Itself Off from Internet: Moscow Says Temporary Disconnection Is a Test of its Cyberdefence Capabilities», *The Guardian*, 12 de febrero de 2019.

76. Nicholas Eberstadt, «The Dying Bear: Russia's Demographic Disaster», *Foreign Affairs*, noviembre-diciembre de 2011.

77. División de Población de Departamento de Asuntos Económicos y Sociales de las Naciones Unidas, *World Mortality 2017 – Data Booklet*, 2017, <http://www.un.org/en/development/desa/population/publications/pdf/mortality/World-Mortality-2017-Data-Booklet.pdf>.

78. Michael Smith, «Pentagon Planned Love Bomb», *The Daily Telegraph*, 15 de enero de 2005.

79. Transcripción de una rueda de prensa ante medios rusos y extranjeros, 1 de febrero de 2007, <http://en.kremlin.ru/events/president/transcripts/24026>.

80. «Presidential Address to the Federal Assembly», 12 de diciembre de 2013, <http://en.kremlin.ru/events/president/news/19825>.

81. Masha Lipman, «The Battle Over Russia's Anti-Gay Law», *The New Yorker*, 10 de agosto de 2013.

82. Según Robert Kagan, Putin ataca al mundo liberal para «devolver a Rusia la influencia histórica en el escenario internacional», en R. Kagan, *The Jungle Grows Back*, p. 111.

83. James Kirchick, *The End of Europe: Dictators, Demagogues, and the Coming Dark Age*, Yale University Press, 2017.

84. Adolf Burger, *The Devil's Workshop: A Memoir of the Nazi Counterfeiting Operation*, Frontline Books, 2009.

85. Dan Lamothe, «Once Again, Militants Use Guantanamo-inspired Orange Suit in an Execution», *The Washington Post*, 28 de agosto de 2014.

86. De forma similar, a menudo, los terroristas colocan bombas no solo para obtener una ventaja táctica, sino además para invertir los papeles de víctima y victimario.

87. Bojana Barlovac, «Putin Says Kosovo Precedent Justifies Crimea Secession», *Balkan Insight,* 18 de marzo de 2014.

88. Will Englund, «Russians Say They'll Name Their Magnitsky-Retaliation Law After Baby Who Died in a Hot Car in Va», *The Washington Post*, 11 de diciembre de 2012.

89. Scott Shane, «Russia Isn't the Only One Meddling in Elections. We Do It Too», *The New York Times*, 17 de febrero de 2018.

90. Michael Kramer, «Rescuing Boris», *Time*, 24 de junio de 2001.

91. Tanto como su «chef», Yevgueny Prigozhin, es un individuo que actúa a título privado, libre de proceder como le convenga «dentro del marco legal ruso»; véase Neil MacFarquhar, «Yevgeny Prigozhin, Russian Oligarch Indicted by US, Is Known as "Putin's Cook"», *The New York Times*, 15 de febrero de 2018.

92. «Background to "Assessing Russian Activities and Intentions in Recent US Elections": The Analytic Process and Cyber Incident Attribution», 6 de enero de 2017, <https://www.dni.gov/files/documents/ICA_2017_01.pdf>.

93. Scott Shane y Mark Mazzetti, «The Plot to Subvert an Election: Unraveling the Russia Story So Far», *The New York Times*, 20 de septiembre de 2018.

94. Peter Baker, «Point by Point, State Department Rebuts Putin on Ukraine», *The New York Times*, 5 de marzo de 2014.

95. Ian Traynor y Patrick Wintour, «Ukraine Crisis: Vladimir Putin Has Lost The Plot, Says German Chancellor», *The Guardian*, 3 de marzo de 2014.

96. «US Publishes List of Putin's "False Claims" on Ukraine», *Haartez*, 6 de mayo de 2014.

97. John J. Mearsheimer, *Why Leaders Lie: The Truth About Lying in International Politics*, Oxford University Press, 2013, pp. 29, 20.

98. Edward Jay Epstein, *Deception: The Invisible War between the KGB and the CIA*, Simon & Schuster, 1989, p. 17.

99. Víktor Pelevin, *Ananasnaja voda dlja prekrasnoj damy*, Eksmo, 2011, pp. 7-144.

100. Charles Kaiser, «Can It Happen Here?», *The Guardian*, 8 de abril de 2018.

101. Citado en Sheila Fitzpatrick, «People and Martians», *London Review of Books* 41:2, 24 de enero de 2019.

102. Yascha Mounk, *The People vs. Democracy: Why Our Freedom Is in Danger and How to Save It*, Harvard University Press, 2018. [Hay trad. cast.: *El pueblo contra la democracia*, Paidós, 2018.]

103. Larry Diamond, «Liberation Technology», *Journal of Democracy*, 20 de julio de 2010.

104. Gabriel Zucman, *The Hidden Wealth of Nations: The Scourge of Tax Havens*, University of Chicago Press, 2016. [Hay trad. cast.: *La riqueza oculta de las naciones. Investigación sobre los paraísos fiscales*, Pasado & Presente, 2014.]

105. Franklin Foer, «How Kleptocracy Came to America», *The Atlantic*, marzo de 2019.

106. I. Yablokov, *Fortress Russia*.

107. <http://www.europarl.europa.eu/news/en/agenda/briefing/2018-01-15/4/russia-s-propaganda-in-the-eu>.

3. LA IMITACIÓN COMO DESPOSESIÓN

1. La novela fue llevada al cine por Sidney Lumet en 1971, con gran éxito de crítica; Kenneth Branagh estrenaría una nueva adaptación en 2017.

2. Graham Allison, «The Myth of the Liberal Order», *Foreign Affairs*, julio-agosto de 2018.

3. David Leonhardt, «Trump Tries to Destroy the West», *The New York Times*, 10 de junio de 2018; Robert Kagan, «Trump Marks the End of America as World's "Indispensable Nation"», *Financial Times*, 19 de noviembre de 2016.

4. Robert Kagan, *The World America Made,* Vintage, 2012; R. Kagan, «Trump Marks the End».

5. Robert Costa, Josh Dawsey, Philip Rucker y Seung Min Kim, «"In the White House Waiting": Inside Trump's Defiance on the Longest Shutdown Ever», *The New York Times*, 12 de enero de 2018.

6. Gideon Rachman, «Donald Trump Embodies the Spirit of Our Age», *Financial Times*, 22 de octubre de 2018.

7. Alexander Hamilton, *Phocion Letters*, segunda carta, 1784.

8. Julian E. Barnes y Helene Cooper, «Trump Discussed Pulling US From NATO, Aides Say Amid New Concerns Over Russia», *The New York Times*, 14 de enero de 2019.

9. Se ha descrito a Trump, Orbán y Putin como «cleptócratas» en Paul Waldman, «Trump Is Still Acting Like a Tinpot Kleptocrat», *The Washington Post*, 29 de mayo de 2018; Bálint Magyar, *Post-Communist Mafia State: The Case of Hungary*, Central European University Press, 2016; Karen Dawisha, *Putin's Kleptocracy: Who Owns Russia?*, Simon & Schuster, 2015; pero unos planes de enriquecimiento personal comparables, por muy interesantes que puedan ser para los investigadores, no dicen nada sobre unas fuentes de apoyo popular similares.

10. Vladímir Putin, «A Plea for Caution from Russia», *The New York Times*, 11 de septiembre de 2013.

11. Entrevista con Trump en la CNN, 13 de septiembre de 2013.

12. Entrevista con Jeffrey Lord, «A Trump Card», *American Spectator*, 20 de junio de 2014.

13. Esta observación indica que el intento, por parte de Trump, de intimidar a los aliados de Estados Unidos, durante la aparición del 25 de mayo de 2017 en la sede de la OTAN en Bruselas, no se destinaba tanto a repartir responsabilidades como a insultar sin más, con lo que asumía que aquellos no podían hacer nada para perjudicar a su país.

14. «Transcript: Donald Trump on NATO, Turkey's Coup Attempt and the World», *The New York Times*, 21 de julio de 2016.

15. Véanse Conor Cruise O'Brien, «Purely American: Innocent Nation, Wicked World», *Harper's*, abril de 1980; Anatol Lieven, *America Right or Wrong: An Anatomy of American Nationalism*, Oxford University Press, 2004.

16. *Cfr.* «Ninguna nación en la historia moderna ha estado dominada de forma tan consistente por la creencia de que tiene una misión particular en el mundo como Estados Unidos», Russel Nye, *This Almost Chosen People,* Macmillan, 1966, p. 164.

17. Woodrow Wilson, *The New Democracy*, vol. 4 de *The Public Papers of Woodrow Wilson*, Ray Stannard Baker y William E. Dodd, eds., Harper and Brothers, 1926, pp. 232-233.

18. R. Kagan, «Trump Marks the End».

19. «Transcript of Mitt Romney's Speech on Donald Trump», *The New York Times,* 3 de marzo de 2016.

20. Janan Ganesh, «America Can No Longer Carry the World On Its Shoulders», *Financial Times,* 19 de septiembre de 2018.

21. Philip Bump, «Donald Trump Isn't Fazed by Vladimir Putin's Journalist-Murdering», *The Washington Post,* 18 de diciembre de 2015.

22. En febrero de 2017, tras ser nombrado presidente, Trump dobló la apuesta por esta cínica y trivial confesión del carácter abusivo de Estados Unidos. En su programa de Fox News, Bill O'Reilly le dijo: «Putin es un asesino». Trump respondió: «Hay muchos asesinos; tenemos un montón de asesinos [...]. ¿De verdad te piensas que nuestro país es tan inocente?»; citado en Christopher Mele, «Trump, Asked Again About Putin, Suggests US Isn't "So Innocent"», *The New York Times,* 4 de febrero de 2017. Respecto a la capacidad de Trump para inspirar a los imitadores, véase «Trump Advisor Tom Barrack Says "Atrocities in America Are Equal or Worse" than the Khashoggi Killing», *The Week,* 13 de febrero de 2019.

23. William J. Clinton, «Remarks to the Turkish Grand National Assembly in Ankara», 15 de noviembre de 1999, <https://clintonwhitehouse4.archives.gov/WH/New/Europe-9911/remarks/1999-11-15b.html>.

24. «Text: Obama's Speech in Cairo», *The New York Times,* 4 de junio de 2009.

25. Diane Roberts, «With Donald Trump in the White House, the Myth of American Exceptionalism Is Dying», *Prospect,* 13 de septiembre de 2017.

26. Pew Research Center, 30 de junio de 2017, <http://www.pewresearch.org/fact-tank/2017/06/30/most-americans-say-the-u-s-is-among-the-greatest-countries-in-the-world/>.

27. Alexander Burns, «Donald Trump, Pushing Someone Rich, Offers Himself», *The New York Times,* 16 de junio de 2015, la cursiva es nuestra.

28. Ken Jowitt, comunicación personal.

29. J. Ganesh, «America Can No Longer Carry the World».

30. Stephen Wertheim, «Trump and American Exceptionalism», *Foreign Affairs*, 3 de enero de 2017. La predicción de Wertheim de que «si Trump sigue despreciando el excepcionalismo, dañará la credibilidad interior de su Gobierno y abrirá una brecha de legitimidad que todas las facciones políticas del país se pelearán por llenar» todavía no se ha cumplido.

31. Véanse las entrevistas recogidas en Charlie Laderman y Brendan Simms, *Donald Trump. The Making of a World View*, Endeavour Press, 2017.

32. «Transcript: Donald Trump's Foreign Policy Speech», *The New York Times*, 27 de abril de 2016.

33. «Donald Trump: How I'd Run the Country (Better)», *Esquire*, agosto de 2004.

34. «Comentarios del presidente Trump en el 73.º periodo de sesiones de la Asamblea General de las Naciones Unidas», *Foreign Policy*, 25 de septiembre de 2018.

35. Véase C. Laderman y B. Simms, *Donald Trump*.

36. Del mismo modo, el rechazo al imperativo de imitación en Centroeuropa comenzó en serio cuando estuvo claro, a partir de 2008, que Occidente estaba perdiendo la posición dominante en el mundo. «La cuestión básica es que los diversos cambios en el mundo actual apuntan, en su totalidad, en la misma dirección. El momento en que quedó todo bien claro fue la crisis financiera de 2008, o más bien la crisis financiera occidental [...]. De acuerdo con un conocido analista, el "poder blando" de Estados Unidos se está deteriorando porque los valores liberales engloban la corrupción, el sexo y la violencia. Estos "valores liberales" desautorizan a Estados Unidos y la modernización al estilo estadounidense», Viktor Orbán, en «Full Text of Viktor Orbán's Speech at Băile Tuşnad (Tusnádfürdő) of 26 July 2014», *The New York Times*, 29 de julio de 2014.

37. Robert Kagan, «Not Fade Away: The Myth of American Decline», *The New Republic*, 11 de enero de 2012.

38. Discurso de toma de posesión, 20 de enero de 2017.

39. Ken Jowitt, «Setting History's Course», *Policy Review*, 1 de octubre de 2009.

40. Entre otras cosas, mostrar el poder militar de Estados Unidos a cualquier país que pudiera pensar en amparar a terroristas como los que habían llevado a cabo el 11-S, tomar represalias por el intento por parte

de Sadam de intentar asesinar a Bush padre en 1993, disponer en Bagdad de un Gobierno que estuviera a las órdenes de Estados Unidos y ganar un lugar para el país en la OPEP, eliminar una amenaza estratégica para Israel, probar la teoría militar según la cual la velocidad es más importante que la masa y demostrar que el poder ejecutivo podía quitarse de encima la supervisión de la presidencia por parte del Congreso con impunidad.

41. Sobre el impulso que supuso la rivalidad con el comunismo soviético para el liberalismo estadounidense, véase Mary L. Dudziak, *Cold War Civil Rights: Race and the Image of American Democracy*, Princeton University Press, 2011.

42. Jacob Mikanowski, «Behemoth, Bully, Thief: How the English Language Is Taking Over the Planet», *The Guardian*, 27 de julio de 2018; Peter Conrad, *How the World Was Won: The Americanization of Everywhere*, Thames & Hudson, 2014.

43. Philippe van Parijs, *Linguistic Justice for Europe and for the World*, Oxford University Press, 2011.

44. Paul Pillar, *Why America Misunderstands the World*, Columbia University Press, 2016, p. 12.

45. Amin Maalouf, *In the Name of Identity. Violence and the Need to Belong*, Arcade, 2000, p. 140. [Hay trad. cast.: *Identidades asesinas*, Alianza, 2014, trad. de Fernando Villaverde.]

46. Edward Behr, *Anyone Here Been Raped and Speaks English?*, Penguin, 1992.

47. Yascha Mounk y Roberto Stefan Foa, «The End of the Democratic Century: Autocracy's Global Ascendance», *Foreign Affairs*, mayo-junio de 2018.

48. *Ibid.*

49. Chris Hastings, «President Putin Thinks *House of Cards* Is a Documentary», *Daily Mail*, 27 de mayo de 2017.

50. Bob Woodward, *Fear: Trump in the White House*, Simon & Schuster, 2018, p. 159. [Hay trad. cast.: *Miedo. Trump en la Casa Blanca*, Roca, 2018.]

51. Los esfuerzos occidentales por impulsar la democracia después del comunismo no fueron gran cosa, pero en la medida en que existieron, vinieron a confirmar la proposición de que una victoria decisiva lleva a los vencedores a perder la curiosidad. Para muchos visitantes ex-

tranjeros, lo único interesante de los países que dejaban atrás el comunismo era si estaban avanzando, o no, por la ruta establecida para la reforma democrática y liberal. No resultará demasiado exagerado decir que muchos representantes del Gobierno y enviados de las ONG iban a los antiguos países comunistas con la misma disposición con que los turistas visitan los recintos de los primates en el zoo. Solo les fascinaba lo que no tenían, un pulgar oponible o el imperio de la ley.

52. Mark Thompson, «The Pentagon's Foreign-Language Frustrations», *Time*, 24 de agosto de 2011.

53. Comunicación personal.

54. Michael Kranish y Marc Fisher, *Trump Revealed: The Definitive Biography of the 45th President,* Scribner, 2016.

55. Bill Zanker y Donald Trump, *Think Big: Make It Happen in Business and Life,* HarperCollins, 2009. [Hay trad. cast.: *El secreto del éxito en el trabajo y en la vida,* Rayo, 2012.]

56. Tony Schwartz, «I Wrote the Art of the Deal with Donald Trump», en Bandy X. Lee, ed., *The Dangerous Case of Donald Trump*, Thomas Dunne Books, 2017.

57. Paul B. Brown, «How to Deal with Copy Cat Competitors: A Six Point Plan», *Forbes*, 12 de marzo de 2014.

58. Entrevista con Jeffrey Lord, «A Trump Card», p. 40.

59. «Playboy interview: Donald Trump», *Playboy*, 1 de marzo de 1990.

60. «Full Text: Donald Trump Announces a Presidential Bid», *The Washington Post*, 16 de junio de 2015.

61. Morgan Gstalter, «Trump to Impose Total Ban on Luxury German Cars», *The Hill*, 31 de mayo de 2018. Véase también Griff Witte y Rick Noack, «Trump's Tariff Threats Suddenly Look Very Real in the Heartland of Germany's Car Industry», *The Washington Post*, 22 de junio de 2018.

62. Entrevista en *The O'Reilly Factor*, Fox News, 31 de marzo de 2011.

63. Eric Rauchway, «Donald Trump's New Favorite Slogan Was Invented for Nazi Sympathizers», *The Washington Post*, 14 de junio de 2016.

64. C. Laderman y B. Simms, *Donald Trump...*, p. 73.

65. «Donald Trump Announces a Presidential Bid»...

66. «Muchos estadounidenses creen haber sido timados desde el mismo día de su nacimiento a causa de la competición injusta de Japón,

Corea del Sur, Taiwán y, ahora, China e India», Edward Luce, *Time to Start Thinking: America in the Age of Descent*, Atlantic Monthly Press, 2012.

67. Discurso de toma de posesión, 20 de enero de 2017.

68. Francis Fukuyama, *Identity: The Demand for Identity and the Politics of Resentment*, Farrar, Straus & Giroux, 2018, p. 157. [Hay trad. cast.: *Identidad. La demanda de dignidad y las políticas de resentimiento*, Deusto, 2019.] El experto en historia del pensamiento conservador Niall Ferguson mantiene, en la misma línea, que la hegemonía liberal se ha suicidado al facilitar que China llegase a alcanzar el estatus de superpotencia y al arruinar, como consecuencia, a las clases medias, que habían sido, durante tanto tiempo, el pilar del liberalismo occidental en casa», Niall Ferguson y Fareed Zakaria, *Is This the End of the Liberal International Order?*, House of Anansi Press, 2017.

69. Lauren Gambino y Jamiles Lartey, «Trump Says US Will Not Be a "Migrant Camp"», *The Guardian*, 19 de junio de 2018.

70. Griff Witte, «As Merkel holds on precariously, Trump tweets Germans "are turning against their leadership" on migration», *The Washington Post*, 18 de junio de 2018.

71. Thomas Chatterton Williams, «The French Origins of "You Will Not Replace Us"», *The New Yorker*, 4 de diciembre de 2017.

72. James McAuley, «New Zealand Suspect Inspired by French Writer Who Fears "Replacement" By Immigrants», *The Washington Post*, 15 de marzo de 2019.

73. Viktor Orbán, «Speech at the Opening of the World Science Forum», 7 de noviembre de 2015; Shaun Walker, «Hungarian Leader Says Europe Is Now "Under Invasion" by Migrants», *The Guardian*, 15 de marzo de 2018.

74. «Remarks by President Trump on the Illegal Immigration Crisis and Border Security», 1 de noviembre de 2018, <https://www.whitehouse.gov/briefings-statements/remarks-president-trump-illegal-immigration-crisis-border-security/>.

75. Holly Case, «Hungary's Real Indians», *Eurozine* 3 de abril de 2018.

76. Discurso presidencial de despedida de Ronald Reagan ante la nación, 11 de enero de 1989. Sobre la sugerencia de Reagan de que los inmigrantes han «hecho grande a Estados Unidos», véase <https://www.

politifact.com/truth-o-meter/statements/2018/jul/03/becoming-american-initiative/did-ronald-reagan-say-immigrants-made-america-grea/>.

77. A. Maalouf, *In the Name of Identity.*

78. Samuel P. Huntington, *The Clash of Civilizations and the Remaking of World Order*, Simon & Schuster, 1996, p. 306. [Hay trad. cast.: *El choque de civilizaciones y la reconfiguración del orden mundial*, Paidós, 2015.]

79. Ashley Parker y Amy B. Wang, «Trump Criticizes Democrats, "Russian Witch Hunt," and Coastal Elites at Ohio Rally», *The Washington Post*, 4 de agosto de 2018; Linda Qiu, «No, Democrats Don't Want "Open Borders"», *The New York Times*, 27 de junio de 2018; Aaron Blake, «Trump Keeps Throwing Around the Word "Treason" – Which May Not Be a Great Idea», *The Washington Post*, 15 de mayo de 2018.

80. Samuel P. Huntington, *Who Are We?. The Challenges to America's National Identity*, Simon & Schuster, 2005. [Hay trad. cast.: *¿Quiénes somos? Los desafíos a la identidad nacional estadounidense*, Paidós, 2004.]

81. Los votantes populistas parecen temer más la diversidad étnica y racial que los crímenes que los inmigrantes ilegales puedan cometer. Una impresión que queda confirmada si recordamos lo que Obama quería dar a entender cuando celebraba el excepcionalismo estadounidense. Lo que hacía a Estados Unidos excepcional desde 1965, cuando se suprimieron las cuotas raciales sobre la inmigración, era la actitud optimista y acogedora hacia la diversidad racial y cultural. Es probable que se trate de la dimensión del excepcionalismo estadounidense que más repele a Trump y a quienes lo apoyan. Como Obama remarcaba en el discurso que dio en 2008 sobre el racismo: «Nunca me olvido de que no hay ningún otro país sobre la Tierra en el que mi historia sea ni tan siquiera posible», en «Barack Obama's Speech on Race», *The New York Times*, 18 de marzo de 2008. *Cfr.* «Ningún presidente estadounidense ha hablado del excepcionalismo nacional con tanta asiduidad ni desde perspectivas tan variadas como lo ha hecho Obama», Greg Jaffe, «Obama's New Patriotism», *The Washington Post*, 3 de junio de 2015. Para muchos de los votantes de Trump, se trató de un recordatorio ingrato, pues les causa rechazo la idea moral y práctica de Obama de que Estados Unidos puede ser una sociedad multirracial y seguir siendo el mismo país, lo que

supone o bien una queja sin mayores resonancias, o bien una invitación a la violencia.

82. Esto, con independencia de que las tasas de natalidad entre los estadounidenses blancos nacidos en el país también estén en descenso.

83. Larry Elliott, «As the Berlin Wall Fell, Checks on Capitalism Crumbled», *The Guardian*, 2 de noviembre de 2014.

84. Ed Pilkington, «Obama Angers Midwest Voters with Guns and Religion Remark», *The Guardian*, 14 de abril de 2008; Chris Cillizza, «Why Mitt Romney's "47 Per Cent" Comment Was So Bad», *The Washington Post*, 4 de marzo de 2013; Aaron Blake, «Voters Strongly Reject Hillary Clinton's "Basket of Deplorables" Approach», *The Washington Post*, 26 de septiembre de 2016.

85. Christopher Lasch, *The Revolt of the Elites: And the Betrayal of Democracy*, Norton, 1995, pp. 44-45. [Hay trad. cast.: *La rebelión de las élites*, Paidós, 1996.]

86. David Smith, «"Democrats Won the House But Trump Won the Election" – and 2020 Is Next», *The Guardian*, 10 de noviembre de 2018.

87. Griff Witte, «Soros-founded University Says It Has Been Kicked Out of Hungary as an Autocrat Tightens His Grip», *The Washington Post*, 3 de diciembre de 2018.

88. Para refrescarnos la memoria sobre la amenaza que los imitadores pueden llegar a suponer para los imitados, no hay más que reparar en el crimen de guerra conocido como «perfidia», en el que se incluiría la práctica de ponerse el uniforme del enemigo con la intención de engañarlo. En la era de los ejércitos de masas, los uniformes permiten a los soldados distinguir a las fuerzas hostiles de las amistosas. Sin embargo, la confianza inocente en un distintivo tan tonto como la pertenencia, de otro modo imperceptible, a un grupo suscita una oportunidad irresistible para la mímica. De hecho, el asesinato a traición de militares por parte de insurgentes con uniformes, o bien falsos o bien robados, del ejército sigue constituyendo la forma más habitual de mímica en tiempos de guerra en, por ejemplo, Afganistán o Irak.

89. Para una crónica escéptica y jocosa de este aspecto de la agresiva política de imitación de Rusia, véase Jesse Walker, «How Russian Trolls Imitate American Political Dysfunction», *The Atlantic*, 25 de octubre de 2018.

90. Marcel Detienne, *L'Identité nationale, une énigme*, Gallimard, 1962.

91. Como Ken Jowitt también nos ha señalado, para los nazis, el hecho de que se admitiese a judíos en el ejército del Káiser durante la Primera Guerra Mundial en virtud de su proporción demográfica, en lugar de ser una prueba de su lealtad a la patria, demostraba que era este grupo de extraños, infiltrados, arteros, el que había inducido una mentalidad bolchevique de derrotismo entre los soldados.

92. Kwame Anthony Appiah, *The Lies That Bind: Rethinking Identity: Creed, Country, Class, Culture*, Norton, 2018. [Hay trad. cast.: *Las mentiras que nos unen. Repensar la identidad*, Taurus, 2019.]

93. Yair Rosenberg, «"Jews will not replace us": Why White Supremacists Go After Jews», *The Washington Post*, 14 de agosto de 2017; Emma Green, «Why the Charlottesville Marchers Were Obsessed With Jews», *The Atlantic*, 15 de agosto de 2017. De forma similar, al reflexionar sobre la desilusión que le había llegado a causar la democracia liberal de la Polonia posterior al comunismo, Ryszard Legutko se mostraba sorprendido por la rapidez con que los antiguos comunistas se habían reinventado como buenos demócratas liberales. Para Legutko, se trataría de la prueba de la superficialidad de la identidad liberal-demócrata, que convertía décadas de resistencia a la tiranía comunista en una broma; Ryszard Legutko, *The Demon in Democracy: Totalitarian Temptations in Free Societies*, Encounter Books, 2018, pp. 2-3.

94. Liam Stack, «White Lives Matter Has Been Declared a Hate Group», *The New York Times*, 30 de agosto de 2016.

95. Philip Roth, *The Plot Against America*, Houghton Mifflin Company, 2004, p. 13. [Hay trad. cast.: *La conjura contra América*, Literatura Random House, 2011.]

96. George Kennan, «The Long Telegram», 22 de febrero de 1946; <https://digitalarchive.wilsoncenter.org/document/116178.pdf>.

97. Hannah Arendt, *Origins of Totalitarianism*, Meridian Books, 1958. [Hay trad. cast.: *Los orígenes del totalitarismo*, Alianza, 2006.]

98. Masha Gessen, «The Putin Paradigm», *The New York Review of Books*, 13 de diciembre de 2016.

99. «Como empresario y como fuente de financiación sustancial de mucha gente importante, puedo decir que, cuando das, se hace lo que te

salga de las narices que se haga», Peter Nicholas, «Donald Trump Walks Back His Past Praise of Hillary Clinton», *Wall Street Journal*, 29 de julio de 2015.

100. B. Woodward, *Fear*, p. 174.

101. La idea de que mentir es perfectamente admisible en tiempos de guerra, lejos de ser de factura trumpiana, viene confirmada en el artículo 37.2 del Protocolo I de los Convenios de Ginebra, en el que puede leerse: «Tales estratagemas son actos orientados a confundir al adversario o a hacer que actúe de un modo temerario, pero no infringen ninguna ley internacional aplicable durante un conflicto armado y no se consideran como "perfidia", porque no inducen la confianza de un adversario en que va a ser protegido en virtud de la ley. Los siguientes son ejemplos de dichas estratagemas: el uso de camuflaje, señuelos, falsas operaciones o información falsa».

102. T. Schwartz, «I Wrote the Art of the Deal».

103. James Barron, «Overlooked Influences on Donald Trump: A Famous Minister and His Church», *The New York Times*, 5 de septiembre de 2016.

104. David Enrich, Matthew Goldstein y Jesse Drucker, «Trump Exaggerated His Wealth in Bid for Loan, Michael Cohen Tells Congress», *The New York Times*, 27 de febrero de 2019.

105. Nancy Pelosi, citada en Jennifer Rubin, «Trump's Fruitless Struggle to Stop Transparency», *The Washington Post*, 7 de febrero de 2019.

106. Vale la pena señalar que el concepto gramsciano de «hegemonía cultural» no puede capturar la estrategia de dominación de Trump, puesto que él no trata de imponer una ideología de validez universal o *weltanschauung* para justificar el poder y los privilegios de la clase dominante o para probar que el estado de las cosas es natural e inevitable. No es solo que eso no le pueda importar menos, es que, de hecho, destruir la misma idea de una versión oficial de la realidad resulta esencial para su búsqueda de la impunidad política y legal.

107. Bernard Williams, *Truth and Truthfulness: An Essay in Genealogy*, Princeton University Press, 2010. [Hay trad. cast.: *Verdad y veracidad*, Tusquets, 2006.]

108. *Cfr.* Daniel A. Effron, «Why Trump Supporters Don't Mind His Lies», *The New York Times*, 28 de abril de 2018.

109. George Orwell, «Notes on Nationalism», *The Collected Essays, Journalism and Letters*, vol. 4, Harcourt Brace Jovanovich, 1968. [Hay trad. cast. parcial: *Ensayos*, Debate, 2013.]

110. Gregory Korte, «Trump Blasts "Treasonous" Democrats for Not Applauding at His State of the Union Address», *USA Today*, 5 de febrero de 2018.

111. Joe Concha, «Trump Rips Fact-Checkers: "Some of the Most Dishonest People in Media"», *The Hill*, 12 de febrero de 2019.

112. Rebecca Savransky, «Poll: Almost Half of Republicans Believe Trump Won Popular Vote», *The Hill*, 10 de agosto de 2017; Jacqueline Thomsen, «Poll: Fewer Than Half of Republicans Say Russia Interfered in 2016 Election», *The Hill* 18 de julio de 2018.

113. «Full Transcript: Donald Trump's Jobs Plan Speech», *Politico*, 28 de junio de 2016.

114. John Judis, «What Trump Gets Right on Trade», *The New Republic*, 25 de septiembre de 2018.

115. Aaron David Miller y Richard Sokolsky, «The One Thing Trump Gets Right About Middle East Policy», CNN, 7 de enero de 2019. Véase también Jon Finer y Robert Malley, «Trump Is Right to Seek an End to America's Wars», *The New York Times*, 8 de enero de 2019.

116. B. Woodward, *Fear*, p. 125.

117. Adam Liptak, «Chief Justice Defends Judicial Independence After Trump Attacks "Obama Judge"», *The New York Times*, 21 de noviembre de 2018.

118. Mallory Shelbourne, «Trump: I'm Not Obstructing Justice, I'm "Fighting Back"», *The Hill*, 7 de mayo de 2018. «No hay ninguna colusión, no hay ninguna obstrucción —dijo—, a menos que se pueda llamar "obstrucción" al hecho de plantar cara. Lo que hago es plantar cara. Planto cara de verdad. Es decir, si se quiere llamarlo obstrucción, fantástico. Pero no lo es, ni hay colusión»; citado en Aaron Blake, «Trump's Notable "Obstruction" Concession», *The Washington Post*, 27 de septiembre 2018.

119. Maria Sacchetti, «Trump Is Deporting Fewer Immigrants Than Obama, Including Criminals», *The Washington Post*, 10 de agosto de 2017.

120. Karen DeYoung, «ForTrump, the Relationship With Saudi Arabia Is All About Money», *The Washington Post*, 19 de noviembre de 2018.

121. Dionne Searcey y Emmanuel Akinwotu, «Nigerian Army Uses Trump's Words to Justify Shooting of Rock-Throwers», *The New York Times*, 3 de noviembre de 2018.

122. *Cfr.* «Para Jair Bolsonaro, nuevo presidente de Brasil, su homólogo estadounidense destaca por romper barreras, siendo la prueba de que ni los comentarios incendiarios sobre las mujeres o sobre las minorías desfavorecidas ni un historial de coqueteo con las teorías de la conspiración tienen por qué ponerse en el camino a la cúspide del poder», Griff Witte, Carol Morello, Shibani Mahtani y Anthony Faiola, «Around the Globe, Trump's Style Is Inspiring Imitators and Unleashing Dark Impulses», *The Washington Post*, 22 de enero de 2019.

El fin de una era

1. Nikolái Karamzín, *Memoir on Ancient and Modern Russia,* trad. Richard Pipes, Atheneum, 1974, p. 122.

2. Tom Parfitt, «Kvas Is It? Coca-Cola Bids to Bottle the "Coke of Communism"», *The Guardian*, 5 de febrero de 2007.

3. Marina Koren, «Why the Far Side of the Moon Matters So Much. China's Successful Landing Is Part of the Moon's Long Geopolitical History», *The Atlantic*, 3 de enero de 2019.

4. Chris Buckley, «The Rise and Fall of the Goddess of Democracy», *The New York Times*, 1 de junio de 2014; Craig Calhoun, *Neither Gods Nor Emperors: Students and the Struggle for Democracy in China,* University of California Press, 1995, p. 108.

5. «Deng's June 9 Speech: "We Faced a Rebellious Clique" and "Dregs of Society"», *The New York Times*, 30 de junio de 1989.

6. Es curioso cómo, poco después de los acontecimientos, Donald Trump manifestó la admiración que le había causado la represión: «Cuando los estudiantes llenaron la plaza de Tiananmén, el Gobierno chino casi pierde el control. Luego, fue malvado, fue horrible, pero lo sofocaron con energía. Así es como se demuestra el poder de la fuerza.

En la actualidad, se percibe a nuestro país como una nación débil [...], como si el resto del mundo pudiera escupirle sin más ni más», en «Playboy interview Donald Trump», *Playboy*, 1 de marzo de 1990.

7. Bagger describe el consenso que había en Alemania Occidental sobre China, después de 1989, de la siguiente manera: «China solo sería capaz de continuar su milagroso ascenso económico con la introducción de libertades individuales. Nada más que una sociedad libre y abierta podía desplegar la creatividad que actuaba como eje del éxito y de la innovación económica en la era de la información», Thomas Bagger, «The World According to Germany: Reassessing 1989», *The Washington Quarterly*, 22 de enero de 2019, p. 55.

8. Francis Fukuyama, «The End of History?», *National Interest*, verano de 1989, p. 12. [Hay trad. cast.: *¿El fin de la historia? y otros ensayos*, Alianza, 2015.]

9. «China está dando la vuelta a la visión generalizada de que la tecnología es un elemento democratizador de gran envergadura, que trae la libertad a la gente y los conecta al mundo. En China, ha traído el control», Paul Mozur, «Inside China's Dystopian Dreams: A. I., Shame and Lots of Cameras», *The New York Times*, 8 de junio de 2018.

10. Chris Buckley y Steven Lee Myers, «On Anniversary of China's Reforms, Xi Doubles Down on Party Power», *The New York Times*, 18 de diciembre de 2018.

11. *Ibid.*

12. *Ibid.*

13. Jonah Newman, «Almost One-Third of All Foreign Students in US Are From China», *Chronicle of Higher Education*, 7 de febrero de 2014.

14. Elizabeth C. Economy, *The Third Revolution: Xi Jinping and the New Chinese State,* Oxford University Press, 2018, p. 42.

15. Xi Jinping, en un congreso en conmemoración del cuarenta aniversario de la Política de Reforma y Apertura china en el Gran Salón del Pueblo de Pekín; citado en Yanan Wang, «China Will "Never Seek Hegemony," Xi Says in Reform Speech», *The Washington Post*, 18 de diciembre de 2018.

16. Kerry Brown, *The World According to Xi. Everything You Need to Know About the New China*, I. B. Tauris, 2018, pp. 46-47.

17. Chris Buckley, «Xi Jinping Thought Explained: A New Ideology for a New Era», The *New York Times,* 26 de febrero de 2018.

18. Georges Devereux y Edwin M. Loeb, «Antagonistic Acculturation», *American Sociological Review* 8, 1943, pp. 133-147.

19. Christopher Walker *et al.*, «Sharp Power: Rising Authoritarian Influence», International Forum for Democratic Studies/National Endowment for Democracy, diciembre de 2017; <https://www.ned.org/wp-content/uploads/2017/12/Sharp-Power-Rising-Authoritarian-Influence-Full-Report.pdf>.

20. Economy, *The Third Revolution*, p. 37. «En un sentido contrario a la misma esencia de la globalización, Xi Jinping ha invertido la tendencia de los grandes flujos de información entre China y el mundo exterior. Las nuevas leyes están orientadas a restringir la posibilidad de que los docentes recurran a libros occidentales de ciencias sociales o debatan, en clase, ideas de cuño occidental referidas al Gobierno o a la economía. El Partido limita cada vez más la cantidad disponible de contenido de origen extranjero, televisivo y de otros medios, para evitar el adoctrinamiento pasivo del pueblo chino en los valores occidentales. También se dan nuevas restricciones a lo publicado en internet, así como a otros avances tecnológicos, lo que acota el libre flujo de información en el cibermundo», *ibid.*, p. 232.

21. Mark Lander, «Trump Has Put the US and China on the Cusp of a New Cold War», *The New York Times*, 19 de septiembre de 2018.

22. «El 13 de octubre de 2013, la agencia China de noticias Xinhua hizo cortocircuitar a los medios internacionales con una clara llamada a la «desamericanización del mundo» […], en respuesta a un forcejeo fiscal en el seno de la élite que dirige Estados Unidos, una situación que ponía en riesgo el valor de 1,3 billones de dólares en deuda estadounidense que posee China», en Yuezhi Zhao, «Communication, Crisis, and Global Power Shifts», *International Journal of Communication* 8, 2014, pp. 275-300.

23. Lucian W. Pye, *The Spirit of Chinese Politics*, Harvard University Press, 1992, p. 56.

24. Brown, *The World According to Xi*, pp. 81-82.

25. Fukuyama, «The End of History?», p. 11.

26. *Ibid.*, p. 17.

27. Pye, *The Spirit of Chinese Politics*, p. 235.

28. «Lo que mantiene unidos a los chinos es el sentido de las propias cultura, raza y civilización, no que se identifiquen con la nación como Estado», Lucian W. Pye, «Chinese Democracy and Constitutional Development» en Fumio Itoh, ed., *China in the Twenty-first Century. Politics, Economy, and Society*, Tokio, Nueva York y París, United Nations University Press, 1997, p. 209.

29. Richard McGregor, *The Party. The Secret World of China's Communist Rulers*, Harper, 2010, p. 77. [Hay trad. cast.: *El Partido. Los secretos de los líderes chinos*, Turner, 2011.]

30. Brown, *The World According to Xi*, p. 35.

31. Ken Jowitt, «Setting History's Course», *Policy Review*, 1 de octubre de 2009.

Agradecimientos

Los autores desean agradecer a muchos amigos y colegas, así como a varias instituciones, que, con su generosidad, han hecho posible este libro. Queremos dar las gracias a todos aquellos que supervisaron el primer borrador, por contribuir con unos comentarios brillantes, estimulantes y útiles. Entre ellos, Lenny Benardo, Robert Cooper, Beth Elon, Jon Elster, Diego Gambetta, Venelin Ganev, Dessislava Gavrilova, Tom Geoghegan, David Golove, Helge Høibraaten, Scott Horton, Bruce Jackson, Ken Jowitt, Martin Krygier, Maria Lipman, Milla Mineva, James O'Brien, Claus Offe, Gloria Origgi, John Palattella, Adam Przeworski, András Sajó, Judit Sándor, Marci Shore, Daniel Smilov, Ruzha Smilova y Aleksander Smolar. No hace falta decir que están absueltos, tanto a título individual como colectivo, de cualquier responsabilidad por las carencias de análisis que aún puedan encontrarse, pues de estas son los autores los únicos responsables.

También agradecemos el apoyo recibido por el Centro de Estrategias Liberales de Sofía, el Instituto de Ciencias Humanas de Viena y la Escuela de Derecho de la Universidad de Nueva York. Ivan Krastev quiere agradecer al Centro Kluge, organismo de la Biblioteca del Congreso, ya que el puesto de director del programa Kissinger en 2018-2019 ha sido de vital importancia para poder terminar el libro. Asimismo, Stephen Holmes está en deuda con el Gobierno regional de Isla de Francia, por el privilegio de otorgarle la cátedra Blaise Pascal en 2017-2018. Merecen un agradecimiento especial nuestro agente, Toby Mundy, así como nuestra editora, Casiana Ionita, por su apoyo constante y sus sabios consejos. Como siempre, la inagotable ayuda de Yana Papazova fue de un valor incalculable.

Índice alfabético

ÚLTIMOS TÍTULOS PUBLICADOS EN DEBATE

DAVID GISTAU
El penúltimo negroni
Artículos (1995-2019)

AYAAN HIRSI ALI
Presa
La inmigración, el islam y la erosión de los derechos de la mujer

DIEGO G. MALDONADO
La invasión consentida

HEINO FALCKE
La luz en la oscuridad
Los agujeros negros, el universo y nosotros

MARK W. MOFFETT
El enjambre humano
Cómo nuestras sociedades surgen, prosperan y caen

CHRISTIANA FIGUERES Y TOM RIVETT-CARNAC
El futuro por decidir
Cómo sobrevivir a la crisis climática

ALBERT CAMUS
La noche de la verdad
Los artículos de Combat (1944-1949)

MICHI STRAUSFELD
Mariposas amarillas y los señores dictadores
América Latina narra su historia

TIM BOUVERIE
Apaciguar a Hitler
Chamberlain, Churchill y el camino a la guerra

SIDARTA RIBEIRO
El oráculo de la noche
Historia y ciencia de los sueños

DAVID DE JORGE Y MARTÍN BERASATEGUI
Cocina sin vergüenza
Recetas para disfrutar comiendo en casa

BARACK OBAMA
Una tierra prometida

GILES TREMLETT
Las brigadas internacionales
Fascismo, libertad y la guerra civil española

VV. AA.
Imaginar el mundo
Conversaciones en el Hay

YUVAL NOAH HARARI Y DAVID VANDERMEULEN
Sapiens. Una historia gráfica
Volumen I: El nacimiento de la humanidad

JOHANESS KRAUSE Y THOMAS TRAPPE
El viaje de nuestros genes
Una historia sobre nosotros y nuestros antepasados

PABLO SIMÓN
Corona
Política en tiempos de pandemia

MICHAEL J. SANDEL
La tiranía del mérito
¿Qué ha sido del bien común?

DAN CARLIN
El fin siempre está cerca
Los momentos apocalípticos de la historia desde la Edad del Bronce
hasta la era nuclear

EDU GALÁN
El síndrome Woody Allen
Por qué Woody Allen ha pasado de ser inocente a culpable en diez años

MICHAEL J. SANDEL
Filosofía pública
Ensayos sobre moral en política

LLUÍS AMIGUET
Homo rebellis
Claves de la ciencia para la aventura de la vida

IVAN KRASTEV
¿Ya es mañana?
Cómo la pandemia cambiará el mundo

INÉS MARTÍN RODRIGO
Una habitación compartida
Conversaciones con grandes escritoras

«Para viajar lejos no hay mejor nave que un libro.»

EMILY DICKINSON

Gracias por tu lectura de este libro.

En **penguinlibros.club** encontrarás las mejores
recomendaciones de lectura.

Únete a nuestra comunidad y viaja con nosotros.

penguinlibros.club